国家社科基金艺术学重大项目"网络文化安全研究"（19ZD12）

中国传媒大学北京市重点建设马克思主义学院项目经费

｜光明学术文库｜政治与哲学书系｜

网络意识形态话语权构建研究

杨　洋丨著

光明日报出版社

图书在版编目（CIP）数据

网络意识形态话语权构建研究 / 杨洋著. --北京：
光明日报出版社，2022.11
ISBN 978-7-5194-6717-3

Ⅰ.①网… Ⅱ.①杨… Ⅲ.①互联网络—意识形态—
研究—中国 Ⅳ.①B022

中国版本图书馆 CIP 数据核字（2022）第 128601 号

网络意识形态话语权构建研究
WANGLUO YISHI XINGTAI HUAYU QUAN GOUJIAN YANJIU

著　者：杨　洋

责任编辑：王　娟　　　　　　　责任校对：阮书平
封面设计：中联华文　　　　　　责任印制：曹　净

出版发行：光明日报出版社
地　　址：北京市西城区永安路 106 号，100050
电　　话：010-63169890（咨询），010-63131930（邮购）
传　　真：010-63131930
网　　址：http：// book. gmw. cn
E - mail：gmrbcbs@ gmw. cn
法律顾问：北京市兰台律师事务所龚柳方律师

印　　刷：三河市华东印刷有限公司
装　　订：三河市华东印刷有限公司
本书如有破损、缺页、装订错误，请与本社联系调换，电话：010-63131930

开　　本：170mm×240mm
字　　数：215 千字　　　　　　印　　张：16
版　　次：2023 年 1 月第 1 版　　印　　次：2023 年 1 月第 1 次印刷
书　　号：ISBN 978-7-5194-6717-3
定　　价：95. 00 元

序

艰难困苦，玉汝于成，这是一份来之不易的成果，凝结着杨洋攻读博士学位期间的辛勤付出与思考结晶。

网络意识形态话语权构建是一个重大的理论热点问题，也是一个重要的现实紧迫问题，事关党和国家长治久安与政权稳固，事关社会主义事业前途命运，事关中华民族伟大复兴历史征程。网络意识形态相关问题研究，虽是一个老话题，也是一个常谈常新的议题，亦是一个颇为复杂的论域，涉及多层面的研究视角，而从话语权的角度来切入这一问题的讨论，是颇有些新意的。本书紧跟学术前沿，对前人的系列研究成果进行了系统的梳理，所做的文献述评在马克思主义理论学科的权威期刊《马克思主义研究》发表，无论是于其个人研究的开展，还是学界后续探讨的延伸，都铺垫了良好基础。作者除了对理论动态的持续追踪，并立足于马克思主义经典理论的思想根源与方法论立场以外，同时还综合运用了哲学、政治学、传播学、心理学、语言学等多学科的方法开展分析论证，体现了杨洋扎实的理论功底和较高的治学水准。此外，作者并不局限于做纯粹书斋式的学问研究，而是长期始终保持对网络意识形态话语权争夺现实情况的密切关注，他在这个问题的研究中透露着一种自发的浓厚兴趣，充分反映出其敏锐的社会洞察能力，以及用学术思维解释中国实践的表达能力。

作为杨洋的博士生导师，师生二人从选题商讨论证，到框架主体确立，再到遣词造句推敲，我亲眼见证了这一研究成果的点滴累进与最终成稿，一同感受收获的喜悦，我想这也正是为师之道所在。伴随一篇博士学位论文的打磨成型，四年的交大学习生涯也见证了爱徒的成长蜕变。从初见其时的阳光大男孩形象，到他头戴博士帽时目光中透露出的沉稳眼神，他可称之为一名合格的青年学者了。

在本书即将付梓刊印之时，作小文一篇，意为致贺。学术人生，是一场漫长的求索与修行。期待杨洋在未来的学术事业发展中治学能力日益精进，能够取得更为丰硕的研究成果。

胡近*

2021.10.29

---

* 胡近，教授、博士生导师，原上海交通大学党委副书记，现任国际与公共事务学院代理院长。兼任上海市高校党建研究会副主任、上海市管理学会理事、市青年心理学会副会长、上海市政治学会、心理学会、伦理学会常务理事等。

前　言

　　意识形态，作为一种在社会中占主导地位的思想学说和价值观念体系，事关一个国家的主权安全与政权兴衰，构成着一个民族的道德理想和精神信仰，是当前历史阶段任何社会制度都难以回避和逾越的话题。随着人类科技的进步，互联网的诞生带来了信息传播的革命性转变，网络空间作为一种虚拟与现实交融的全景场域，不仅深刻地改变了人们的生活方式，也对国家意识形态建设产生了巨大影响。当前，网络空间已成为意识形态交锋的最前沿阵地，如何构建马克思主义在意识形态领域的话语权，成为当代中国意识形态建设面临的一个重大课题。

　　对拥有政治权力的统治阶级而言，掌握意识形态话语权并不是他们能否获得发声权利的问题，而是其发声能不能为他人所信，是否能够对他人思想行为产生特定的预期影响。由此可以认为，"意识形态话语权"是一种通过话语资源控制与运用来表达统治阶级思想观念、价值取向、政治立场并获得解释、规范和指导社会生活发展的权力；是一种能够促使人们自觉信服和认同统治阶级所主导思想文化价值观念的权威；是一种能够科学运用意识形态话语资源以充分发挥其权力效能进而促成话语权威有效实现的能力。与之相对应，分别代表了"应该说什么""说了有人信""会不会说"，合为一体即"说话算不算数"。并且，意识形态话语权的生成机理有其内在规定性，表现为自身系统各部分结构性要素彼此之间的有效衔接嵌合，才能保证完整话语传播链条的形成，即"话语主体""话语载体""话语受众"三大核心要素。

回溯经典马克思主义语境下的"意识形态话语权"思想，可提炼出五重逻辑内涵。其一"语言是思想的直接现实"，而话语作为语言和思想的结合体，不仅是意识形态话语权的生成前提，更是理解意识形态话语权的出发点。其二，意识形态话语权根本立场，是以实现长期保持统治阶级在物质生产资料和社会生产关系中占有绝对优势地位为根本目的。其三，意识形态话语权的本质特征，即通过一系列抽象而普遍性的话语系统替代并遮蔽真实的权力关系。其四，在批判中"用理论说服人"和武装群众是掌握意识形态话语权的主要手段。其五，精神生产中的"意识形态阶层"，作为推动意识形态话语权构建的主体力量，在迈向共产主义的中间过渡环节由于无产阶级革命斗争策略的阶段性适应调整和客观性现实需要，仍然需要无产阶级的思想家、理论家和文化工作者。

当意识形态话语权构建遭遇网络空间这一时代境遇，实际上是现实社会中的意识形态问题在虚拟空间中的延伸。在国际网络场域中，西方发达资本主义国家利用信息技术先发优势持续推行话语霸权和文化扩张战略，不断冲击我国网络空间主权边界。伴随近年来国内社会利益格局的分化，多样化社会思潮在网络空间以一种崭新的话语范式和批评者的姿态出现，挑战着主流意识形态话语传播秩序。对网络公众而言，新媒体技术的赋权使普通个体发起社会动员成为一种可能，传统条件下一些现实中无法妥善解决的矛盾问题与利益诉求极易在网络空间引发抗争动员行为，侵蚀政府权威和执政公信力。此外，资本与科技的"合谋"在某种意义上越来越成为控制人的异己力量，受资本逻辑影响，网络空间信息传播秩序、网络舆论和文化生产以及网民精神空间都出现一些不良状况。

鉴于我国网络意识形态话语权构建面临的现实依据，首先，对话语主体而言，在总体应对思路上，一是要认清互联网是事关长期执政的最大变量，二是要严格落实"两个巩固"根本任务，三是要善于把握活力与有序、建设与斗争、继承与创新、党性与人民性以及"时、度、效"的辩证统一原则。继而，通过不断增强党和政府在网络意识形态话语权构建中的领导能力和治理能力、重点抓好网上舆论引导工作、规导抗争型网络政治动员、规制网络空间资本逻辑等措施来强化党和政府的网络执政能力，并持续强化党政领导干部的主体责任与互联网思维、抓好意识形态工作专职队伍这支主力军、推动网络空间多元主体协同治理新格局的形成。其次，在话语载体创新方面，一是做好话语体系这一内容载体的创新，不仅要面向"中国问题"设置话语主题、立足"中国实践"丰富话语内涵、讲好"中国故事"凸显话语风格，还要努力促进学术理论话语的通俗化、增强公共政策话语的可读性、加大日常生活话语的嵌入化。二是发展多样化渠道的传播载体形式，搭建融合性和立体式的网络媒介平台体系，搭建海外传播载体平台、完善互联网信息技术载体、发挥好优质网络文化产品的传播载体功能。三是建立受众本位为目标指向的话语传播思维，必须要做好网络用户的受众分析。总体而言，在当前我国网民整体构成中，温和理性的中间阶层的比例呈增加趋势，而且网民的行为特征、思维方式以及社会心态等方面都呈现出新的变化，充分发挥大数据技术在话语传播和话语效果评估中的有效运用，对于实现意识形态话语的精准靶向传播十分必要。

目　录
CONTENTS

第一章

绪　论

第一节　研究缘起及意义

一、研究缘起

以"网络意识形态话语权构建"为题展开此项学术研究，主要是基于以下几点考虑：

第一，意识形态工作的极端重要性及其当前面临的现实境遇。对现阶段绝大多数国家、民族和地区而言，都无法回避"意识形态"这一议题。作为一种在社会中占指导或统治地位的思想学说和价值观念体系，意识形态不仅关乎一个民族的道德理想，也构成着一个国家的精神信仰。在我国，始终坚持以马克思主义作为党和国家的主导意识形态，以此来构建社会核心价值观体系。新中国成立以来，中国共产党始终将意识形态工作摆在十分重要的位置。历史上，根据世情、国情、党情的变化，我们的意识形态工作方法与思路也在不断随之而变。并且，随着时代和世界的发展，为了持续巩固党的执政根基，保障国家和社会发展稳定，意识形态工作理念及其相关理论研究仍需要紧随时势变化而不断跟进。尤其是党的十八大以来，新一届党中央领导集体将思想文化建设摆在了更加重要的位置，习近平总书记在 2013 年 8 月 19 日全国宣传思想工作会议上着重强调："意识形态工作是党的一项极端重要工作。"① 并且在党的十八届三中全会讲话中进一步指出："一刻也不能放松和削弱意识形态工作，必须把意识形态工作的领导权、管理权、话语权牢牢掌握在手中，任何时候都不能旁落，否则就要犯无可挽回的历史性错误。"② 形势决定任务，党中央之所以如此高度重视思想建设，问题在于社会思潮纷呈活跃境遇下的当代中国，意识形态工作面临着诸多现实新挑战。改革开放以后，伴随全球化、市场化、信息化的发展进程，我国广大人民群众的参政议政意识、权利意识、民主意识等都不同程度地有所增强，社会大众思想的自由性和活跃性也随之提升，思想文化价值观多元化发展渐成趋势。在此背景下，一些错误思潮借机利用社会矛盾或社会现实问题，大肆宣扬其思想理论，甚至不惜以造谣污蔑的方式来达成某种政治传播目的。这种负面影响在一定程度上蔓延到了党内、宣传部门、新闻系统、学术界和文艺界等诸多领域，挑战着马克思主义在意识形态领域的一元指导地位。对此，某些传统的意识形态工作方法与策略已不能完全适应新形势发展的要求，如何应对上述情况成为当前意识形态理论研究中亟待突破和解决的重大课题。

第二，网络空间已经成为现代社会生活方式的一个基本维度，与国家政治生活、社会思想动态、大众日常生活之间的联系呈胶着状态，也成为意识形态问题集中频发和意识形态话语权争夺的最前沿。目前，我国俨然已经成为一个网络大国，互联网与社会发展方方面面的融合，深刻影响着人们的生产和生活方式。那么，当意识形态工作遭遇互联网这一场域，问

---

① 习近平谈治国理政［M］.北京：外文出版社，2014：153.
② 中共中央文献研究室.习近平关于全面深化改革论述摘编［M］.北京：中央文献出版社，2014：96.

题就变得更加棘手与复杂。对此，可以从两方面来加以分析。其一，互联网科技主要是基于对数据信息的传输与储存，而信息的来源归根结底仍是人脑机能的意识产物。网络平台只是创新了人类交往的方式与载体，网络信息交流在本质上依然未能超脱于思想与精神的范畴。但网络信息的"去中心化"与"核裂变式"传播，无疑加大了思想问题的处理难度。其二，尽管互联网科技本身不存在价值取向，但是一旦当其被特定的利益集团或政治力量所掌握利用，就会演变成"作为意识形态的技术与科学"，在信息传播的过程中形成价值导向性。而当前网络上复杂的意识形态问题现状也证实了，通过互联网进行文化输出和价值观渗透，已经成为国内外意识形态角力和较量的主要方式。不仅如此，互联网还成为网民政治参与、时事评论和情绪表达的主要平台，尤其是事关社会现实矛盾的消息不定期引发网络负面舆情，对国家意识形态建设和社会发展稳定造成诸多不利影响。早在20世纪60年代，加拿大学者麦克卢汉就曾言称："随着信息运动的增加，政治变化趋向是逐渐偏离选民代表政治，走向全民立即卷入中央决策行为的政治。"① 因此，尽管互联网的出现推动了全民参政议政的发展趋势，一定程度上改变了传统的政治生活方式，而如何妥善应对由此带来的负面问题，理应涵盖于意识形态研究的议题之中。针对以上现状，党中央始终予以高度重视，在2015年5月《坚决打赢网络意识形态斗争》的讲话中，习近平总书记明确指出："网络已是当前意识形态斗争的最前沿。掌控网络意识形态主导权，就是守护国家的主权和政权。"② 在2016年4月召开的网络安全和信息化工作座谈会上，习近平总书记再次强调："大

---

① ［加］马歇尔·麦克卢汉. 人的延伸——媒介通论［M］. 何道宽，译. 成都：四川人民出版社，1992：234.
② 中共中央文献研究室. 习近平关于社会主义文化建设论述摘编［M］. 北京：中央文献出版社，2017：36.

国网络安全博弈，不单是技术博弈，还是理念博弈、话语权博弈。"① 随后，中共中央政治局又于 2016 年 10 月就实施网络强国战略进行了第三十六次集体学习，习近平总书记在会上提出："要理直气壮维护我国网络空间主权，明确宣示我们的主张。"② 随后，2016 年 11 月 7 日，十二届全国人大常委会正式通过了《网络安全法》。由此可见，党中央连续多次就网络空间治理议题召开会议与学习，并颁布相关法律法规，充分说明了加强网络空间建设，已成为新时代党和国家工作的重中之重。"能不能建设好、运用好、管理好互联网，已经成为我们能不能掌握新形势下意识形态工作领导权、管理权、话语权的关键。"③ 围绕这一议题，网络意识形态话语权构建研究当前已经成为马克思主义理论学科以及政治学、传播学、社会学、哲学等各专业领域的学术热点和关注焦点。

第三，源于笔者长期以来对网络意识形态斗争现实的兴趣关注，也基于一名马克思主义理论研究者所肩负信仰传播的崇高使命感和心系国家民族繁荣发展的强烈责任感。为此，时刻关注党和国家关于宣传思想文化工作领域的发展建设新动态，试图以学理分析的方式积极为我国社会主义意识形态建设建言献策，提供理论成果支撑。

二、研究意义

当代中国，在经济发展方面取得了举世瞩目的成就，然而在思想文化领域建设方面存在着诸多现实难题。尤其是在近年来进入网络新媒体时代后，马克思主义在意识形态领域的话语权不断受到挑战，国家意识形态的

---

① 习近平. 在网络安全和信息化工作座谈会上的讲话［N］. 人民日报，2016-4-26（2）.

② 习近平. 在中共中央政治局第三十六次集体学习时强调 加快推进网络信息技术自主创新 朝着建设网络强国目标不懈努力［N］. 人民日报，2016-10-10（1）.

③ 王伟光. 牢牢掌握意识形态工作领导权管理权话语权［N］. 人民日报，2013-10-8（7）.

建设面临着更为艰巨复杂的局面。因此，开展网络意识形态话语权构建研究，在理论和实践层面具有十分重要的意义。

1. 从理论上来讲，"意识形态"这一概念由特西拉在 19 世纪初提出后，相关研究历经黑格尔、马克思、列宁、葛兰西、哈贝马斯、齐泽克以及国内外诸多知名学者的探索，在两三百年的时间里形成了一系列成果丰硕、思想深邃、博大精深的理论宝库。虽然，"意识形态终结论""去意识形态化""马克思主义过时论"等论调时不时沉渣泛起，但必须认识到，在人类阶级社会未消失以前，意识形态的踪影都将始终存在，研究意识形态问题依然十分必要。辩证唯物主义表明，客观世界的发展与进步，往往都会产生新的理论需求，而理论的创新与发展也会反过来指导实践。因此，对已经迈入互联网时代的中国社会而言，意识形态问题的相关理论研究必须要面对这一全新的历史境遇。从某种意义来看，正是由于当前国内马克思主义理论研究在话语体系等方面的创新乏力，对社会现实问题的解释力不足，才间接导致了意识形态领域马克思主义的主导力、整合力和吸引力在一定程度上的弱化。再加之互联网的去中心化、虚拟性与开放性等特征，使该问题在网络空间进一步得到放大。恩格斯曾言道："我们的理论是发展着的理论，而不是必须背得烂熟并机械地加以重复的教条。"① 当代马克思主义理论研究，只有坚持不断发展创新，紧跟时代步伐，强化"问题意识"，具备极强的时代性和深刻的解释力，才能永葆马克思主义理论发展的鲜活生命力。因此，以网络空间为视域，研究意识形态话语权的科学内涵、发展理念、构建机制、提升策略，将有助于完善当代中国马克思主义意识形态理论体系的建设。

除此之外，"话语权"概念作为一个重要术语，在人文和哲学社会科学研究视野中备受关注。语言一开始作为人类交流沟通的一种工具，在社

---

① 马克思恩格斯文集（第 10 卷）［M］. 北京：人民出版社，2009：562.

会实践活动的演变中却逐渐具备了一定的权力属性。在传统社会，政治话语、精神话语生产往往都是由统治阶级和一定的利益集团所控制，天然地带有意识形态的烙印。然而，在信息化时代，传统的话语生产机制被打破，借助网络平台人人可获得"发言权"。那么，如何在网络信息"爆炸"环境中抢夺话语先机，如何牢牢掌握意识形态话语权，对长期保持执政合法性而言至关重要。因此，探究"意识形态话语权"的理论内涵，在当前构建中国特色哲学社会科学话语体系以及坚持马克思主义在中国哲学社会科学领域指导地位的背景下，能够为意识形态工作的变革和话语模式的转换提供新思路，丰富与发展马克思主义意识形态理论在国内学术界的研究，具有积极意义。

2. 从实践层面来看，总体而言，将马克思主义意识形态所体现的内涵和价值诉求，通过在网络空间的建设与传播，不断转化为广大社会民众从内心上对党的执政地位和国家体制的认同，从而使马克思主义在中国始终作为主流社会意识的合法性基础得以持续巩固，具有深远的现实意义。对此，可从以下三个方面来理解：

第一，能够抵御某些西方价值观在互联网渗透传播所带来的消极影响，旨在保障国家政治安全。互联网科技的发展，在促进国际间友好合作交流的同时，一些西方发达国家借助技术优势和话语霸权，打着"网络自由"的幌子，利用互联网平台对与其存在意识形态差异的国家进行文化价值观念的输出，以达到"和平演变"的企图。作为社会主义国家的中国，不可避免成为西方网络意识形态渗透的重点对象，对我国的国家安全与政治安全构成了一定威胁。对此，骆郁廷教授指出："文化软实力话语创新为信息化时代维护国家文化安全提供了有力武器。"① 通过意识形态话语权构建研究，创新马克思主义意识形态话语体系，能够充分揭示错误思想的

---

① 骆郁廷. 文化软实力：基于中国实践的话语创新［J］. 中国社会科学，2013（1）.

危害性，增强对社会思潮的批判力与引领力，以及有效规避我国社会价值观念被全盘"西化"的风险。

第二，能够有效增强互联网时代马克思主义作为国家指导思想的凝聚力、吸引力、整合力和引导力，旨在保障社会稳定发展。在我国目前的网络新闻媒体和官方宣传平台建设中，与生动活泼、诙谐幽默的网络话语相比，马克思主义意识形态话语体系在一定程度上仍然存在着宏大叙事、内容空洞、枯燥说理、话语陈旧等传统诟病，难以有效地"捕获人心"，马克思主义的解释力、吸引力与凝聚力不能充分发挥。此外，在现实生活中，诸如执法不公、贪污腐败、社会民生等问题诱发的网络谣言，在新媒体中极易形成"核裂变式"传播，而由于某些官方政务新媒体话语能力的缺位，往往加剧了负面舆论热点的引爆。此类问题倘若不能妥善控制，不仅会持续损害党和政府的公信力，也会不断弱化国家主导意识形态在社会生活中的整合力。通过网络意识形态话语权构建研究，改进传统的宣传话语体系，强化对负面舆情控制与引导，能够有效降低社会不稳定因素的影响，从而进一步提升社会大众对执政党地位的心理认同。

第三，有助于中国国际话语权地位的提升。随着我国综合国力和经济实力的迅速增长，以及亚投行的成立、"一带一路"倡议的提出、"人类命运共同体"理念的出场，中国在国际事务中的影响力日益提升。然而，围绕社会制度的"主义"之争，"中国威胁论""中国崩溃论"等声音论调在西方世界此起彼伏，颇有市场。究其缘故，其中一个重要原因在于中国在全球话语格局中的信息传播能力还不强，我们在世界文化领域中的话语权与政治大国、经济大国、战略大国的国际地位仍不相适应。如何能够在世界面前展现一个开放、包容、自信、友好、可爱的社会主义国家形象，就必须要讲好中国故事，传递中国好声音。因此，将马克思主义中国化的理论内涵与古今中国的优秀文化相结合，打造生动、繁荣的社会主义网络文化，能够为文化"走出去"战略的实施奠定基础。

第二节　研究视域的界定

本书在"网络意识形态话语权"概念使用上，实际上可以具体理解为如何在网络空间中做好意识形态话语权构建。其中，"意识形态话语权"这一概念作为一个核心主脉络而贯穿全文，而"网络"一词则是作为研究视域限定的一个"条件状语"来使用的。

一、网络：词意与流变

无论是在学术研究、新闻报道或是人们日常生活中，"网络"作为一个被频繁提及的热门词汇，在其概念理解与使用上，似乎达成一种"心照不宣"的默契：其定义是不言而喻和毋庸赘述的。事实上，这一概念涉及众多学科领域，亦即具有多种不同的解读视角，应当讲目前学界还难以形成一个高度凝练且概括全面的定义来精准描述这一概念。而"网络"作为本研究的主要视域，试图就其内涵特征探究一二，稍加解释说明，并做以相关界定，仍为必要。

在广义上而言，"网络"泛指由物质、能量与信息等组成的带有节点与连线的纵横交织、相互作用的关系集合体。在本书中，"网络"则是指诞生于 20 世纪 60 年代末，具有现代信息技术革命标志性意义的计算机互联网络。从技术架构的角度来看，其雏形最初是在 1969 年冷战时期核战争与导弹危机背景下，由美国研发用于军事领域的 ARPAnet，即由 4 台计算机组成的数据信息传输局域网，目的在于确保美国军方的中央控制指挥平台受攻击后，网络上的其他指挥点能够照常运转工作。随着 ARPAnet 节点上连接的计算机用户不断增多，为了协调和指导网际互联协议和体系结构设计，新的网络协议 TCP/IP（Transmission Control Protocol/Internet Protocol）便由此诞生了。截止到 1983 年，ARPAnet 逐渐被 Internet 替代。之后，1986 年美国国家科学基金会（NSF）在五大科研教育服务超级计算中心的基础上，采用 TCP/IP 协议建立了向全社会开放的 NSFnet 广域网，并逐步吸纳众多高校、研究机构的局域网并入其中，进而成为 Internet 的重要骨干网之一。至此，Internet 开始迅速发展并走向世界。其中，每个连入 Internet 的计算机用户都会分配一个 IP 地址，作为每台主机的唯一身份标识。紧接着，90 年代初蒂姆·伯纳斯·李创建了 World Wide Web（万维网，简称 WWW），用户可以通过 web 浏览器访问 web 服务器上的页面资源，这些资源能够以超文本（HTTP）、超链接（HL）等形式展现出各种文字、图形、声音、动画、资料库等多媒体图像，并全部由"统一资源定位符"（URL）来定位，即我们通常所称的网址。概言之，我们通俗意义上所指的"网上冲浪"或"上网"其实是指访问万维网电子信息资源库，然而常常被人们"约定俗成"地等同于"互联网"概念，这是一种混淆与误读。实际上，在概念范围上，计算机互联网络（internet，首字母小写）＞因特网（Internet，首字母大写）＞万维网（WWW）。此外，文件传输、电子邮件、远程登录、手持移动终端通信等均属于 Internet 的服务范围。在此，对几个专业术语稍做释义是作为一种概念背景交代，并不打算在后续研究中刻意地进行严格区分，因而主要是在笼统和通俗意义上使用"网络"一词。

"网络"最早是由英文单词"cyberspace"翻译而来，早期直接音译为"赛博空间"。从词源上追溯，其最早来自美国科学家诺伯特·维纳（Norbert Wiener）1948 年在其电子通信和控制科学研究中创造的新名词"cybernetics"（控制论）。但"cyberspace"这一概念形式的明确完整出现，目前较为公认的是由加拿大科幻作家威廉·吉布森（William Gibson）在 1982 年发表的短篇小说《Burning Chrome（燃烧的铬）》中首次提出，并在 1984 年出版的《Neuromancer（神经漫游者）》等后续作品中广泛使用。在吉布森设想中，未来时代的科技进化，能够使人的知觉意识与神经系统摆脱肉体，从而进入不受物理时空限制且充满资本的网络空间，并通过操纵咨询信息而获取巨大的权力，最终以纯粹的精神形态获得在网络空间的永生。即"网络空间是指一个人类神经系统和电脑资讯网络系统完全结合的虚拟空间"[①]，是一个全新的没有客观实体的电子"交感幻觉"世界。由此不难看出，此时的"cyberspace"概念，在诞生之初仍不免带有一定的神奇幻想色彩在里面。

其后，随着 90 年代初 Internet 在世界范围内的延伸，真正现实版的"cyberspace"开始走进人们的视野，引起了相关学者对这一概念对象的关注，推动了其内涵界定的成熟与发展，逐渐显露出一定的科学成分。其中，迈克尔·本尼迪克特（Michael Benedikt）在其 1991 年所编著的《Cyberspace：First Steps》中将"网络空间"定义为："一个由计算机支持、连接和生成的多维全球网络，或'虚拟'实在。在这一实在中，每个计算机都是一个窗口，由此所见所闻的对象既非实在的物体，也不一定是实在物体的形象。在形式上，其所涉及的符号或操作，都由数据和纯粹的信息构成。这些信息一部分源于与自然和物质世界相关的运作，而更多的则来自维系人类的科学、艺术、商业和文化活动的巨大信息流。"[②] 在他那里，网络空间是作为一个与物质宇宙平行的新宇宙，是一个物质与精神相互交融的动感地带，所存在的事物和事件都既非完全虚幻，也非完全真实。充斥着庞大的数据量和信息流，人们通过特定的电子界面自由出入其间。由此可见，本尼迪克特的定义较为笼统地概括了网络空间的构成形式与基本特征，但在某种程度上也仍然留存着吉布森笔下所描述的电子交感空间的

---

① GIBSON W. Neuromancer. New York：Ace Books，1984，p67.
② BENEDIKT M. Cyberspace：First Steps. Cambridge，MA：MIT Press，1991，p122 - 123.

概念痕迹。在此基础上，迈克尔·海姆（Michael Heim）从哲学本体论意义上界定了"网络"的内涵为"数字信息与人类知觉的结合部，文明的'基质'，在其中银行交换货币（信用）而信息寻访者则在虚拟空间中存储和再现的数据层中航行。网络空间的建筑物也许比实体的建筑物具有更多的维度，而且它们也许会反映出不同的实存规律"①，进一步深化了网络空间概念的"virtual reality"意涵。所谓"virtual reality"，即"虚拟现实"，国内也有"虚拟实在""虚拟镜像""虚实""灵境""临境""电象"等其他多种译法。虚拟现实，源自计算机仿真技术，意为对物理现实事物的模仿，但又相对于原型而独立存在，甚至是在观念上超越原型而存在，通过对客观世界信息的提取、加工、反馈和传递，将物理实在的景象仿真再现给沉浸于其中的人，实现人机互动和虚实互动。尽管它是一种"虚"的而非物理实在的存在，但其中丰富的感觉材料和完善的视听环境所带来的"身临其境"般的逼真体验，很有可能使人难以分清何为真实、何为虚幻。正如尼古拉·尼葛洛庞帝（Nicholas Negroponte）所言："虚拟实在能使人造事物像真事物一样逼真，甚至比真事物还要逼真。"② 以上，是对"网络"概念学理性探讨的初期阶段，此时的认知与探索主要围绕"virtual reality"概念展开。而此处需要强调的是，站在当前阶段来看，我们可以说虚拟现实空间是"虚"的，但不代表网络空间亦是如此，两者意义不可直接等同，只能说在本质上有相似之处，而且在现代网络信息技术的迅猛发展下两者界限越来越模糊，并相互融合渗透。

当然，除了本体论意义上的概念阐释之外，也有学者意识到，"网络"正塑造着一种全新的不同于现实社会的人际结构与行为模式，开拓了人类新的生存空间，网络空间正成为社会空间的一种新形式。美国网络理论家

---

① ［美］迈克尔·海姆. 从界面到网络空间—虚拟实在的形而上学［M］. 金吾伦，刘钢，译，上海：上海科技教育出版社，2000：163.

② ［美］尼古拉·尼葛洛庞帝. 数字化生存［M］. 胡泳，范海燕，译，海口：海南出版社，1996：140.

A. R. 斯通（Allucquere Rosanne stone）言道："毫无疑问它是一个社会空间，在这里人们仍然是面对面地相遇，不过对'相遇'和'面对面'要重新定义……网络空间就是以网络为平台提供了成员之间真实交往的环境和形式。"① 至此，"网络空间"概念不再是单纯作为一个虚拟场所，继而衍生出社会现实性的一面。秉持这一观点并延续深化的是出生于西班牙的曼纽尔·卡斯特尔（Manuel Castells），在他看来，对"网络"的理解应该超越"virtual reality（虚拟现实）"的范畴，而是赋予其"real virtuality（现实虚拟）"的社会文化意义，意在强调信息技术革命对人类现实社会的深刻广泛影响。其中，他还特别解释道："并非认为技术决定了社会，而是技术、社会、经济、文化与政治之间的相互作用，重新塑造了我们的生活场景。"② 具体而言，卡斯特尔认为，原本以时间和物理空间作为人类生存基本维度的时空观念，被网络虚拟空间压缩、重叠甚至取代，进而创造了"space of flows（流动空间）"这一概念来替代传统的、固定的"space of places（地方空间）"，用以解释描述网络化给现实社会空间带来的结构变化，如比特流、电子流、信息传输、数据共享、资本运转、人际交往等。而且，值得强调的是，在"流动空间"概念中，"卡斯特尔视空间为社会的表达……空间不是社会的反映（reflection），而是社会的表达（expression），这意味着空间不是社会的复制品，而是社会本身"。③ 这一阐述，对于我们今天理解网络空间的复杂性具有重要的启示意义。当然，这也是与当前历史阶段网络空间的现实发展情况较为接近的一种概念解释了。

综合上述材料可以看出，"网络"的词意流变经历了这样一个过程：从具有乌托邦神奇色彩的科幻观念，到本体论意义上基于现象技术层面的

---

① STONE A R. Will the real body please stand up? : Boundary Stories about Virtual cultures. MIT Press Cambridge, MA, 1991, pp. 81-118.

② ［美］曼纽尔·卡斯特. 网络社会的崛起 [M]. 夏铸九，王志弘，等译. 北京：社会科学文献出版社，2001：15.

③ 陆扬. 解析卡斯特尔的网络空间 [J]. 文史哲，2009（4）.

科学描述，再到重构拓展人类现实生存空间的社会性概念。而我们知道，当今世界网络信息技术进步发展日新月异，人工智能科技异军突起，未来的网络空间将会是一种什么样的状态，又将会对人类社会产生什么样的影响，一切犹未可知。由此，基本可以做出推断，"网络"应当是一个不断演进的动态概念。然而，对此问题更加详细深入的探讨不作为本书的重点讨论对象。

二、相关概念辨析

在此前的研究主题中，"网络社会""新媒体""自媒体""微空间"等概念是几种常见且看上去较为类似的表述，为避免混淆与歧义，以及确保研究视域界定的精确性与严谨性，因此有必要对相关概念做以辨析以示区分。

（一）网络社会

"网络社会"概念，一是在宏观层面上，可以理解为网络信息技术背景下一种社会架构新形态，按照人类科技革命的历史代际标准，与原始社会、农业社会、工业社会等是相对应的概念，内含有人类社会结构变迁过程之意。"这种信息技术作用下的社会形态，更加关注信息的价值与流动，更加强调社会成员之间的无中心连接，更加注重社会成员之间的缺场交往，这种社会形态，就是'网络社会'的所指。"① 也就是说，用"网络化社会"这个概念似乎更加能够清晰地展现出此层含义，主要是凸显社会性的一面。如果用英文单词来表述的话，可以翻译成"Network Society"。因此，从这个意义来看，"网络环境""网络时代""网络背景""网络条件"等类似提法，基本上大约等同于"网络社会"概念，但仅限于该层含义上的"等同"。二是在中观层面上，表示存在于网络空间内部中的虚拟

---

① 王冠. "网络社会"概念的社会学构建 [J]. 学习与实践，2013（11）.

社会关系，与我们通常采用的所谓"线上线下"提法中的"线上"概念意思较为接近，更加凸显的是技术性的一面。作为一种与社会空间相类似的空间存在，实际上可以看作现实社会空间在虚拟世界中的延伸，在英文翻译上用"Internet Society"一词较为确切。三是在微观层面上，也可以用来代指互联网虚拟空间中一些具体的由某类社交群组构成的网络社区（cyber community）。

不仅如此，"网络社会"中的"网络"一词从严格意义上来讲，并不能完全指代为"互联网（Internet）"，也可以表示为更加广义的"社会关系网络"。即人类社会总是由个人、家庭、单位、组织、地区、民族乃至国家等关系网络构成，社会资源总是依托各种社会关系网络流动。而且伴随着人类社会历史的渐进发展，这种关系网络越来越趋于复杂，社会交往的方式也越来越多样便捷，即使在计算机信息技术诞生以前，人类社会也存在着各种各样的网络关系结构，因而"网络社会"也可以理解为一种传统实体意义上的网络社会关系。由此可见，"网络社会"是一个定义较为复杂且具有多种内涵意义表征的概念。显然，"网络社会"与"网络（空间）"尽管在某些情况下具有一定的可通约性，但两者绝不是一个完全等同的概念，前者表达的含义更加广泛。因此，本书所使用的"网络"概念，在行文分析的时候，研究的对象和范围更多是针对互联网"线上"空间所出现的问题。而如果使用"网络社会"概念，那么就要考虑更多方面的影响因素，将会导致研究方向的过于分散，难以突出主题。但必须强调的是，这并不代表本研究所涉及内容与"线下"毫无关联，完全不考虑现实社会的影响势必会导致形而上学。一言以蔽之，"网络（空间）"在本书中主要是将其视为现代人生存的一种"线上线下"高度融合渗透的新空间。

（二）"新媒体""自媒体""微空间"等相关概念

相较而言，"新媒体"概念的出现要更早一些，有观点认为它的概念雏形来自马歇尔·麦克卢汉于 1959 年在芝加哥全美高等教育学会的演讲，即当时社会新媒介的出现结束了传统"印刷术"的统治时代，但目前并未受到学界的认可，尚存在争议。而比较公认的说法是，"新媒体"这一概念的正式出场，是由美国戈尔德马克（P·Goldmark）在 1967 年的一份商业计划中首次创制使用了"New Media"这一概念。之后，随着网络信息技术的诞生及其媒介化运用，联合国教科文组织在早期时候也曾下过这样一个定义：新媒体就是网络媒体。的确，相对于纸媒、广播、电视等媒介，网络传媒的出现确实可谓是让人耳目一新。由此可以发现，"新媒体"实际上是一个动态变化的相对性概念，传媒技术的进步是始终向前推进的，曾经的新媒体必然会随着时间推移变为"旧媒体"。至于"新媒体"的概念定义，有国内学者将其归纳为"是指利用数字技术、网络技术和移动通信技术，通过互联网、宽带局域网、无限通信网和卫星等渠道，以电视、电脑和手机为主要输出终端，向用户提供视频、音频、语音数据服务、连线游戏、远程教育等集成信息和娱乐服务的所有新的传播手段或传播形式的总称"①。

　　当然，目前学界研究在使用"新媒体"一词时，基本上都是基于互联网发展进入 web2.0 时代这个意义上去理解的。所谓 web2.0，是相对于web1.0 概念提出的。如前所述，万维网（WWW）的发明使我们获得了通过 web 浏览器获取丰富多彩资讯的平台，早期以门户网站为主的互联网就是 web1.0 时代，即网站信息的发布以单向模式为主，"浏览阅读"是这一时期普通用户网络行为的主要方式。而 web2.0 概念出现在 2004 年左右，其核心理念是更加注重互联网的"交互性"功能，即普通网络用户获得了信息发布的"发言权"，在中国早期较为常见的有网络论坛、博客、BBS、贴吧等。因此，当前阶段的"新媒体"概念运用，主要具备"数字化、融

---

① 宫承波. 新媒体概论［M］. 北京：中国广播电视出版社，2011：37.

合性、互动性、网络性"等几方面特征，在使用情境上主要在"传播介质、传播形式与手段、传播机构、传播平台"等层面展开。①

此外，学界研究还存在"自媒体"这一常见的概念用法，其最突出的特征就是强调，在新媒体环境下新闻或信息发布主体的"平民化"转向，似乎"人人都获得了发言权"，从而打破了媒介话语权过去由社会精英阶层所主导掌控的传统局面，其运作机制往往伴生有一定的商业经营性因素在内。究其定义，有学者认为它"指代的是以新信息技术为基础的新兴且可开发的领域，它所激发的实践，形塑着新一轮的资本组合、市场分割以及话语权力的再分配"②。因此，从范围上来划分的话，"自媒体"可以看作"新媒体"形态的一种类型。如前所述，无论是"新媒体"还是"自媒体"，基于web2.0基础上的"交互性"是其最显著特征，更加侧重的是其作为一种传播媒介的属性，而"网络"一词显然还包括web1.0范畴在内的更大范围。

"微空间"是最近阶段新出现的一种提法，目前国内学界对其概念理解存在两种方式，一种是认为"微空间是指借助微博、微信等移动互联网平台形成的特有网络交流场域"③，这种解读主要是直接基于我国两款知名网络新媒体社交软件的名称来定义，因为这"两微平台"能够在某种程度上影响和左右中国"民间舆论场"的发展与走向。因此，也有人依此认为，以"两微"为代表的移动客户端出现，标志着互联网发展进入web3.0时代。而另一种观点则在上述"两微平台"构成的"微媒介"基础上，认为还应该包括"微电影""微视频""微文学"等网络文化的"微产品"

---

① 彭兰."新媒体"概念界定的三条线索 [J]. 新闻与传播研究，2016 (3).
② 於红梅. 从"We Media"到"自媒体"——对一个概念的知识考古 [J]. 新闻记者，2017 (12).
③ 徐如刚. 论"微"空间中高校主流意识形态的边缘化 [J]. 华中师范大学研究生学报，2016 (1).

形态。① 对"微空间"概念而言，除了具有新媒体等特征以外，其最主要的两个特点就是以智能手机、平板电脑等移动终端设备为主要操作界面，在信息传播上主要呈"碎片化"模式。同样，如果从范围上来划分的话，"网络"的范畴远远大于"微空间"，但从当前中国网络空间生态现时情况来看，"微空间"影响力并不微弱，蕴藏着很大的社会动员力与民间力量。

第三节　研究现状述评

目前，国内学界对网络意识形态问题研究始于 20 世纪 90 年代中后期，随后呈逐年攀升之势。其中，随着党的十八大以来学术界对"意识形态话语权"研究的兴起，以 2014 年前后为节点，"网络意识形态话语权"研究也在近几年呈明显性增长态势，充分体现了理论界对现实问题的关注。但总的来说，"网络意识形态话语权"的专题性研究仍处于发展初期阶段。当然，也有一些与之相关联的论述散见于"网络意识形态"和"意识形态话语权"等研究成果当中。因此，有必要就其研究的现状、不足与未来发展趋势进行梳理、分析与评价，以期为学界进一步研究提供参考。

一、"网络意识形态话语权"的基本内涵

（一）对概念定义的理解

当前"网络意识形态话语权"研究在概念使用上，"网络"一词往往是作为研究视域限定的一个"条件状语"，落脚点主要是侧重于"意识形

---

① 鲍宗豪，刘海辉."微空间"价值失序与意识形态领导权的构建［J］. 思想理论教育，2018（4）.

态话语权"这一主题。首先话语权作为一种重要的"软力量"① 已成为学界共识，但争论焦点主要集中于对"权"字的引申义解读：（1）"单向度"解析法。有论者将"权"字解释为：表达思想而拥有说话机会的"权利"②，但更多学者是从"权力"的角度来理解，认为"话语权，并非说话的权利，更不是我们能不能发声，而是我们是否拥有让别人听从我们说话的权力"③。张骥等则进一步提出，是指马克思主义意识形态的价值判断、理论观点"拥有控制、引导或规范社会，以致足以为社会立言的权力"④。（2）"权利—权力"双重解析法。吴荣生基于国际和国内两个视角提出，"话语权是指说话权利、发言权利，也就是说话和发言的资格和权力，引申为控制舆论的权力"⑤。（3）"三维度"解析法。梅景辉认为，从思想内涵而言，"权"字包含了话语的"权利""权力"和"权威"三个维度⑥。（4）"以权解权"法。有学者将"权"字引申为一种"提问权、论断权、解释权和批判权"或是"思想主导权、统治权、引领权"⑦。至于"网络意识形态话语权"的定义内涵，现有文献中的专门论述尚不多见，其中郑元景明确提出："是指在网络社会中，权势集团、信息传播主体依据自身的地位和影响力，不仅仅满足于通过网络媒体享有'发声'的自由和构建自身话语体系的权力，更在于通过虚拟世界中意识形态的生产

---

① 李江静. 新形势下构建马克思主义意识形态话语权的着力点 [J]. 马克思主义研究, 2017 (1).

② 郭继文. 从话语权视角谈和谐世界 [J]. 前沿, 2009 (10).

③ 江畅. 中国话语与中国话语权之辨析 [J]. 文化软实力研究, 2016 (4).

④ 张骥，申文杰. 马克思主义意识形态话语权在我国思想宣传领域面临的挑战与实现方式探究 [J]. 当代世界与社会主义, 2011 (1).

⑤ 吴荣生. 大众话语：提升马克思主义话语权的新维度 [J]. 理论学刊, 2016 (3).

⑥ 梅景辉. 文化自信与马克思主义意识形态话语权的当代发展 [J]. 马克思主义研究, 2017 (5).

⑦ 刘勇. 当代中国主流价值观话语权提升机制探索 [J]. 思想政治教育研究, 2017 (3)；王秀敏、张国启. 中国特色社会主义意识形态话语权提升的多维审视 [J]. 湖北社会科学, 2014 (11).

和支配，获取潜在地对现实社会的影响力，依靠权力体系压制其他话语的表达，使隐含主流价值的话语通过网络平台渗透到大众中，从而引导和掌控现实社会思想舆论的权力。"①

　　以上研究奠定、丰富和拓展了"意识形态话语权"概念的基本内涵和外延，初步创立了命题探讨的框架基础，同时也留下了进一步讨论的理论空间。很显然，"权"字的单向度解析法是不全面的，它实际上是一个关乎话语资源生产与分配的问题。应当讲，享有社会发言的平等权利是一种应然层面上的理想状态，但同时由于意识形态的阶级性等属性，国家和政治权力的运作客观上造成了话语资源生产和分配的非均衡性。所以很难用某个单一视角去进行"权"字的引申解读，否则可能会陷入以偏概全的绝对化。因此，"权"字的内涵解读应当是多义性的。其中值得强调的是，如果仅仅停留在字面上的"权利"和"权力"之争，这种视界未免还是太狭窄了，不利于深入明晰意识形态话语权的内涵实质，可能会制约后续问题研究的思维拓展。由此可以看出，网络意识形态话语权的相关基础理论研究以及概念内涵的厘清界定还需要学界的更多思考。

　　（二）构成要素与特征考察

　　关于意识形态话语权的生成与构成要素，学界研究的主体方向和基本观点是大致统一的，但在具体构成要素的确定和表述上，学者们的争论既有交叉重合，也有一定的分歧。具体表现在：其一，"三要素"说。即由话语主题、话语主体和话语载体三部分构成，分别是解决意识形态"说什么"及其有效性的问题、"谁在说、对谁说"的问题，和"怎么说、以什么方式说"的问题②。其二，"四要素"说。对此，学者们有着各自不同的观点。例如，有人认为是"话语环体（在什么环境中说话）、话语载体、

---

① 郑元景. 论网络意识形态话语权及其提升策略 [J]. 福建农林大学学报（哲学社会科学版），2015（5）.
② 葛彦东. 掌握意识形态话语权初探 [J]. 思想理论教育导刊，2015（1）.

话语主体、话语客体（对谁说）"①；有人认为是"话语环境、话语主体、话语内容和话语传播"②；有人是"话语主题、话语主体、话语模式和话语技巧"③。其三，"五要素"说。主要是增加一个"话语效果"要素，认为是"话语主体、话语载体、话语内容、话语对象（客体）、话语效果"五个方面④。上述研究分别从不同角度阐明了意识形态话语权的构成要素，这为该问题的研究提供了一个基本思路，只是在进一步的细节完善方面还存在不同意见。应当讲，"三要素"说作为一个基础性的主体结构框架，"对话主体、说什么、怎么说"三个环节形成了一个完整的话语传播链条，这三者是缺一不可的。在此基础上，其他构成要素是对这一理论体系的丰富与完善，值得深入探讨下去。然而，当前成果仍缺乏对各构成要素内在逻辑结构层面的考察，各要素之间存在什么样的逻辑关联，是下一步探讨、发展和可能突破的空间所在。

此外，在网络空间的意识形态话语权构建过程中，还表现出一些鲜明的特征变化，学者们从不同方面进行了揭示，总体可以归纳为：话语主题从"阵地争夺"转为"话题抢夺"；话语主体由"一元主导"转向"多元共享"；话语载体由单向性转为多向性互动；话语内容由"唯一同质"转向"多样分众"、由"政治权威"转向"理论权威"、由"崇高"走向"现实"；话语方式由"鲜明"走向"隐形"；话语环境由"分立"走向

① 曾长秋，曹挹芬. 网络环境下维护社会主义意识形态话语权的新特点 [J]. 学习论坛，2015 (6).
② 史艳柳. 虚拟社会中党的意识形态话语权的构建 [J]. 中共天津市委党校学报，2016 (3).
③ 聂智，邓验. 自媒体领域主流意识形态话语权的构成要素及衡量维度 [J]. 湖南师范大学社会科学学报，2016 (5).
④ 文大山. 挑战与回应：新媒体时代的意识形态话语权 [J]. 中国社会科学院研究生院学报，2016 (3).

"融合";话语传播由"完整叙事"转为"碎片传播",等等①。在"构成要素"理论的基础上,考察网络化给意识形态话语权构建所带来的影响,学者们大多在"变"的结论上看法一致,但在"有何变化"的观点上各有不同视角的立论与表述。总体而言,基本上准确概括出了当前网络意识形态话语传播过程中所表现出来的特征转变。

二、关于网络意识形态话语权构建的现状分析

(一)学界的主要观点

学界关于意识形态话语权构建在网络空间面临的形势分析主要有以下两类观点。(1)"机遇说"认为:一是催生了新的传播方式。网络信息化为马克思主义意识形态话语权构建提供了重要载体和新技术手段,不仅提高了信息传播效率,还开辟拓展了马克思主义大众化普及的新渠道、新领域、新空间②。二是构筑了世界文明交流的平台。网络新媒体有利于健全和完善党的意识形态理论与实践体系,同时也为世界文化的交流融合和人类文明成果的相互借鉴提供了全新平台③。三是促进了思想文化繁荣发展。网络空间意识形态多样化的竞争与交锋,促进了文化科学繁荣,活跃了社会思想,有利于在批判与借鉴中发展马克思主义④。关于网络化所带来的机遇研究,应当看到,近年来网络意识形态建设经过大力发展,网络更多积极有利的因素正逐步显露,党中央在网络空间治理等方面取得了诸多成

---

① 黄蜺. 新媒体环境下马克思主义意识形态话语权发展特点 [J]. 社会科学家,2015 (12);张培,胡涵锦. 新媒介语境下社会价值培育的话语转换与路径构建 [J]. 云南社会科学,2016 (2);李江静,徐洪业. 准确把握互联网意识形态话语权争夺的新形势 [J]. 红旗文稿,2015 (22).

② 杨昕. 论信息网络化对中国共产党意识形态话语权的影响 [J]. 前沿,2014 (Z8).

③ 陈文胜. 论微政时代党的意识形态建设 [J]. 求实,2013 (11).

④ 卢黎歌,岳潇,李英豪. 当前我国网络意识形态的博弈与引导 [J]. 思想教育研究,2017 (6).

功经验，亟须进行新的理论总结和宣传推广。（2）"挑战说"认为：第一，来自境外方面的压力。以西方发达资本主义国家为主导的文化扩张和意识形态渗透，已成为学界共识。西方发达国家借助技术先发优势和英语语种优势已经形成"话语霸权"，企图利用互联网作为"扳倒中国"的重要武器①。而境外资本不断渗入互联网意识形态领域，部分网络媒体或自媒体受境外资本操控，试图掌握国内网络舆论调控的资格和权力②。第二，来自国内方面的压力。改革与市场经济所带来的思想价值观念多元化和社会矛盾冲突等一系列问题是主要方面。社会多样化思潮在网络空间蔓延传播，夹杂各种负面价值观不断挑战社会主义核心价值观的主导地位③。而且，落后腐朽的意识形态依然留存，贪腐等一些社会问题比较突出，这些问题反馈到网络上弱化了大众对主流意识形态的认同感④。第三，来自网络空间或信息技术特有属性的影响。互联网的多元化、自由化、去中心化等特征，使得信息监管变得十分困难⑤。此外，网络技术改变了意识形态传播的路径与方式，这导致传统工作机制的效能被削弱，同时互联网传播与社会风险泛化的共生效应显现致使意识形态传播过程中的"噪音"干扰增多⑥。第四，主流意识形态自身建设存在的一些问题。一方面，是马克思主义理论研究对社会转型和改革进程中出现的社会矛盾与现实问题难以

---

① 黄岩，王海稳. 移动网络时代的媒介话语与意识形态安全［J］. 中共浙江省委党校学报，2016（2）.
② 赵丽涛. 我国主流意识形态网络话语权研究［J］. 马克思主义研究，2017（10）.
③ 冯茜，黄明理. 中国网络主流意识形态面临的挑战与应对［J］. 华南师范大学学报（社会科学版），2017（4）.
④ 李兴选. 全媒体时代的网络意识形态话语权构建［J］. 理论导刊，2015（2）.
⑤ 刘少阳. 自媒体时代加强主流意识形态话语权研究［J］. 中共南昌市委党校学报，2016（4）.
⑥ 刘伟. 论互联网时代意识形态传播能力建设的挑战及应对［J］. 社会主义研究，2016（2）.

做出及时有力的回应和解答①。另一方面，是面对个人主义价值观弥漫以及思想争锋的此消彼长，主流意识形态话语存在着整合困境、管理困境、主导困境和协调困境②。

（二）存在问题的原因分析

针对网络化给我国意识形态话语权建设带来的挑战，有学者就其原因进行了探究：一是受国家内外部环境的影响。当前全面深化改革而日趋复杂的国内形势和不同意识形态间大国"角力"下的国际大环境不利于我国主流意识形态的发展③。二是网络意识形态监管方式的落后。不仅法出多门、立法阶位偏低，而且监管主体权责界限模糊，导致监管方式效率低下，同时信息安全人才也较为短缺④。三是传统意识形态话语实效性的降低。话语体系建设滞后而缺乏解释力，话语表达形式过于高大上而缺少凝聚力，话语传播途径单一而导致传播广度和范围不够，传统话语受众大幅度减少⑤。四是相关软硬件支撑的缺乏。守势心理和缺乏得力的手段措施难以扭转网络信息管控滞后的被动状况，网络信息核心技术硬件的差距也是主要原因⑥。五是自媒体传播价值导向的冲突。在自由高效的"快餐式"浮躁传播中，为追求所谓点击率，容易为片面追求小众利益而与社会主导价值观发生冲突⑦。六是网络思想政治理论教育的缺失。意识形态宣

---

① 曾令辉，陈敏，石丽琴. 论加强我国社会主义意识形态领导权建设 [J]. 马克思主义研究，2014（1）.

② 孙禄. 自媒体视阈下意识形态话语权构建困境的多维解析 [J]. 新疆社会科学，2017（3）.

③ 于江. 论当下主流意识形态网络场域主导权的构建 [J]. 江南论坛，2015（10）.

④ 王永贵，岳爱武. 着力打造清朗的网络空间——学习习近平总书记网络意识形态治理思想的重要论述 [J]. 中南民族大学学报（人文社会科学版），2017（4）.

⑤ 张振，郝凤. 新媒体时代中国共产党强化意识形态话语权的多维路径 [J]. 江苏社会科学，2016（5）.

⑥ 殷殷，姜建成. 社会主义核心价值观视域中的网络话语权建设 [J]. 思想教育研究，2015（1）.

⑦ 徐锐，黄进. 自媒体的意识形态危机及秩序管控 [J]. 理论月刊，2017（4）.

传的显性教育与隐性教育之间缺少互补，现实空间与网络空间彼此缺乏互动①。关于问题的原因分析，学者们从不同角度分别做出了独到的见解。然而也存在着这样一个问题，即"原因分析"和"困境、挑战分析"在研究内容上存在一定交叉与混淆，这种情况甚至相当突出。诚然，基于每个学者的思维视角和逻辑起点不同，答案自然也不相同。但是，"现象与本质"的厘清是十分必要的，只有客观分析和找准问题的本质原因，才能更加科学地对症下药和精准施策。此外，还应当注重"标与本"的辩证思维，需要分清楚哪些是亟待解决的，哪些是未来长期需要发展完善的。对此，以上问题的区分和界定还有待进一步加强梳理。

（三）对形势发展的研判

2015 年 5 月，人民论坛问卷调查中心发布了"我国当前网络意识形态的状况"的公众调查。结果显示，当前网络舆论环境整体面貌呈现为积极向上的态势。受访者对于中央大政方针和各项改革措施及其政策宣传效果表示较高程度的认可，对于强化网络监管的举措也给予了高度肯定。但也认为，局部问题和突发个案更易引发网络舆论交锋，而媒体欠妥的报道也会产生明显的负面影响，而且网民的责任意识较弱易导致谣言和不良情绪的宣泄②。除专项调研之外，李艳艳对我国 2015、2016、2017 年度的网络思想状况进行了连续跟踪观察，总结后认为：一是我国网络思想状况总体为逐年向上向好发展趋势，党和政府及相关主流媒体主动参与网络治理的意识和能力持续提升；二是网络思想交锋和争端逐渐趋于理性化、法治化；三是网络意识形态领域的斗争仍然复杂，人民内部矛盾中的个别社会问题存在激化升级为对抗性敌我矛盾的隐患；四是社会转型期群众的焦虑心态和对美好生活的需要，对网络综合治理、网络文化发展和网络生态建

---

① 朱效梅，谢萌. 网络意识形态话语权构建研究 [J]. 社会主义核心价值观研究，2016（3）.

② 栾大鹏，董惠敏. 对当前网络意识形态状况的调查 [J]. 国家治理，2015（24）.

设提出更大挑战和更多要求①。由此可以看出,党的十八大以来,我国网络思想领域的意识形态乱象和网络舆论生态恶化的局面基本得到有效控制,在总体态势呈现为良性好转趋势的大背景下,也存在着一些不确定性因素。因此,我们对于国内网络意识形态斗争形势发展的研判可归结为:在当前和未来一定时期内,伴随网络舆情事件的发生,将呈现一定的年度特征和"偶有峰值"起伏的波浪式平稳发展曲线。

三、关于网络意识形态话语权构建的对策研究

(一) 创新和转换主流意识形态话语体系

由于当前政治话语、宣传话语、学术话语还存在枯燥抽象的宏大叙事和单向封闭的传播方式等问题,难以适应网络时代新形势的发展,我国主流意识形态话语权实现方式的转型成为应有之义。因此,"话语转换""术语革命"等议题应运而生。对此,汪馨兰认为,要通过立足生活、凸显审美价值来转抽象式为形象式,通过平等参与、开展民主讨论来转独白式为对话式,通过贴近对象、构建综合化平台来转单一式为立体式三方面来创新话语权实现方式②。樊军平提出,要转化话语语境以创新马克思主义话语逻辑、话语空间、话语机制,要转化话语内容以凸显马克思主义人民性、实践性和开放性,要转化话语方式以呈现马克思主义多元化文风、个性化言说和立体化体验③。于华强调,要将理论话语、文件话语、官方话语转化为日常生活话语的方式以使人听得懂,要将深刻的道理和严谨的思

---

① 李艳艳. 2015 年度网络思想状况分析 [J]. 红旗文稿, 2016 (1);
    李艳艳. 2016 年度网络思想状况分析 [J]. 红旗文稿, 2017 (2);
    李艳艳. 2017 年度网络思想状况分析 [J]. 红旗文稿, 2018 (1).
② 汪馨兰. 论网络信息化条件下我国主流意识形态话语权实现方式的转型 [J]. 长白学刊, 2016 (3).
③ 樊军平. "微时代" 提升马克思主义在意识形态领域话语权的路径思考 [J]. 西安政治学院学报, 2015 (6).

想以生动活泼、喜闻乐见的形式进行宣传以使人听得进，要改变居高临下的说教口吻和生硬呆板的叙述方式以使人喜欢听①。吴春雷建议，意识形态对话要由单向传播转向平等交互，尊重信息受众的话语选择权和表达权，创新意识形态话语体系的关键在于要以人为本，同时还要注意话语表达要富有时代感、个性化与生活化②。网络技术和新媒体的出现不仅改变的是传统意识形态工作的方法、格局与思路，最主要的是还改变了意识形态话语传播的路径和互动机制，对主流意识形态话语的生产与供给提出了诸多挑战与需求。因此，话语表达和话语体系创新研究应当是学界需要大量投入精力进行探讨的重点领域和关键环节。

（二）提升网络意识形态话语权的实践进路

掌握网络主流意识形态话语权，还需要通过一些实施路径来予以保证。目前，学界相关研究的逻辑构建和阐述视角不尽相同，以此提出的看法、观点和意见较为繁杂，总体而言可归为以下两个主要方面。

一方面，不断加强"线上"建设。一是掌握先进网络技术，强化技术治理。通过驾驭信息技术、媒介技术、网络规则始终掌握网络技术主控权③，利用大数据技术提升网络意识形态治理能力④。二是加强网络平台建设管理，推进媒介深度融合。在平台建设上，强化意识形态斗争的阵地意识，加强对自媒体平台的应用管理⑤；在传播机制上，构建新媒体与传

---

① 于华. 全媒体时代的意识形态话语构建［J］. 学校党建与思想教育，2015（2）.
② 吴春雷. 新时期我国马克思主义意识形态话语权构建［J］. 重庆社会科学，2017（10）.
③ 陈娜. 论提升网络意识形态话语权的四重维度［J］. 思想理论教育，2017（6）.
④ 付安玲，张耀灿. 大数据助力网络意识形态治理及提升路径［J］. 马克思主义研究，2016（5）.
⑤ 杨晓光. 自媒体时代主流意识形态话语权威面临的挑战与对策［J］. 南京政治学院学报，2016（3）.

统媒体有机融合的现代传播体系①。三是强化网络舆论引导，弘扬主旋律。首先，正确分析和把握网络舆情社情，引领和敦促主流新闻网站与重点商业网站恰如其分地发言、掷地有声地表态②。其次，进行舆情监测与引导，及时矫正网络舆论出现的偏差，引导网民进行理性思考③。最后，通过专家学者为突发公共事件提供专业性分析和建议，纠正偏颇观点，疏导网络情绪④。四是增强中国话语的国际传播能力。积极打造意识形态对话平台，主动、准确地宣传中国价值观，提升中国形象在世界的正面评价，从而为社会主义意识形态营造宽松的国际生存环境⑤。同时，加大主流意识形态外文资源的网络开发力度，建立外文网站以及国际性网络社交工具⑥。

另一方面，持续推动"线下"发展。一是继续大力发展中国特色社会主义，控制和解决社会现实矛盾。充分发挥网络在国家政治中的作用，解决民众关切的现实问题，切实维护群众的生存权利⑦。二是强化基础理论创新研究，提升对社会发展的解释力和批判力。面对网络时代西方文化影响的空前扩大，理论界要运用马克思主义的立场观点方法对网络媒体及生活中流传的"非马""反马"的形形色色观点进行鉴别和批判⑧。同时，

---

① 包天强. 新媒体时代马克思主义意识形态话语权实现方式 [J]. 思想政治教育研究，2017（4）.

② 骆郁廷，史姗姗. 论意识形态安全视域下的文化话语权 [J]. 思想理论教育导刊，2014（4）.

③ 许一飞，崔剑峰. 网络和平演变：意识形态安全的严峻考验及应对策略 [J]. 理论探讨，2015（3）.

④ 凡欣，聂智. 自媒体舆论场下我国主流意识形态的话语权控制研究 [J]. 学术论坛，2015（7）.

⑤ 王岩，王翼. 论我国意识形态安全对话平台的建设及其重要意义 [J]. 马克思主义研究，2016（5）.

⑥ 白毅. 网络环境下意识形态话语权的争夺与掌控 [J]. 安徽师范大学学报（人文社会科学版），2016（5）.

⑦ 林伯海，张改凤. 网络话语权争夺：意识形态的网络攻防战 [J]. 思想理论教育，2015（7）.

⑧ 邓纯东. 努力构建以马克思主义为指导的哲学社会科学话语体系 [J]. 马克思主义研究，2014（6）.

也要增强自媒体等网络媒介研究的学术话语权，以解决理论支撑和发展后劲问题①。三是加强网络法规与制度建设。通过立法建设以规定网络空间中民众的权利与自由、言行限度和活动尺度，同时重视执法活动和引导民众自觉坚持守法行为，并强化司法保障的最后防线②。此外，也要通过畅通网络空间现实利益表达渠道，建立健全网络空间的组织化、制度化保障③。四是不断做好"人"的工作。广泛开展群众媒介素养教育，提高公众正确运用新媒体以及自主处理信息的能力④。同时，积极动员社会力量的多元化参与，建立政府与各民间组织、机构、企业、个人的协同合作机制和整合联动机制⑤。最后还要提高领导干部驾驭互联网的能力，加强对网络意识形态工作规律的研究⑥。

由于网络意识形态话语权研究的最终目标在于解决现实问题，具有很强的实践指向性，因此大多学者在对策研究中普遍比较关注"路径说"，提出了诸多具有建设性的意见。然而，这些思考普遍是从器物层面和制度层面的角度出发，属于较为具体的对策，不仅在实践上的可把握度有待商榷，而且存在一定的观点趋同性，并缺乏相应的深厚学理支撑。相比之下，在战略层面的总体策略把握和基本原则制定等方面的学理论证则略显不足，这些方面的问题需要进一步给予关注。同时，在对策路径的研究中，应当注意实践工作的应用性和可操作性，避免理论化和理想化的推想，否则会在一定程度上削弱学术研究对于社会现实问题的指导作用。

---

① 刘娜. 自媒体意识形态安全问题及对策 [J]. 马克思主义研究, 2016 (7).
② 陈联俊. 网络空间中马克思主义认同的挑战与应对 [J]. 马克思主义研究, 2017 (6).
③ 张改凤, 林伯海. 主流意识形态对网络空间的整合功能及路径探微 [J]. 广西社会科学, 2015 (10).
④ 聂立清, 朱源源. 我国主流意识形态建设的微媒体影响与应对 [J]. 思想教育研究, 2016 (10).
⑤ 王欢. 加强党在网络意识形态领域的主导权研究 [J]. 理论探讨, 2017 (4).
⑥ 吕薇洲. 网络信息时代维护意识形态和文化安全的思路与对策 [J]. 中共贵州省委党校学报, 2013 (4).

四、对现有研究成果的评析与展望

整体而言，目前学界现有理论成果对于我国网络空间的治理以及意识形态话语权构建产生了积极影响，在某些问题上达成了相对一致的看法。然而，网络技术发展日新月异，旧的问题得到解决，新问题又在不断产生。客观事实表明，不同时期情况的变化，会对网络意识形态的建设与发展产生重大影响。因此，关于"网络意识形态话语权"的研究议题依然有必要继续深入地探讨下去。

（一）分析与评价

1. 既有研究成果的贡献

首先，研究成果"量少而质精"。从文献的期刊类别上看，尽管当前学界的专题性探讨处于初期发展阶段，理论专著也较少，但大多数论文成果发表于 CSSCI 或中文核心来源期刊，表明了当前理论研究成果有较高的水平。其次，开辟了研究的基本论域。"网络意识形态话语权"研究从无到有，尤其在最近几年成果渐多，对于大家关注的一些"面上"的基本问题研究总结较为全面，在宏观上、整体上、系统上开辟了一些基本论域，为今后的纵深研究打下了厚实的基础和提供了可资借鉴的丰富材料。再次，一些重点领域研究成果突出。学者们普遍意识到，网络话语传播特征与方式的改变很大程度上影响着主流意识形态话语权的构建，故而在"网络媒介叙事与言说方式"以及"意识形态话语体系创新"等方面给予了高度关注和集中研究。最后，推动了部分现实问题的解决。"网络意识形态话语权"研究历来都不仅仅是一个单纯的学术探讨或思想争论，也是一个与网络社会发展密切相连，且事关我们党执政合法性的重大现实问题。随着相关网络法规政策的不断出台，以及大量政务新媒体进驻"两微一端"平台等，很多好的对策建议被积极采纳，为深化网络空间治理和加强网络意识形态建设工作提供了理论支撑。

2. 既有研究的不足

其一，研究主题与方向不够聚焦。"网络意识形态话语权"与"网络意识形态安全""网络思想政治教育""网络舆论引导""网络空间治理""网络社会思潮"等研究方向在成果内容上存在着主题与方向不够聚焦问题。以上几类主题作为网络意识形态建设的几个重要方面，在研究内容上存在关联性是必然，但研究方向上的差异性也十分明显，有些研究成果未能准确把握"话语权"这一核心主题。此外，在研究视域界定上，"网络空间"与"网络社会""网络环境""网络时代""微空间""新媒体""自媒体""全媒体"等基本概念有待廓清。网络意识形态建设作为学术界经久不衰的热议话题，学者们在研究过程中大量使用了以上称谓。然而，这些概念只是字面表述不同而实质一样，还是各自之间有所特指？因此，应当加强对此问题进一步研究。

其二，研究方法与学科视野有待丰富。首先，在研究方法上，仍是以定性分析为主，而相对缺少文献计量法、田野实验法、案例分析法等研究方式。其次，在选题和研究视域界定上，主题宏大的逻辑推演与归纳演绎居多，中观与微观领域的实务性考察和实践经验总结则相对较少。原因在于，研究者身份普遍为高校和理论工作队伍中的专家或中青年学者，一方面普遍缺少互联网意识形态管理工作的"实战"经验，另一方面也缺乏计算机网络技术知识背景，致使在分析和解决问题时往往容易偏离实际而难以实现精准"把脉"。最后，现有研究成果的学科视野相对狭窄，学科交叉性不强。除了传播学受到了一定关注外，心理学、政治学、文学艺术等学科领域的切入点仍不够多。

其三，基础理论研究相对滞后。针对意识形态话语权的基础理论研究，国内学界更多的是聚焦于西方相关理论，如葛兰西、福柯等。而对马克思主义经典著作中蕴藏的理论资源挖掘不够。

（二）未来研究的展望

1. 应遵循的基本原则

一方面，应该辩证看待互联网发展，打破"守势心理"。面对网络技术给我国意识形态工作带来的环境改变，"机遇说"虽然普遍得到认可，但普遍一致地都会把论述重点集中在"挑战说"。诚然，这是学术研究以"问题意识"为导向的充分体现。然而，在我国网络时代发展初期，面对网络空间"声音嘈杂"之乱象及其对主流意识形态话语权的消解，使得部分学者、管理者、意识形态工作者看待网络问题时，似乎存在一定程度的"谈网色变"心理，随之而来便是思维模式上的"应对心理"。当前，我国网络空间治理已经初见成效，这种"应对心理"应当转为以"大国自信""理论自信""话语自信""文化自信"思维来看待网络问题与挑战。另一方面，转换研究思路与范式。目前，关于网络意识形态问题的普遍研究范式是一种"挑战说"＋"路径说"。对此，除了这种"开药方"式的"对策型"研究范式以外，还可以选择某一个具体的、微观的问题域进行切入，采取一种"扁平化"的多维度视角深度挖掘与分析，以不断加强该领域的针对性研究。

2. 亟待解决的重难点

一是需要厘清"话语权"相关概念的本质内涵。首先，"意识形态话语权"这一概念的出现由来已久，但由于对"权"字引申义的理解不同，加之"意识形态"概念自身的复杂性与争议性，目前学界对此概念的内涵和外延，均尚未形成一个具有共识的权威定义。学者们多是在一般意义上从意识形态话语权的功能、作用、效力等角度进行阐释，或是采用一种回避与模糊处理的办法，缺乏对其本质内涵的归纳与演绎。其次，尽管"网络意识形态话语权"这一用语经常见诸报端、期刊或新闻标题中，然而对其概念的界定几乎仍处于空白。同时，值得思考的是，"意识形态话语权"与"网络意识形态话语权"之间存在怎样的区别和联系？后者是否只是前者在网络空间的简单延伸与位移，还是表现出其他不同的内涵属性和本质特征？除此之外，在文献资料梳理中，不少学者使用了"网络话语权"这一概念，那么它与"网络意识形态话语权"之间又有何区别与联系？综上可以看出，"网络意识形态话语权"由于涉及众多不同概念的理解，因此其内涵的厘清难度较大，仍需进一步深入研究。

二是需要阐明意识形态"话语权"与"领导权""管理权"等概念之间的区别与关联。首先，"意识形态领导权、管理权、话语权"通常以整体文本形式作为一个政治话语或学术话语的固定范式出场，也会以其中某一单个形式出现，三者之间既有联系又相区别。但从当前研究情况来看，"三权"的内涵与外延边界划分还不清晰，其概念分别所指的核心范畴和主要方向未能精确明晰，一定程度上存在"三权"混为一谈的情况，尤其是"领导权"与"话语权"两者之间。而且，"三权"之间是何逻辑关系，仍存在进一步深化探究的空间。其次，很多文章中多次提到"主导权"一词，那么它跟"三权"之间的关系如何进行界定？二者是等同关系还是包含关系？弄清这些问题，有助于今后的研究主题与内容更加聚焦、明确。

三是需要确立什么样的网络意识形态话语权构建思路。当前，学界存在这样一种倾向，每当论及网络意识形态问题，往往会使用"阵地战""争夺战""攻防战"等词汇来形容当前网络意识形态话语权争夺的尖锐态势。那么，这样一个评判标准是基于事实判断，还是价值判断？目前还未有定论，相关数据支撑也相对匮乏。而且，网络意识形态交锋是一个动态发展的过程，坚持什么样的话语权构建原则，必须要依据对现实问题发展现状的客观把握。在学术争论中，有观点认为应该通过压制其他话语渠道，加强技术封堵，坚持"统治""掌控""灌输"的逻辑规则来强化马克思主义在意识形态领域的一元主导地位，以此保证话语权不旁落，重在强调"挑战说"。但过于强化这种思维，难免会与多元文化发展的时代潮流相违背。那么，也有观点认为应该坚持"引导""疏通"原则，通过主流意识形态话语体系的变革与转型，提升马克思主义吸引力，以此来引领多样化社会思潮。然而，有人据此借机提出"网络价值中立论""网络自由论"等错误论调。因此，笔者认为，两种思路本身不存在孰优孰劣之分，应当辩证灵活地根据网络意识形态斗争的变化特征和总体态势，进行两种策略的配合与调整。但关键在于，如何打破"一管就死、一放就乱"的悖论，如何在网络意识形态工作实践中适度、准确把握"放"与"收"之间的合理张力。

四是如何深入推进意识形态话语体系创新研究。"话语体系"是意识形态话语权研究必然要面临的一个核心概念。那么，有几个问题有待梳理清楚，即什么是话语体系？话语体系内部是如何构成的？话语权与话语体系之间存在什么样的逻辑关系？马克思主义理论话语体系和意识形态话语体系有何区别与联系？从现有研究成果来看，学者们对话语体系创新研究所进行的阐释，主要集中于重要性和必要性的论证，继而宏观上提出话语体系创新的几个基本原则或方法论。然而，在本体论维度上，涉及话语体系的具体构建问题，尚需要进一步进行深入研究。

3. 值得重点关注的几个方向

一是研究资本逻辑在网络价值导向中的运作机理。当前网络空间中，在国际和商业资本运作的推波助澜下，资本的逐利性导致消费主义文化盛行，引发人们的精神危机。"网络自媒体生意"背后已经形成一条完整的产业链条和一套成熟的运作模式，在吸引注意力资源上掌握着极大优势。在市场经济和复杂的国际环境下，自媒体平台存在着媒介权力寻租的可能性，为满足个人私利而转让其社会属性成为服务于某些利益集团的工具，用一种隐蔽式、潜移默化式的手段消解中国特色社会主义道路的方向认同感。当前已经有学者觉察到了资本逐利性在网络空间给意识形态建设所带来的危害，但其运作原理还需要进行深入探究和挖掘。

二是研究网络意识形态话语权构建的国际路径。国际社会话语权的争夺实质上是意识形态话语权之争，西方国家利用意识形态话语霸权在谋取国家利益方面屡屡得逞。以马克思主义为指导思想的中国，肩负着扩大社会主义国际影响力的重要责任。随着我国经济硬实力的增强，当前国际网络思想交锋中"西强东弱"态势虽有所扭转，但还没有发生根本性转变。如何打破技术和语言弱势，变被动为主动，将中国道路的实践优势转化为话语优势，还需要加强社会主义意识形态话语体系和中国故事、中国声音的网络国际传播研究。加强中国在世界思想文化领域中的话语权，无论是在外交领域还是从国际关系研究的视角，提升社会主义和马克思主义意识形态的感召力和生命力，消除、回应和反击西方的意识形态偏见，在这些方面还有很多值得深入研究的空间。

三是加强网络意识形态话语客体（对象）的差异化和针对性研究。网络社交改变了现代人社会交往的方式，受网民年龄、身份、兴趣、政治倾向、利益诉求等不同因素的影响，形成了各式各样的网络群体或阶层，例如，"网络大V""自干五""小粉红""果粉""美粉""网络迷群"等。根据社会阶层理论，以网民"用户需求"思维为导向，分析不同网络群体的特征，以保证网络主流思想和社会主义核心价值观引领策略的精准性。

四是持续保持对社会思潮网络传播方式新变化的重点关注。作为与马克思主义意识形态争夺话语权的主要对手，网络是各类社会思潮传播的最大平台，并且相互之间还存在不断交叉融合的动态变化趋势。除了加强对其思想实质、价值内核和主要危害的理论批判以外，也要重视其网络传播规律和方式途径的研究。同时，也要对各类网络社会思潮保持动态化跟踪研究，对网络上的"左""右"思想之争中的不同政治见解的观点和声音进行研判、分析和引导。

五是强化对网络治理和网络协商民主问题的研究。在网络赋权的背景下，网民的民主政治意识"觉醒"和权利诉求日益高涨，对构建和谐、稳定、有序的网络话语秩序造成较大压力。很多思想问题的引发，根源在于现实利益的矛盾与冲突。针对网络谣言、网络抗争、网络舆情等问题造成的负面影响，可以充分利用互联网技术在发展社会主义民主政治建设方面的资源优势，澄清是非，引发讨论，引导舆情，提供建设性意见。因此，加快网络协商民主的体制机制建设显得尤为迫切，需要在下一步研究中继续完善。

六是加强对网络文艺发展的研究。在构建主流意识形态话语权方面，文艺传播具有不可替代的优势，同时也是错误思潮与价值观最容易集中出现的领域，网络上淡化文艺意识形态属性的声音此起彼伏。而且，当前网络文艺中存在的庸俗化、低俗化、恶俗化等倾向较为显著，以及历史虚无主义和文化虚无主义在很多作品中大行其道，对于如何促进这些"灰色地带"向"红色"转化，应当加大研究力度。

七是从历史维度加强相关基础理论研究。一方面，梳理当代中国 20 多年来网络意识形态话语权争夺态势的历史演变过程，及时总结近年来国家在网络意识形态建设和治理中取得的成就和经验，更加有利于判明未来网络意识形态研究的发展趋势；另一方面，在基础理论研究方面，不仅要从马克思主义经典作家思想中汲取资源，也要从马克思主义中国化理论成果和社会主义意识形态建设过程的得失经验中寻找理论支撑，从社会日常现实生活中提炼和总结规律，尤其是加强当前习近平新时代中国特色社会主义思想中有关于"网络治理""意识形态话语权"等方面的理论研究，构建具有时代感与现实性的"网络意识形态话语权"理论体系，成为当前基础理论创新亟待开展的工作。

八是研究国外网络意识形态话语权构建的经验与教训。世界上每个国家和执政党都有自己的主流意识形态，西方作为互联网技术的诞生地，其学术研究开展于 20 世纪 80 年代，社会发展也比我们更早步入网络时代。因此，在网络传媒打造、网络文化传播、互联网法制建设以及网络治理等方面，有诸多可供我们学习借鉴的经验与启示。但也不可否认，"网络意识形态问题"在很多国家也都存在，如在乌克兰、利比亚、叙利亚等国家的所谓"颜色革命"中，都潜藏着网络意识形态渗透的踪影，而美国和俄罗斯也在总统大选中互相指责对方利用互联网进行了政治渗透与干扰。因此，需要及时关注国外先进网络治理理论与实践动态，总结域外国家地区在网络意识形态建设方面的失误与教训。

九是加强对网络宗教"泛化"和"极端化"问题的关注。有些极端民族主义打着宗教信仰的名义行危害社会主义建设之实，破坏法治建设、制造民族隔阂和分裂祖国统一，甚至蜕化为社会黑恶势力。受此不良影响，近年来国内网络舆论中不时出现一些类似"大汉族主义"等负面情绪论调，倘若不加以及时有效疏导，同样会有害于中华民族内部的团结和稳定。对此，如何坚决打击网络上的宗教极端主义，以及怎样将非理性的民族主义情绪引导到正确的、理性的爱国主义道路上来，防止其走向群体狂热，学界应当给予更多关注。

十是强化实证研究和案例分析研究。"网络意识形态话语权"研究是一个思想性和实践性都非常强的问题，中国网民的政治立场究竟如何？青年人的整体思想状况是何表现？当前国内网络意识形态舆论斗争的发展态势到了何种地步？对于以上情况的判断，都需要建立在科学有效的实证调研基础上，既要开展广泛的问卷民意调查，也要有针对相关领域经验人士的重点访谈，还需要学者保持对网络媒体平台上信息动态的长期关注。

第二章

网络意识形态话语权构建的理论之基

应当讲，学界对于马克思意识形态学说的基础理论研究，已有较深的积累。然而，由于意识形态概念之内涵复杂性，无论如何，"回归马克思"都是绕不开的理论前提。本研究对理论基础构建而言，不打算完全纯粹地就"网络"而谈"意识形态"，毕竟马克思所身处的时代尚未出现"网络"这一概念。"网络"一词在本书中主要被界定为一种现代传播媒介载体或手段，抑或作为一种信息场域来理解，即研究视域的界定，对此前文已做论述。因此，从加深研究的学理深度层面来讲，追溯马克思恩格斯语境下的"意识形态"概念之本质内涵，及其内生蕴含的"意识形态话语权"思想之理论启发，对于全文之核心议题的理解与阐述都十分必要。

第一节　意识形态的本源追溯

事实上，"意识形态"现象早已出现在人类文明的早期，其广义概念上的思想谱系可追溯至孔狄亚克的"感觉论"、洛克的"四种错误尺度"批判、笛卡尔的"普遍怀疑"、培根的"四假象说"、柏拉图的"洞穴比喻""高贵的谎言"等学说。"意识形态"概念术语的正式提出，诞生于法国思想家特拉西创立的"观念科学"之中，并在后续 200 余年间被广泛运用于社会科学诸多领域，逐渐演变为一个内涵十分复杂的概念。而紧接着，拿破仑的复辟帝制使得"意识形态"遭遇第一次诘难，特拉西等学者被其污蔑和贬损为不切实际的"意识形态家""空想家"。此后，历经黑格尔、费尔巴哈、鲍威尔等人对"意识形态"理论的进一步发展，为马克思创立唯物史观和意识形态理论提供了重要的思想基础和源泉。毋庸置疑，赋予意识形态概念以现代内涵并推动其广泛传播的正是马克思和恩格斯。然而，在他们浩瀚的经典著作中，并没有一个系统而全面的关于意识形态问题研究的专题性文本，多是一些散论式的、应景式的、论断式的阐述，加之意识形态本身内涵的复杂性与变动性，致使后人对意识形态概念的理解产生诸多分歧。"对于马克思的意识形态概念，马克思主义和非马克思主义的解释，甚至在关于其意义的最基本的问题上，似乎都难以取得一致。"① 在马克思之后，意识形态概念又经过了列宁、曼海姆、西方马克思主义等几个发展阶段的流变，它的内涵越来越趋于繁杂。以至于，大卫·麦克里兰在其著作《意识形态》中的开篇第一段便强调："意识形态是在整个社会科学中最难以掌握的概念……它是一个基本内涵存在争议的概念，也就是说，它是一个定义（因此其应用）存在激烈争论的概念。"② 对此，特里·伊格尔顿也不无感叹道："没有一种意识形态概念获得该领域理论家们的普遍认同……有多少意识形态理论家，就有多少意识形态理论。"③ 在中国，"意识形态"概念自 20 世纪初引入国内被译介为"观念

---

① 乔治·马尔库什，孙建茵. 马克思的意识形态概念 ［J］. 马克思主义与现实，2012（1）.

② ［英］大卫·麦克里兰. 意识形态 ［M］. 孔兆政，蒋龙翔，译. 长春：吉林人民出版社，2005：1.

③ ［英］特里·伊格尔顿. 历史中的政治、哲学、爱欲 ［M］. 马海良，译. 北京：中国社会科学出版社，1999：94.

（形态）"，此后受苏联范式的影响则更多地使用"思想体系"这一术语来表述，直至改革开放后才在中文"意识形态"一词的概念使用上逐渐达成一致。

　　综合国内外研究现状来看，对马克思意识形态概念的解读和运用，较为代表性的观点主要有以下两种类型。一方面，是基于纯粹的价值论来进行诠释或评判。例如，英国学者汤普森指出，马克思的意识形态概念极具批判与否定意味，一是对青年黑格尔派的思辨唯心主义进行抨击的一种论战概念，二是旨在揭示意识形态表达统治阶级利益的幻想本质的一种副现象概念，三是揭露历史性的文化传统和语言对现实阶级对抗的掩盖与压迫的一种潜在概念。① 对此，赵敦华教授在总结了当代西方学界的几种主要观点后得出大致相同的结论——他们基本上都是站在"否定性或批判"的立场，而其本人则是从"描述性"的定义出发，分析了马恩意识形态概念的"认识属性、语言属性、结构性属性和阶级属性"② 除此之外，与"一元价值论"观点不同的是，莱蒙德·格斯将"意识形态"划分为"描述性、贬义性和肯定性"三种意涵。其中，描述性的概念是指对某一社会总体结构的意识形态只做客观描述而不带有某种主观意象的价值评判，贬义性的概念认为意识形态的存在只会曲解和掩盖社会存在的事实与本质，肯定性的概念与前者相反。③ 作为"多元价值论"观点的持有者，张秀琴教授认为，马克思恩格斯的意识形态观具有"本质上的中性、具体中的双重、论战中的否定"的倾向。④ 另一方面，是基于多重视界的综合性解读。例如，澳大利亚学者 G. 马尔库斯认为，马克思的意识形态概念内涵包括：

---

① ［英］B. 汤普森. 意识形态与现代文化［M］. 高铦，等译. 南京：译林出版社，2005：36-49.

② 赵敦华. "意识形态"概念的多重描述定义——再论马克思恩格斯意识形态批判理论［J］. 社会科学战线，2014（7）.

③ GEUSS R . The Idea of A Gritieal Theory, Cambridge：Cambridge University Press，1981，p. 4.

④ 张秀琴. 马克思与恩格斯意识形态观比较研究［J］. 马克思主义研究，2011（2）.

对唯心史观的否定、对社会存在的系统解释和总体上是一类确定的文化。①在国内学界，侯惠勤教授认为，可以从"革命阶级意识""统治阶级思想"和"虚假意识"②三个层面来进行理解。而倪瑞华教授则是基于不同语境，主张从四个维度来把握这一概念的内在张力，即"在历史语境的发生学上具有批判性和否定性内涵，在理论语境的生成学上指认唯心主义为虚假意识，在阶级语境的谱系学上指向阶级意识，在现实语境的社会结构学上意指思想上层建筑"。③从以上观点的梳理中我们可以看出，不论是单一价值论还是多元价值论的立场，意识形态作为一个具有多重意涵的概念，基本上取得了学界的共识。但是，如果单纯地从价值论的情感化视野出发，不仅容易在多语境环境下造成概念价值指向的误解与冲突，也难以深入把握这一概念的结构层次。为此，我们试图通过"哲学—政治—社会"这样一个分析框架来探寻马克思恩格斯意识形态概念的本质定位和主要意涵。

一、回归哲学视域下的意识形态"虚假性"问题再审视

出于对一切旧的唯心主义哲学和宗教观的彻底清算，出于对青年黑格尔派和"德国真正社会主义"批判的需要，以及出于对资产阶级意识形态"假仁假义的虚伪"和欺骗性的揭示，马克思和恩格斯最初是在哲学认识论层面上来触及意识形态概念的，主要是对意识形态唯心主义本质的认识论探讨。作为"揭穿同现实的影子所做的哲学斗争"和"揭穿这种如此投合耽于幻想、精神萎靡的德国民众口味的哲学斗争"④，马克思和恩格斯分

---

① G. 马尔库斯，闵家胤. 马克思意识形态概念的三种含义 [J]. 国外社会科学，1984（1）.

② 侯惠勤. 马克思的意识形态批判与当代中国 [M]. 北京：中国社会科学出版社，2010：236-237.

③ 倪瑞华. 马克思的意识形态概念内涵的语境分析 [J]. 马克思主义研究，2017（9）.

④ 马克思恩格斯文集（第1卷）[M]. 北京：人民出版社，2009：510.

别使用了"颠倒的意识"和"虚假的意识"这两个主要术语作为同以上各种学说进行论战的概念工具。由此，很多学者在此意义上提出了意识形态的"虚假性"命题，围绕"意识形态"与"虚假意识"的关系进行了激烈的争论。对此，一部分人简单地将"虚假意识"视为意识形态的代名词，并以此质疑我国主流意识形态的"权威性"。当然，这种看法并未受到学界主流的认可。对此，需要强调的是，马克思恩格斯在"意识形态"概念的使用上更多是旨在阐明其表征性，而没有拘囿于纯粹的概念阐释上。他们否定地看待和运用这一概念，否定的是它赖以存在的社会基础。忽略了这点，将"意识形态"与"虚假意识"归结为等同的贬义词，完全是一种狭隘的认识和误读。

有学者认为，"虚假的意识"就是指"唯心主义的意识形态"，具体表现为"青年黑格尔派和德国社会主义者的唯心主义历史观，即把思想观念颠倒为'历史发展的首要推动力量'的观点"①。事实上，马克思所批判的这种"唯心主义的意识形态"是一种认识论层面上作为"颠倒的幻象"的意识形态。即在唯物史观创立以前，马克思认为人类的意识活动往往脱离物质生产实践去理解社会历史发展，用观念的东西去考察和衡量现实，思想成为支配人们实践活动的决定力量，从而导致主客体之间的混乱与颠倒，最终将人们的注意力从客观世界抽离并带进极其抽象的观念世界中，以一种颠倒的形式反映社会历史现象。对此，马克思不仅用了一个著名的"照相机倒立成像"比喻进行说明，而且还指出："我们的意识形态家可以随心所欲地耍花招，他从大门扔出去的历史现实，又从窗户进来了，而当他以为自己制定了适用于一切世界和一切时代的伦理学说和法的学说的时候，他实际上是为他那个时代的保守潮流或革命潮流制作了一幅因脱离现实基础而扭曲的、像在凹面镜上反映出来的头足倒置的画像。"② 而对于马

---

① 李彬彬. 马克思恩格斯"意识形态"概念再析 [J]. 哲学动态，2015 (6).

② 马克思恩格斯文集（第9卷）[M]. 北京：人民出版社，2009：101.

克思早期的意识形态思想，拉雷恩也认为，"马克思坚信意识形态的颠倒是对现实中的颠倒的反映，同时也来自后者"。① 至此，我们可以看出，作为"颠倒的幻象"的意识形态，并非人为刻意地要把虚幻的意识判断为真实东西的产物，而是认识论上的唯心主义导致了人对虚幻的东西不自觉地深信不疑。作为一种客观机制，其并不存在价值上的所谓贬义或褒义，更多指认的是一个客观事实而已。然而，"虚假的意识"则应当是指人为故意操纵的欺骗性结果，是一种有意识的自觉行为。所以，不能将"颠倒"和"虚假"二者的概念进行混淆或等同。

那么，对于意识形态"虚假性"问题的认识，有必要回到本体论层面的透视，即立足于人类物质资料生产方式和社会意识之间的关系探讨。在此意义上，所谓作为"虚假意识"的意识形态，实际上指的是马克思恩格斯关于统治阶级对社会秩序安排、主张的真实动机进行遮蔽、掩盖行为的虚伪性所进行的批判与揭露。即"资产者的假仁假义的虚伪的意识形态用歪曲的形式把自己的特殊利益冒充为普遍的利益"②。把本阶级的特殊利益说成是全社会的普遍利益，把本利益集团所占有的特殊生产方式宣扬为普遍有效的生产方式，这正是意识形态"虚假性"问题的本质内涵和根本属性。也就是说，"虚假的规定本身……并未涉及这些思想观念内容本身之正误、真假，更未涉及它们存在方面的真假、虚实问题"。③ 而且，意识形态同其他社会意识形式一样也是对社会历史现象的一种反映，只是这种映射关系具有一定的虚假性和欺骗性。并且，只有当这种意识形态服务于腐朽落后的社会制度时，才会表现出虚假性的一面。相比"意识内容本身的虚假性"而言，这种理解重在强调"反映关系的虚假性"，是一种不完全意义上的否定。而且，马克思还重点强调了，在社会利益格局分裂和对立

---

① ［英］乔治·拉雷恩. 马克思主义与意识形态：马克思主义意识形态论研究［M］.
　张秀琴，译. 北京：北京师范大学出版社，2013：9.
② 马克思恩格斯全集（第3卷）［M］. 北京：人民出版社，1960：195.
③ 李萍，王兵. 论马克思意识形态理论的多维辩证关系［J］. 河北学刊，2013（5）.

的情况未能彻底消失以前，这种现象将会始终作为一种客观存在。但是，在马克思那里，无产阶级作为推动人类社会发展最具进步和积极意义的力量，而且"共产党人不屑于隐瞒自己的观点和意图"①，无产阶级运动的最终目的就是为了消灭阶级剥削，实现全人类的自由解放。不仅如此，当共产主义社会阶级对立消失以后，"一定阶级的统治似乎只是某种思想的统治这整个假象当然就会自行消失"②，意识形态的"虚假性"这一属性便会自然脱落，从而就可能呈现为科学。所以，回到马克思和恩格斯当时的写作语境来看，"虚假的意识"应当是专指资产阶级的那种"假仁假义的"意识形态。这种从维护统治阶级利益出发的"虚假意识"，恰恰体现了历史唯物主义揭示的社会存在与社会意识间的本然关系，实际上表现为一种唯物主义精神的意识形态。因此，如果只是将其理解为以青年黑格尔派为代表的"唯心主义的意识形态"及其"对现实本身的颠倒"，或者是将"意识形态的'虚假性'"与"虚假的意识"概念也等同起来，都是对这种意识形态本质的误读和扭曲。超出此特定含义而夸大其适用范围，无疑会歪曲意识形态概念的真实内涵，也弱化了其战斗性和科学性。

由此，我们可以得出结论，关于意识形态的"虚假性"问题，忽视该命题成立的有条件性而不加限制地肯定，忽视社会阶级利益的冲突而完全否定该命题的观点，都是有失偏颇甚至是错误的。所以，把握意识形态概念的内涵实质，必须要着眼于意识形态与其终极物质基础间的关系，回归到"思维与存在关系"的逻辑结构中。正如恩格斯所指出的："全部哲学，特别是近代哲学的重大的基本问题，是思维和存在的关系问题。"③只有从人们物质生产、劳动分工、精神生产等实践活动出发，才能获得"历史真实性"的认识，才能赋予意识形态概念以实践性、革命性的特质。因此，

---

① 马克思恩格斯文集（第2卷）[M]. 北京：人民出版社，2009：66.
② 马克思恩格斯文集（第1卷）[M]. 北京：人民出版社，2009：553.
③ 马克思恩格斯文集（第4卷）[M]. 北京：人民出版社，2009：277.

无论从何种角度来考察所谓意识形态的"虚假性",我们必须正视其客观存在性,即明确其自身所具有的客观的历史现象的本质属性,将其放在一种独特且真实的思想文化环境中来考察。对"意识形态"概念而言,倘若只停留于真与假或是科学与否的知识论框架中去讨论,其内涵就不能得到全面的解读。相反,我们主张把马克思意识形态概念当作存在论概念来理解。原因在于,意识形态的词性不论是肯定、中性与贬义,抑或是真假和科学与否,不同解释之间的对立是极其有限的,即使是把知识论的结论颠倒或推翻,其结构仍然是知识论的,因为知识论理解的前提是预设人们可以通过意识获得对现实世界本质的正确认识。因此,马克思的意识形态理论不是为了构建一个一般社会认识理论,或是试图将"意识与现实的颠倒关系"再颠倒来获得真理性认识,而在于通过意识形态批判来揭示人类生存的状况,并以此来改变世界。

二、嵌入政治实践的意识形态

马克思恩格斯在完成了对"德意志意识形态"的批判之后,接着论述了"一般意识形态"——揭示了意识形态的另一层含义:"统治阶级的思想在每一时代都是占统治地位的思想……占统治地位的思想不过是占统治地位的物质关系在观念上的表现,不过是以思想的形式表现出来的占统治地位的物质关系。"[①] 由此可以看出,马克思恩格斯对唯心主义和资产阶级的意识形态批判,从来都不是纯粹观念的思辨,也并非像黑格尔等人那样试图将人类思维的所有问题在形而上学的观念中一劳永逸地解决,而是在历史唯物主义的创建中立足于人类的社会实践去揭示意识形态发生作用的境遇条件。至此,马克思的意识形态概念不再单纯是哲学意义上的问题,而是转变为直接与阶级社会发展阶段相关联的政治社会学问题。对于这种

---

① 马克思恩格斯文集(第1卷)[M]. 北京:人民出版社,2009:550.

转换，安德鲁·文森特认为："马克思以一种非系统的方式扩展'意识形态'一词的含义，将其带入了另一个不同的领域。……这一看法将'意识形态'与社会领域的劳动分工、被称为阶级的集团和一定阶级的统治和权力联系在一起了。"① 事实上确是这样，在唯物史观建立以后，资产阶级国家政权以及资本主义生产方式，成为马恩意识形态研究的主要内容，进而把"对天国的批判变成对尘世的批判，对宗教的批判变成对法的批判，对神学的批判变成对政治的批判"②。对此，可以在伊格尔顿那里得到印证："马克思的思想一开始就在意识形态的两种大相径庭的意义之间存在着张力。一方面，意识形态有目的，有功能，也有实践的政治力量；另一方面，似乎仅仅是一堆幻象，一堆观念，它们已经与现实没有联系，过着一种与现实隔绝的明显自律的生活。"③ 换言之，意识形态一方面是涉及与"真理"有关的"意识问题"，另一方面也是内嵌于政治权力与社会结构中的"存在问题"，两方面统一于改造世界的实践之中。所以，意识形态不仅仅是作为一个知识论或认识论问题，不论我们用何概念术语来称谓它，都难以否认它自诞生于人类社会以来便总是与阶级统治和政治实践紧密联系在一起的。因为，意识形态作为政治合法性的观念基础、解释框架和整合力量，总是表现出强烈的社会政治纲领性，而大多时候的政治活动实际上也是基于意识形态基础之上的一个获取利益和争夺权力的斗争过程。尽管，意识形态与经济、社会、文化等联系也十分密切，但意识形态作用于政治事务的能力是最显现、最系统且最广泛的。而且不可否认的是，意识形态的经济、社会、文化等功能往往也具有一定的政治属性，甚至可以看作一种广义的政治实践。因此，"从某种意义上说，意识形态就是以理论

① ［澳］安德鲁·文森特. 现代政治意识形态［M］. 袁久红，等译. 南京：江苏人民出版社，2005：5-6.
② 马克思恩格斯文集（第1卷）［M］. 北京：人民出版社，2009：4.
③ ［英］特里·伊格尔顿. 历史中的政治、哲学、爱欲［M］. 马海良，译. 北京：中国社会科学出版社，1999：37.

形态表现出来的政治活动的企图，却并非纯粹理论的思辨，而是需要借助于政治制度和政治实践活动来最终实现并在这一实现过程中完整表现其自身的观念和信仰体系。"① 这层意义上的意识形态，是为维护现存利益格局或自身存在提供政治合法性和思想合理性辩护的手段，它的目的在于从社会实在与自身之间的关系中获得自我理解和自我说明，现代政治运动无一不是在此含义上的意识形态指导下来展开的。综上，笔者试图抛开意识形态概念词性价值论层面的探讨，而是基于政治实践的角度去进行概括阐释，以期能够提供一个更为全面而深刻的观察角度。

从政治实践的角度来看，意识形态的内涵之一就是关于国家机器的构想。在马克思恩格斯看来，无论是欧洲中世纪的宗教意识形态在政治生活中是直接作为国家机器来实现思想规范的，还是资本主义国家制度的论证和设计是资产阶级意识形态基本理念的制度化、权能化和实践化的结果，都体现着思想的政治性和政治的思想性在意识形态中的结合。在《路德维希·费尔巴哈和德国古典哲学的终结》中，恩格斯提出："国家作为第一个支配人的意识形态力量出现在我们面前。……社会创立一个机关来保护自己的共同利益，免遭内部和外部的侵犯。……这种机关就是国家政权。"② 这里所描述的意识形态，既不是谎言与幻象，也不是什么虚假意识，而是被视为保障社会公共利益安全的国家力量，是一种内生性、强制性的政治实践活动。这种解释，同把观念性的东西判定为意识形态的逻辑一样，将国家的政治实践力量看作意识形态，原因在于它们的作用和目的都是为了社会公共秩序的构建与维护。任何阶级社会离开了这种力量，其安全和稳定就不能得到保障，因而是任何统治阶级都必然要掌握和具有的，因为截至目前的人类社会仍没有超越和脱离国家政治的历史范畴。此

① 张秀琴. 政治意识形态的理论、制度与实践 [J]. 北京大学学报（哲学社会科学版），2007（4）.

② 马克思恩格斯文集（第4卷）[M]. 北京：人民出版社，2009：307.

外，作为一种政治观或国家观的意识形态，主要解决的是"为什么要、如何建立以及建设什么样国家的问题"。也就是说，意识形态作为一个国家的政治的最根本的东西，决定着一个国家的政策纲领。政治体制作为国家政治最显现的部分，本质上是意识形态的体现和延伸。而在此需要强调的是，这并不意味着国家学说先于国家机制诞生，"实际上，不是国家由于统治意志而存在，相反地，是从个人的物质生活方式中所产生的国家同时具有统治意志的形式"。① 也就是说，意识形态作为经济基础和政治上层建筑相互作用的中介，国家等强制性机构是人们根据社会经济基础的发展要求而形成的思想、意识和观点指导下建立起来的。而政治机制和制度设施一旦形成，又成为一种既定的现实力量，进而反过来影响着人们的价值观。而且这种现象，也只有在阶级和阶级对立消除的时候才会消失。因为，在马克思恩格斯那里，国家作为一种"公共权力"②，"当阶级差别在发展进程中已经消失而全部生产集中在联合起来的个人的手里的时候，公共权力就失去政治性质。"③ 基于以上论述，我们可以得出总结，意识形态可以被理解为一种"维护公共安全和社会秩序的国家政治观"。

作为"普遍利益"的对应，我们还有必要从"特殊利益"的层面——作为"党派的思想武器"的意识形态来考察其政治实践性。马克思早在《关于林木盗窃法的辩论》中，就批判了代表"林木占有者"利益的"林木盗窃法"是特殊的"个人意志自由"，并将其称为"意识形态"。此时，马克思便已经洞察到意识形态是一种为派别利益服务的观念。对于意识形态所附含的阶级和党派立场，德国社会学家韦伯曾在其所著《伦理的中立性在社会学和经济学中的意义》一文主张避开主观价值的涉入，而试图以一种价值中立的客观立场来建立社学会一般意义上的意识形态学说。随

① 马克思恩格斯全集（第 3 卷）[M]. 北京：人民出版社，1960：379.
② 马克思恩格斯文集（第 4 卷）[M]. 北京：人民出版社，2009：135.
③ 马克思恩格斯文集（第 2 卷）[M]. 北京：人民出版社，2009：53.

后，曼海姆继承了这一观点："随着意识形态总体概念的一般表述的出现，单一的意识形态理论就发展成为知识社会学。曾经是党派的思想武器的东西转换成了社会和思想史的研究方法。"① 在他的理论中，意识形态被看作特定社会群体对于世界、社会的信念和信仰系统，是一种无价值偏见的概念。显然，这种试图把意识形态概念从"困境"中拯救出来，并将"生动的政治意识形态吸纳进经过消毒处理的社会学的学术训练"② 的"价值中立性"处理方式有一定进步意义。但是，面对彼此对立冲突的价值立场时，一切试图客观描述"知识与存在关系"的学说都是难以站住脚的。因此，意识形态概念作为"党派的思想武器"，仍然不可避免地被运用于各种"主义"和行动导向的政治哲学之中。由此，意识形态总是与利益密切相关的，它主要是通过政治权力和控制力来协调不同社会主体之间的利益冲突，从而实现对社会有序而稳定的控制。在这里，作为"党派的思想武器"或"革命阶级的阶级意识"，意识形态的政治实践属性具体表现为这样一个过程：对还未上升为统治阶级的利益集团而言，在其主张的意识形态的合理性证明中，基本上与人们利益的普遍述求是相一致的，从而能够引起社会大众的共鸣与认同以获得良好的民众支持基础。"进行革命的阶级，仅就它对抗另一个阶级而言，从一开始就不是作为一个阶级，而是作为全社会的代表出现的。"③ 此时，意识形态是主导、推动和实现社会变革的一种政治力量，也是推翻旧秩序、构建新秩序的一种革命性实践力量。然而，当其一旦完成了统治阶级的身份转换，其意识形态的合理性表现就会立刻转变为政治合法性论证。换言之，新兴统治阶级的政治主张只要代表先进生产力发展方向，能够满足绝大多数民众的根本利益，就能获得社

---

① ［德］卡尔·曼海姆. 意识形态与乌托邦［M］. 姚仁权，译. 北京：中国社会科学出版社，2009：74.

② ［澳］安德鲁·文森特. 现代政治意识形态［M］. 袁久红，等译. 南京：江苏人民出版社，2005：14.

③ 马克思恩格斯文集（第1卷）［M］. 北京：人民出版社，2009：552.

会的思想支配权。而一旦统治阶级的思想观念与生产力发展要求不相适应，那么就不得不想方设法为社会的和经济的权力的不平衡分配进行辩护，尽可能掩盖利益冲突矛盾以便将社会描述成和谐而有凝聚力的。如此，作为"党派的思想武器"的意识形态便与统治权力建立了密切的联系，这样思想观念便具有了实践的政治力量，从而获得了意识形态的规定性。正如恩格斯所指出的："国家一旦成了对社会来说是独立的力量，马上就产生了另外的意识形态。"① 概而言之，这实际上是一个统治阶级将反映自己政治利益的思想、理论和制度运用到政治实践中，并运用各种政治权力资源实施意识形态控制的过程。同时，除了硬性国家暴力机关的使用以外，这主要也是一个以争取公众的思想、心理、态度、信仰和价值观认同的软性"意识形态国家机器"运作的过程。总之，意识形态作为集团与利益的综合体现，它与政治之间的联系就是以政治形式表现出来的社会阶级利益。倘若在政治领域中排斥了利益以及利益分配，那么对意识形态概念和性质的真正理解便无法获得。

三、作为社会有机体要素的意识形态

在《德意志意识形态》中，伴随唯物史观的创立，马克思恩格斯在论及经济基础时，有过这样一段描述："这一名称始终标志着直接从生产和交往中发展起来的社会组织，这种社会组织在一切时代都构成国家的基础以及任何其他的观念的上层建筑的基础。"② 文中所提的"社会组织"实际上也就是马恩所说的"市民社会"，也是他们首次使用"上层建筑"意义上的概念来代指意识形态。随着《1857—1858 经济学手稿》《政治经济学批判》《资本论》等著作的相继问世，马克思恩格斯的研究视线逐步转入经济学领域，进一步阐述了"社会存在决定社会意识"这一唯物史观的

---

① 马克思恩格斯文集（第4卷）［M］. 北京：人民出版社，2009：308.
② 马克思恩格斯文集（第1卷）［M］. 北京：人民出版社，2009：583.

基本原理。在揭示资产阶级意识形态得以存在的社会基础的过程中，其意识形态的理论空间也逐步完成了由"市民社会—国家"向"经济基础—上层建筑"转换的逻辑进路。比如，晚年的恩格斯在《社会主义从空想到科学的发展》中论述"人类历史观"时谈道："每一时代的社会经济结构形成现实基础，每一个历史时期的由法的设施和政治设施以及宗教的、哲学的和其他的观念形式所构成的全部上层建筑，归根到底都应由这个基础来说明。"① 应当说，这一阶段时期的"意识形态"概念，被马克思恩格斯置于更为宏大的现实与理论的总体性考察视域中，在"生产力和生产关系"的理论框架下，首先阐明了社会意识形式并不是天然独立自生的，而是产生于人类物质生产实践的矛盾之中。即"人们在自己生活的社会生产中发生一定的、必然的、不以他们的意志为转移的关系，即同他们的物质生产力的一定发展阶段相适合的生产关系。这些生产关系的总和构成社会的经济结构，即有法律的和政治的上层建筑竖立其上并有一定的社会意识形式与之相适应的现实基础"。② 在这里，人类社会被马克思视为一个有机的整体性结构，作为与社会经济基础相适应的社会上层建筑，主要被分为"政治上层建筑"和"观念上层建筑"。其中，政治上层建筑主要是指由政府、党派等政治组织和军队、警察、法庭、监狱等国家机器构成的"政治制度设施"，并且在社会上层建筑中占主导地位，而作为"观念上层建筑"的意识形态则是与之相适应的，是社会结构中不可或缺的组成部分。

在《路易·波拿巴的雾月十八日》中，马克思指出："在不同的财产形式上，在社会生存条件上，耸立着由各种不同的、表现独特的情感、幻想、思想方式和人生观构成的整个上层建筑。"③ 其中，所提到的"整个上层建筑"，应该是作为整个社会经济基础的"副现象"反映。与"这里

---

① 马克思恩格斯文集（第3卷）[M].北京：人民出版社，2009：544.
② 马克思恩格斯文集（第2卷）[M].北京：人民出版社，2009：591.
③ 马克思恩格斯文集（第2卷）[M].北京：人民出版社，2009：498.

的上层建筑显然是指意识形态，而各种情感、幻想、思想方式和人生观不仅具体化了意识形态的内容，也是上层建筑在观念层面的反映"① 的观点不同，我们认为，这里的"整个上层建筑"，应该被理解成是包含了全部的社会意识形式要素——既有"情感、幻想"一类的，也有"思想方式和人生观"一类的。之所以做此区分，是因为在后来1859年的《〈政治经济学批判〉序言》中，马克思明确地指出：意识形态的形式，简言之——法律的、政治的、宗教的、艺术的或哲学的。② 那么也就意味着，在社会的整个上层建筑中，上文所提及的"情感、幻想、心理"等社会意识则应该被归属于非意识形态的形式。那么至此，则十分有必要区分"意识形态"与"意识形式"这两个概念的关系与差别。二者共同点在于，它们都是现实生活的"反射和回声"③。但区别在于，前者是代表特定阶级利益、反映其生产方式的思想体系，后者则是社会存在、物质关系的"直接产物"而无特定的阶级属性。也就是说，意识形态的观念一定是社会的意识形式，而社会的意识形式则不一定是意识形态。换言之，我们不能笼统地把"政治、法律、哲学、宗教、文艺"等范畴中的所有意识形式不加区分地全部纳入"观念上层建筑"中去。而是，只有代表统治阶级利益和反映其基本生产方式的政治的、法律的、哲学的、宗教的、文艺的等意识形式构成的思想体系，才能被称作"观念上层建筑"的意识形态。例如，马克思在1871年创作的《法兰西内战》初稿中所谈到的"在这些经济差异的基础上，作为上层建筑，形成了大量互不相同的社会政治观点"。④ 其中，"不相同的社会政治观点"产生的根源在于"经济差异的基础"，那么这里的"社会政治观点"必然是带有阶级属性的政治意识，它就可以被理解为政治观念的上层建筑，或者是说政治意识形态。

---

① 叶鑫. 意识形态概念的历史演进——从马克思到列宁 [J]. 理论月刊，2018 (3).
② 马克思恩格斯文集（第2卷）[M]. 北京：人民出版社，2009：592.
③ 马克思恩格斯全集（第3卷）[M]. 北京：人民出版社，1960：30.
④ 马克思恩格斯文集（第3卷）[M]. 北京：人民出版社，2009：202.

以上过程，实际上始终都是被置于唯物主义社会结构论的逻辑框架中完成的，意识形态作为"观念上层建筑"，是社会结构的组成要素之一。它依赖于社会构成所必需的经济基础要素，并与其共同构成社会有机体。这种意识形态作为社会正常存在和运行所服从的基本机理的构成要素，其主要内涵主要可以归纳为以下几个方面："1. 物质生活的生产构成社会生活存在的前提，物质生活的生产方式制约着整个社会生活、政治生活和精神生活。2. '法律和政治的上层建筑'等意识形态依赖并统一于物质生活生产方式的内在要求。3. 生产方式的内在矛盾运动，决定着意识形态的矛盾运动。4. 社会矛盾运动是经济性、非经济性内容构成的综合性过程，从而追求着经济性、非经济性的综合目标。5. 社会各层级的运动是通过意识形态对社会各层级矛盾冲突的认识，以及对各层级矛盾运动的组织、调控和引导而实现的。"① 由此可见，意识形态作为反映社会生活的结构性要素，并不是一个完全自给自足的领域，它既不是从天而降，也不是一般的平民精神，它需要满足经济基础要素的内在要求，是物质生产资料支配者的有益作为和权益表达。除此之外，它还对经济基础保持着一种能动的映射关系。关于其对经济基础的反作用，恩格斯在晚年尤为强调这一点："政治、法律、哲学、宗教、文学、艺术等的发展是以经济发展为基础的。但是，它们又都相互作用并对经济基础发生作用。这并不是说，只有经济状况才是原因，才是积极的，其余一切都不过是消极的结果，而是说，这是在归根到底不断为自己开辟道路的经济必然性的基础上的相互作用。"② 作为"观念的上层建筑"，社会认识会持续介入现实生活、积极关注经济活动、化解社会矛盾冲突，揭示社会生活基本法则并据此组织、调控和引导社会走向特定目标，从而实现社会秩序的稳定维系，具有一定的社会建

---

① 肖士英. 马恩"意识形态"概念的多义性及其实践意蕴［J］. 探索与争鸣，2018（1）.

② 马克思恩格斯文集（第 10 卷）［M］. 北京：人民出版社，2009：668.

构性。在此意义上的意识形态，学界普遍认为这种"观念的上层建筑"是任何社会都必须满足的必要条件。因为任何一个现实的社会都不能独立于"意识形态"之外而存在，现实从来都不直接是它自身，它总要通过文化、精神、概念的等"意识形态"的中介形式才能得以呈现。而且，其不确定性的社会效能，既可能会推动社会发展，也可能会阻碍社会前进，因而被很多学者看作一种中性社会现象。但是，我们也仍然需要强调，作为"观念上层建筑"的意识形态，尽管在某种意义上是作为一个描述性的概念，但不能以此掩盖意识形态的阶级性，阶级性应当是意识形态最本质的属性。混淆了这点，就不能真正把握意识形态概念的实质内涵。

四、意识形态概念的适用原则

应当讲，我们今天所面临的意识形态难题，与当初马克思恩格斯探讨的意识形态议题已不是同一层次的问题了。他们从来没有提出要将自己的学说作为一种意识形态，而恰恰相反，他们的学说正是在意识形态批判中一步步建立起来的。因此，在当前社会主义实践中不得不面临这样一个矛盾：在理论上要想维护马克思主义的科学性就必须防止它陷入意识形态的"虚假意识"窠臼，而实践中也只有牢牢掌握马克思主义的意识形态话语权才能确保社会主义事业的稳步推进。这一矛盾构成了当代马克思主义发展和意识形态理论研究的中心问题与重点难点，而破解这一难题的关键则在于对意识形态概念的准确把握和科学解读。由此，笔者得出以下思考。

首先，在社会中占主导地位的意识形态反映的是统治阶级的价值理想和利益诉求，其他非统治阶级的思想观念作为非主导地位的意识形态，在某种意义上可以将其作为一种社会意识或"阶级意识"去描述。也就是说，在任何一个阶级社会中，都只能是一种主流意识形态和多种非主流意识形态并存。关于意识形态的定义，俞吾金先生曾指出，它是"代表统治阶级根本利益的情感、表象和观念的总和，其根本的特征是自觉地或不自觉地用幻想的联系来取代并掩蔽现实的联系"①。一方面，是因为只有在生产资料和经济基础上占据了支配和优势地位的阶级，才能有权力、有资本按照本阶级的利益出发构建相应的国家机器和社会制度，进而根据这种现存的社会关系自觉反映而形成一套认知体系，去动员社会全体成员按照统治阶级的社会发展目标前进，这是人类阶级社会发展的历史客观规律。在此过程中，相对于统治阶级之外的其他社会阶级而言，"那些没有精神生产资料的人的思想，一般地是属于这个阶级的"②。另一方面，任何意识形态的精神生产与思想创造都离不开意识形态理论家的政治价值观立场，试图绝对实现对意识形态的理性认识和客观阐述本身就是一个悖论。因此，我们认为，在人类社会阶级对立消失以前，根本不存在"道德或政治中性的"或是"客观性的"意识形态概念，而是必然存在着主流意识形态与非主流意识形态的并存状态。而且，作为统治阶级思想体系的意识形态只要没有蜕变为维护少数人利益的政治工具，那么意识形态的阶级性与科学性就不冲突。否则，它就会成为阻碍社会前进发展的消极力量，就会被新的革命阶级的阶级意识取代。

其次，意识形态是一个多义性概念，其在不同历史阶段具有多层次的不同含义。随着特定条件的变化，它的部分内涵或成立、或消失、或被新含义替代，而并非保持单一的、凝固的状态不变。无论是从认识论和本体论的哲学层面，还是从政治实践和社会有机体要素论层面，意识形态是关于社会生活的总体性安排的意识整体，具有总体性、历史性和多层面性特征。将马恩的意识形态概念误认为虚假的意识，或是过于强调意识形态的政治性和阶级性而认为"意识形态就是在为某个小集团的利益做辩护"，或是根据社会观念上层建筑这一看似具有中性立场的意义上提出"意识形态非社会中的决定性因素而要'淡化意识形态'"等声音，都是过分夸大

① 俞吾金. 意识形态论（修订版）［M］. 北京：人民出版社，2009：131.
② 马克思恩格斯文集（第1卷）［M］. 北京：人民出版社，2009：550.

意识形态某一特定内涵的片面理解。在当前加强社会主义意识形态建设的过程中，针对不同概念意涵下的意识形态问题，要具体情况具体分析，采用不同方式和多种手段来区别对应。"马克思的整个世界观不是教义，而是方法。它提供的不是现成的教条，而是进一步研究的出发点和供这种研究使用的方法。"① 无论是处理历史研究还是社会现实中的意识形态问题，都不能硬塞进马克思恩格斯所提供的现成公式，否则就将有可能会走向问题的反面而成为虚假的意识形态。从某种意义上来说，"意识形态"与"科学理论"的区别本就在一线之间。因此，对待马恩意识形态概念的理解，应该时刻根据社会现实的变化调整、扩充和更新这一概念认知的理论内容，既要坚持它的指导又要在实践中推动它的新发展。

最后，必须明确意识形态的定位与边界，防止意识形态被空化和泛化。任何时候探讨意识形态问题，都不能忘记坚持马克思主义的基本原理和立场方法，必须要将其始终置于唯物史观的"经济基础决定上层建筑"和"社会存在决定社会意识"的逻辑框架内来分析和解决。倘若颠倒这一关系，过于强调意识形态的能动作用，就会陷入马克思所批判的"意识形态拜物教"，从而使意识形态问题研究成为脱离实际的纯粹"观念材料"的虚假演绎。如果不能做到与社会经济发展状况的紧密协调，脱离对现实生活世界中不断分化的利益述求和价值观多元化趋势的密切关注，就会丧失对现实问题的发言权和解释权。如此，马克思主义理论建设和思想宣传就会陷入空洞的意识形态说教和简单直白的政治口号，反而会适得其反地导致主流意识形态丧失其本该具有的社会凝聚力和向心力。而同时，还必须要注意区分与"意识形态"相关的几组类似的概念范畴，如"意识形式""意识形态的形式"等。如果搞混了这些概念的实质内涵，模糊了意识形态的边界，不能有效辨明意识形态领域中的学术问题、思想问题与政

① 马克思恩格斯文集（第10卷）[M]. 北京：人民出版社，2009：691.

治问题的界限，就会给国家建设和社会发展带来严重的灾难。因为，当政治化的意识形态全面深入日常生活的细节之中时，意识形态便不能再作为一个独立领域而存在。而当文化被意识形态全面渗透的时候，也就稀释了意识形态的政治内涵和价值导向性。例如，学界在关于文艺与意识形态关系界定的争论中，通过确立"审美意识形态"的方法将意识形态概念从过于狭窄或宽泛的庸俗化理解中解放出来，有效纠偏了文艺"泛意识形态化"和文艺"去意识形态化"的两种极端片面的声音。

第二节　意识形态话语权的本体阐释

一、话语与话语权

"话语权"问题的出场由来已久，柏拉图曾有历史名言："谁会讲故事，谁就控制世界。"而追溯"话语权"概念之现代意涵，目前在学界尚存在较大争议，在对其正式展开探讨之前，有必要对"话语"相关概念做以简要释义。

话语，是一个为人们所熟知且几乎每天都要与之打交道的概念，简单通俗地理解就是指"说话"。如果从严格意义上去考证的话，那么首先需要厘清其与"言语"以及"语言"之间的关系。"言语（parole）"代表的是人类交际行为或表达过程中的动作、现象与结果，具有多变性与动态性。而"语言（language）"则是由音节与文字符号组合而成的词汇和语法系统，是人类文明长期演进中逐渐产生的一套稳定成熟的交际工具，具有相对稳定性。两者在词性上相较而言，前者为动词，后者为名词。对此，瑞士现代语言学家费尔迪南·德·索绪尔（Ferdinand de Saussure）解释道："要言语为人所理解，并产生它的一切效果，必须有语言；但是要语言能够建立，也必须有言语。从历史上看，言语的事实总是在前的。"①在此基础上，20 世纪 60 年代末逐渐衍生出"话语语言学"学科，至此"话语"概念在诸多研究领域受到关注与使用。对于"话语"的内涵该如何理解，可以基于上述之"言语"和"语言"概念来进行解释。概言之，话语是一种包含实践与语境的"言语成品"②，在动态上是言语交际行为的产物，在静态上是由语言单位按照一定逻辑组成的符号系统，在本质内涵上在于突出强调交际行为中所表达出的思想性原则，在存在样态上主要有"书写"与"口语"两种形式，既可以是以各类形式存在的符号文本，也可以是人们各种活动场景中的口头对话。具体而言，话语不是由支离破碎、毫无规则、没有意义的语言符号随意构成，例如，在电脑键盘无意识地随机敲打一行字符，尽管打字行为体现了"言语"的过程，也产生了"语言"的符号，但它并不能明确地表达出一种"思想"或"观点"。正如法国后现代思想家米歇尔·福柯（Michel Foucault）所指出的："话语虽由符号组成，但话语所做的要比用这些符号去指物来得更多。正是这个更多使得我们不能把话语归结为语言和言语，而我们正是要揭示和描述这个更多。"③ 因此，"话语"至少还需要满足以下两个条件：一是语义完整性，必须保证话语内容自身的条理严谨与逻辑自洽；二是价值明确性，必须要有目标指向清晰的观点陈述与意义构建。由此可以得出结论，话语一定是经过人脑有意识地反应，并经过精心组织加工的，最终呈现为具有一定逻辑性、知识性的思想观点或价值观念表达的语言符号。"通过话语，个人或社会组织可以为其他团体所认识，可以确立其社会地位。话语既是

---

① ［瑞士］费尔迪南·德·索绪尔. 普通语言学教程［M］. 高名凯，译. 北京：商务印书馆，1980：41.
② 沈开木. 现代汉语话语语言学［M］. 北京：商务印书馆，1996：1.
③ ［法］米歇尔·福柯. 知识考古学［M］. 谢强，马月，译. 北京：三联书店，1998：49.

解释和理解世界的一种手段和方法，又是掌握和控制世界的一种工具和武器。"① 那么，由于话语主体之间的认知与情感差异，每个主体人在话语交流中都必然会体现着各自的主观意志和价值立场。而通常情况下，人为了自我意识的表达与实现，往往会自觉不自觉地通过辩论说理、情绪感染、循循诱导等方式来获得对他者行为的影响力，从而获得一种相应的话语地位，进而确立其社会地位，即"话语权"问题的由来。

如前所述，学界关于"话语权"概念之争，关键在于"权"字的释义与引申义解读。对此，本文在绪论章节的文献综述部分，已经进行初步介绍，即："权利"或"权力"单维解析法；"权利—权力"双重解析法；"权利—权力—权威"三维度解析法；"以权解权"法：提问权、论断权、解释权和批判权或思想主导权、统治权、引领权。事实上，由于研究视域、关注对象、学科背景等语境情况的不同，"话语权"概念使用在含义表达上自然也不一样。例如，在涉及普通社会公众时侧重于"权利（right）"角度，即说话发言的资格，有没有表达意愿的机会和渠道；针对国家、政党、利益群体时侧重于"权力（power）"角度，即是否具备为社会立言的能力，以及对社会舆论的控制力与引导力；而在同一领域内的不同政党和群体之间则更加偏向于"权威（authority）"角度，即发出的声音能否对其他群体产生实际效果的影响力，是否能够促使他人对话语者言说内容的真正信服。并且，值得强调的是，以上三种解读只是在某种具体语境下的"侧重"而非"绝对"，三者往往是相互渗透融合同时存在的。由此可见，对于"话语权"概念的内涵解析，必须要结合具体的研究背景来进行相应阐释，但也不可否认，其内部仍然有某些共性特征与基本内涵有必要进行厘清界定。总结来看：

1. 话语权在本质上是一种交往实践关系。话语权存在的前提，是主体

---

① 王习胜. 意识形态及其话语权审思 [J]. 马克思主义研究，2007（4）.

之间对话关系的成立，自说自话不产生话语权问题。而且，话语权的产生是双方话语博弈的结果，一般来讲存在着三种"话语生态"境况。一是自由竞争情况下，一方取得压倒性话语优势并占据对话主动权，能够获得话语被动方的心理认同，从而能够对其施加影响力，但同时又不妨碍处于话语劣势的一方继续拥有发言表达的权利与机会；二是双方话语影响力呈现为"势均力敌"的相对均衡状态；三是一方获取话语优势之后利用这种地位或权力压制另一方表达意见的渠道和途径，使对方不能或难以发出声音。在这种交往实践关系中，无论是在国家、政治集团、社会群体层面，还是日常细微生活中的个人，始终渗透着话语权的博弈关系，一方总是有意识无意识地试图去控制和影响另一方的行为与思想，是一种真实的社会性力量。

2. 话语权在总体上是一种隐蔽的柔性机制。话语权的生成一般不是依靠简单的命令、服从等带有强制性色彩的方式达成的，也不是依托暴力手段和强权机构等实现对他人的控制与征服，更多情况下是以一种温和的、柔性的、真诚的"以理服人"式的说服机制，并且能够在一定程度上满足话语受众的利益诉求与价值审美，从而使其自愿地认同话语表达者在对话中构建起的思想观念与行为准则。而且，话语权的生成，关键还在于要使话语受众在不知不觉中接受话语文本中所隐藏观点意图的引导，在实践过程中具有难以观察的、巧妙的、隐蔽的特性。与传统的世俗权力相比，话语权不是强调对人行为的刻意支配，而是引导人如何去思考，不仅拉近了话语主客体之间的情感距离，而且还能够有效消除强制性权力可能会带来的主观排斥感与逆反心理，具有"四两拨千斤"之事半功倍的效果。除此之外，话语权的生成总体上不是依靠自上而下的层级运作模式，而是由内而外、由中心到边缘的多方发散式延伸传播，由政治领域逐渐扩散到日常生活领域中，并没有固定明晰的作用范围与边界。

3. 话语权的来源与巩固离不开硬实力支撑。尽管由人的内心认同推动行为的追随，是一种更为理想状态的话语权。但事实上，话语权的影响力并不完全是依靠话语自身的"真理性"力量来实现的，其背后仍然离不开硬实力的支撑。否则，即使在话语博弈中取得了优势地位，也并不意味着话语效果的普遍绝对影响力，还要谨防那些话语无效或失效群体可能会采取的一些对抗性措施，此时就必须依托硬实力这种"托底"手段来确保话语主体的优势主导地位不被轻易消解。

二、意识形态话语权的实质内涵

如前所述，由于多语境下"话语权"概念的使用会产生不同的理解视角，那么接下来还需要进一步围绕"意识形态"语境来就"话语权"问题进行讨论，从而引出本研究的一个核心概念，即什么是"意识形态话语权"？对此，仍然有必要回归到"权"字引申义的探讨上。对此，笔者的观点，一言以蔽之，"权"字应该被理解为"权力+权威+能力＝影响力"，而其中并不包括"权利"。至于"权利说"为何被摒除在外，原因如下：

仅从"话语权"概念而言，其在适用范围上，对应的是多主体角色，既包括抽象的"集体"，也可以是具体的"个人"。而"意识形态话语权"所涉及的主体范畴，总体来说一般是指向国家、政党或利益集团等，往往不包括"个人"这个主体。尽管单独个体拥有发表阐述自己观点看法的权利，但是这种言论公开发表之后究竟能够引起何种程度的效应，结果自然是不尽相同的。而且受限于身份、学识、地位以及社会关注度的差异，不同个体发声的影响范围之区别也是很大的。然而，无论如何，从一般意义上来看，单独个体发表的思想言论所产生的效应都很难超过一个群体或阶层的发声力量与传播力度，而且没有统治阶级的支持与认可，更难以上升至社会上层建筑的高度。换而言之，一个人可以为了某件事或在某个群体中去争取和掌握话语权，但更多时候，很难将某个具体的"个人"与"意识形态话语权"之间画上等号，因为意识形态是一个带有明显阶级属性的概念（当然，政治、宗教等领袖人物个别情况除外，这涉及"一般与特殊"以及"历史观"的哲学问题范畴，非本研究的重点，在此需要加以说明）。在一个国家和社会中，统治阶级在取得了政权和执政合法性之后，利用手中掌握的国家机器，天然地具有将本阶级的政治理念和思想文化价值观向全体社会普及推广的权利与资格，而且在控制社会思想文化资源方面具有其他社会成员难以比拟的巨大优势。因此，对统治阶级而言，掌握意识形态话语权不是他们能不能发声的问题，而是其发声能不能为他人所信，是否能够对他人思想行为产生影响。当然，这不意味着非统治阶级以外的他者就没有发声的资格与权利，拥有独立自主发表言论的自由，是国家宪法赋予每个公民的权利，也是现代政治的基本价值理念之一。否则，倘若只有统治阶级能够发声，而他人不能发声，那么也就不存在加强意识形态话语权研究的必要了。显然，针对意识形态领域的某些问题，每个社会成员都拥有发表阐述自己观点看法的自由与权利。但由于每一个体与群体背后所各自代表"特殊利益"的不同，其思想言论难免会与统治阶级所倡导的主流意识形态产生冲突，这也是本研究的意义之所在。那么，此间便涉及一个问题，那就是需要区分"意识形态"与"意识形态领域"两个概念。也就是说，除了统治阶级以外的其他社会成员，拥有在"意识形态领域"发声的权利，而不能将其发声所代表的思想言论归属为"意识形态"的，只能算作一种"社会意识形式"，又或者可以称之为"价值主张"。正是由于这些"社会意识形式"的存在，才导致了与统治阶级的"意识形态"产生交流、碰撞与冲突，甚至存在彼此相互取代的可能性。所以，如何确保社会个体与群体享有独立自由发声的政治权利与法律权利，而同时又必须保证这种发声控制在统治阶级所认可的合理有序范围内，才是"意识形态话语权"研究所要面临和解决的关键问题。综而概之，纯粹地从"话语权"概念出发，无论是群体还是单独个体，无论是政治上还是法律上，"权利"一词解析都是适用且合理的，只要这种言论自由的权利限定在法律框架之内和道德底线之上。而"意识形态"作为一个带有明显阶级属性的概念，决定了"意识形态话语权"的主体只能是统治阶级及其代表的执政党或国家，其天然具有将本阶级的政治理念和思想文化价值观向全体社会普及推广的权利与资格，因此"权利"一词不适用"意识形态话语权"概念中的"权"字引申义解读。

（一）意识形态话语权是一种"权力"

"意识形态话语权"是一种通过话语资源控制与运用来表达统治阶级思想观念、价值取向、政治立场并获得解释、规范和指导社会生活发展的权力。意识形态作为凝聚社会向心力的"黏合剂"，正是通过其话语权力所展现出的柔性力量，来弥补传统的政治权力带有"强制"色彩这一难以突破的局限性。实质上，意识形态可以被视为一种话语资源的应用实践，因为任何思想价值观念的表达与传递都离不开话语这一载体。意识形态话语的生产与分配作为思想上层建筑活动的重要组成部分，最终都需要依托和承载于各种权力关系及其组织架构来完成，如此才能确保社会意识形态沿着统治阶级规定的方向和目的发展，本质上反映的是统治阶级的统治力量和阶级意志。即每一统治阶级在掌握和建立政权以后，首要任务便是依照本阶级的经济规则来构筑相应的政治上层建筑，设计国家机器的结构模式，设置相应的权力组织机构。继而，在此基础上进一步为思想上层建筑的构筑做出相关制度安排。至此，便形成了一整套嵌合严密的社会权力系统，无论是在社会资源的占有体量上，还是在资源调配的效率与能力上，统治阶级都占据着绝对优势，进而为本阶级意识形态话语资源的运用提供了作用场域和结构支撑。而在这一权力系统中，非统治阶级思想的话语资源在流通渠道上将受到一定限制与屏蔽，这一点在公共传媒尚不发达的传统社会中表现得更为明显。那么，通常情况下，权力是如何运作和显现效力的呢？一是占有资源，决定调配权；二是设定规则，具有裁断权。据此，探寻意识形态话语权力的运作机理，主要是体现在机构设置与制度安排上。一方面，通过设置理论研究、宣传管理、新闻媒介、文化教育等机构组织，这些专门承担意识形态实践工作的部门，配备一大批专职工作人员，管理着众多话语平台与渠道，有着一整套成熟的体系运转流程，把握着意识形态话语资源的内容生成和传播导向，是意识形态话语资源的具体生产者与分配者，具有社会发展解释权，决定了人们"可以听到什么"。另一方面，通过相关政治规矩、法律法规、规章条例等制度的安排，确立意识形态领域中话语系统的合理边界，维持话语资源的流动秩序，承担着裁判者的角色，具有社会生活规范权，规定着"什么可以说、什么不可以说"。由此可以看出，意识形态话语权力的来源有话语资源自身运作发挥效能的一面，而究其根本，仍然离不开政治权力的支持与配合。同时，意识形态话语权力作为一种柔性机制，也是对政治权力的一种补充，正如福柯所言："在我们这样的社会和其他社会中，有多样的权力关系渗透到社会的机体中去，构成社会机体的特征，如果没有话语的生产、积累、流通和发挥功能的话，这些权力关系自身就不能建立起来和得到巩固。"① 但值得一提的是，意识形态话语权力作为一种阶级统治工具，毕竟不能完全等同于一般的国家机器、暴力机构，它是通过话语主导使统治阶级的思想意志尤其是意识形态成为国家的主流话语，使人们在使用、理解主流话语的同时，强化对统治阶级意识形态的认同，从而建立起与政治经济统治相呼应的思想统治。因此，话语权力与政治权力二者既保持一定相互独立性，各自有所侧重，又彼此融通、相辅相成，共同构筑于统治阶级的经济权力之上，同时共同承担着整个社会权力的更新与再生产。然终究，"话语权力"一词在字面意义理解上，无论如何总是或多或少地暗藏着"必须怎样"的意味，"话语权力更侧重于体现话语权的强制性和排他性，是一种阶级或利益集团的意志"②，仍然不是我们构建意识形态话语权所要实现的

---

① ［法］米歇尔·福柯. 权力的眼睛：福柯访谈录［M］. 严锋，译. 上海：上海人民出版社，1997：228.
② 庄文城. 论意识形态话语权的本质与建设之要［J］. 中国社会科学院研究生院学报，2016（5）.

最为理想的目标与状态，因此，笔者认为"话语权力"应当是在基础层面上作为"意识形态话语权"概念释义的第一重意涵。

（二）意识形态话语权是一种"权威"

"意识形态话语权"是一种能够促使人们自觉信服和认同统治阶级所主导思想文化价值观念的权威。众人皆知，福柯提出了"话语即权力"的著名论断，但又同时游走于"知识权力论"的边缘，他认为"人类的一切知识都是通过'话语'而获得的"①，而"正是在话语中权力和知识才得以相互连接"②。不仅如此，他还指出："我们受权力对真理的生产的支配，如果不是通过对真理的生产，我们就不能实施权力。"③ 在其看来，权力支配着真理的生产，控制着知识的定义权。但是，这种知识生产作为权力规训的手段，只是一种被权力所主观定义的"真理"，至于这种"真理"能够在多大程度上满足客观实践的检验以及未来科学意识形态构建发展的需要，是值得商榷和存疑的。对此，胡潇教授评价道：福柯"他意识到了意识形态对于国家权力关系及其政治制度的理性构建作用，但把意识形态直接当作一种权力，则流于简单和粗鲁……从意识形态的操控力量去指认其直接就是国家机器的，对意识形态的解释存在着将思想上层建筑与政治法律制度及其设施的上层建筑相互等同的事实混淆和逻辑错误"④。因此，将意识形态话语权简单地引申为话语权力是不全面的，而将这种话语权力直接等同于政治上层建筑（政治权力）同样是不科学的，正如上文所言，意识形态话语权力与国家政治权力是一种相互支撑与补充的关系。应当讲，通过权力支配知识生产，只是意识形态话语权生成的第一层级，而更

---

① 王治河. 福柯 [M]. 长沙：湖南教育出版社，1999：139.
② FOUCAULT M. The History of Sexuality：An Introduction，Pantheon Books，1978，p. 100.
③ ［法］米歇尔·福柯. 权力的眼睛：福柯访谈录 [M]. 严锋，译. 上海：上海人民出版社，1997：228.
④ 胡潇. 马克思恩格斯关于意识形态的多视角解释 [J]. 中国社会科学，2010（4）.

为重要的充分发挥知识的真理效应，以此挖掘话语中的"权威"意蕴，是对"知识权力论"的进一步升华——"知识即权威"。话语权威，则是意识形态通过自身内在的逻辑自洽性与现实解释力所展示出来的足以令人"内化于心、外化于行"的说服力与吸引力，即"说了有人信"。换而言之，在更深层次意义上，"话语权反映的是所蕴含的思想和真理的力量"①。人类从古至今的一切经验积累和文明延续在本质上都可以看作知识的创造、更新与传承的过程，人们对于世界的认知和改造能力的获得总是基于前人不断探索总结出来的知识规律，而在此过程中话语承担的是一种具有意义构建的符号载体作用。概言之，知识通过话语得以表述，而话语只有依靠知识真理才能产生权威。只有长期不间断地经受住实践检验的知识才能迸发出真理光芒，人们在亲眼见识到了这种真理性知识所带来的进步力量之后，就会心悦诚服地相信它。而且，这种经过实践检验的真理性知识通过不断积累，逐渐汇聚为一个知识体系，其代表的权威性就会更高。那么，意识形态话语权威，即表现为意识形态所生产的知识能够在多大程度上推动社会实践进步以彰显其理论的科学性与先进性，以及在这种理论指导下的实践运动能够在多大程度上满足社会整体的发展需求和个体成员的利益需求。一旦这种理论权威在意识形态领域中形成，就能积极引导人们按照该理论所倡导的思想价值理念去思考和行动，并在此基础上进一步上升塑化为政治权威，从而让人们接受和认同特定的国家政治体制和社会制度。正如有学者所言："大众传媒通过对内容、语言和过程的操纵，最终达到'统治阶级的思想'与蕴含在民众之中的社会意识的一致化和规范化，使个人和社会承认既定的政治权威，并使自己的思想和行动服从于统治精英思想的支配。"② 相对于通过权力关系运作的意识形态话语，通过以知识的

---

① 张传泉，路克利. 马克思主义"话语权理论"的内涵与引申［J］. 重庆社会科学，2015（5）.

② 范篆辉，高晚欣. 论意识形态结构［J］. 学术交流，2015（3）.

真理性而获得的话语权威更容易为社会大众所接受，原因在于其具有普遍的价值性、实践性、审美性和大众性等属性，而生硬的权力性话语总是不免让人产生隔阂感与排斥感。因此，从效果上来看，尽可能地掩盖意识形态话语背后的权力关系，替代为充分地挖掘其内部所蕴含的知识权威，是意识形态话语权生成更为理想的层级状态。

（三）意识形态话语权是一种"能力"

"意识形态话语权"是一种能够科学运用意识形态话语资源以充分发挥其权力效能进而促成话语权威有效实现的能力。我们知道，当一个社会集团成为统治阶级之后就会宣布将本阶级的思想价值观念上升为国家意识形态的指导地位，但这并不意味着此后意识形态话语权便可以一劳永逸地牢牢掌握在手中了，其始终还要面临着其他社会思潮的竞争。"作为一种观点和理论的影响力来讲，话语权则是指这种观点和理论所能影响和左右他人思想、被他人所认可并遵行的能力。"① 如果手握话语权力却不能科学有效地利用好其所占有和能够支配的话语资源，不能令其充分发挥作用效力，那么就难以产生实际的话语影响力。而此时其所面临的话语竞争者倘若在此方面的能力上技高一筹，那么社会人心就会被他人俘获。因此，意识形态话语权力作为统治阶级推广其自身价值观念的实然基础，而获得意识形态话语权威则是理想目标实现的应然状态，此过程中间还需要有意识形态话语能力的衔接和转化，也就是"会不会说"的问题。而且，随着时间的推移和历史的发展，社会意识和社会心理都会发生一定程度的变化，作为思想上层建筑的意识形态内容必然要做出相应的调整。倘若缺失上述这种能力，或者说能力跟不上时代发展的变化，那么意识形态话语权力就要被架空，意识形态话语权威就会被消解。事实上，权威不会凭空产生，权力也不是自然运作，其中都不离开具体的现实的"人"这一主体因素。

---

① 白立新. 略论党的意识形态工作话语权的内涵与本质 [J]. 思想政治教育研究，2015（5）.

所以，"话语能力"反映的是意识形态主体在话语资源运用中所应当熟练具备的技能、经验与方法。具体而言，一是推动知识生产与更新的话语创新能力，意识形态话语主体必须拥有足够的知识储备量来支撑意识形态话语的生产加工与吸纳更新，这是维持意识形态辩护力和批判力的源动力与重要保障；二是提升民众接受度的话语传播能力，能够结合社会文化潮流，因地制宜、因人而异地运用言说技巧、情绪感染、艺术渲染等人们善于接受的话语表达方式将最新的知识创新成果普及推广到社会大众当中，促使主流意识形态所蕴含的价值理念深入人心；三是面对形形色色的社会思潮与波涛涌动的社会舆论，具有精确研判事态形势、准确把握发声时机、正确适用话语策略，明确舆论引导走向的话语博弈能力。以上三点能力的具备，可以确保意识形态话语资源的高效运用以及话语权力的充分显现，如此才能不断提升意识形态话语的阐释力、感召力与支配力，进而促成意识形态话语权威的生成。

基于以上论述，我们可以基于"话语权力""话语权威""话语能力"三个维度来理解意识形态话语权的概念，如果其分别代表的是"应该说什么""说了有人信""会不会说"，那么三者合为一体即"说话算不算数"，最终体现的是意识形态话语主体通过自我表达对他人所产生的影响力。"话语权一旦实现，它应当产生一定的社会影响力，这就是话语权的基本效能问题，没有产生社会影响的话语权在社会生活中通常是被人们忽视的，甚至仅仅被认为表达权，而不具有引领权、主导权。"① 综而概之，笔者试图给"意识形态话语权"概念做出这样一个定义：统治阶级利用自身占有的话语资源优势，将蕴含本阶级价值取向和利益诉求的知识观念，通过话语生产、加工、创新等方式塑造为意识形态话语内容，并以多种形式手段传播到社会大众当中，以此来解释、规范和指导社会生活发展，促使

---

① 王秀敏，张国启. 中国特色社会主义意识形态话语权提升的多维审视［J］. 湖北社会科学，2014（11）.

这种借由话语符号表达出的思想理谂、政治观点、价值信仰、文化理念与道德风范能够为人们所自觉信奉和遵从，从而实现引领社会思潮和控制公共舆论的广泛影响力，具有权力、权威和能力三重价值意蕴。实际上，掌握意识形态话语权，并不是简单地沉浸于语言修辞学的辞藻形式，也不是纯粹地拘囿于文化样态的思想观念之争，其本质上最终指向的是政治合法性问题。"话语权的争夺实质上就意味着政治地位的争夺，在社会变革之际，谁拥有更多的话语权，谁就具有更多的社会影响力和控制权，谁就能引领社会发展的方向和模式。"① 此外，对一个国家主体及其执政者而言，构建意识形态话语权，还同时关涉国内和国际两个主要场域，"它既是国家主体的自我表达，也是提高国际社会认同的手段，有利于凝聚国内共识和汇聚国际支持，塑造现代性向度上的物质形象和情感向度上的道义形象"②。

三、意识形态话语权的结构要素

思想要想掌握群众，首先必须要传播到群众中去，说服群众，才能转化为物质实践力量。同样，意识形态话语权的生成机理有其内在规定性，表现为自身系统各部分结构要素彼此之间的有效衔接嵌合，从而保证完整话语传播链条的形成。据此，笔者将意识形态话语权的结构要素界定为"话语主体""话语载体""话语受众"三大核心要素。

（一）话语主体

从整体性视角来看，在意识形态话语生产分配中，某一思想观念的构建主要由三个部分组成，即核心理念的提出者、理论形式的完善者、大众

---

① 朱兆中. 当代中国价值追求：坚持马克思主义在意识形态领域指导地位的思考 [M]. 上海：上海人民出版社，2012：41.

② 赵瑞琦，刘慧瑾. 中国意识形态网络话语权构建："三个舆论场"的夹角与控制 [J]. 南京邮电大学学报（社会科学版），2018（1）.

知识的普及者，它们分别对应着执政精英、知识阶层和大众传媒，共同构成意识形态话语权的主体。

1. 执政精英。这一主体作为统治力量的领导核心，出于对长久执政合法性的追求，既要就未来长远发展的理想宏图和政治愿景做出科学规划，也要根据时代形势的发展变化和阶段性任务的实际需求不断地调整执政方略，肩负着为社会立言的重大职责，也决定着国家发展的走势。因此，对执政精英的思想理念而言，观点就是方向，他们是意识形态话语的原发供给者，是反映统治阶级利益和意志的权威表述者，也是意识形态事实上的提出者和倡导者。不仅如此，他们的人格魅力、形象塑造和一言一行在国家政治生活和国际交往中都具有举足轻重的地位，从侧面也在一定程度上影响着意识形态话语的生产与传播，是政治权威的形象化身。

2. 知识阶层。意大利共产运动领袖安东尼奥·葛兰西（Antonio Gramsci）曾在文化霸权理论中提出培养无产阶级的"有机知识分子"阶层，"这样的阶层不仅在经济领域，而且在社会与政治领域将同质性以及对自身功用的认识赋予该社会集团"①，以促进阶级意识的觉醒与成熟。在此意义上来理解本书所指的知识阶层，即是统治阶级中的思想理论家和广大意识形态理论工作者，他们往往具有明确的阶级立场，较高的政治觉悟，较多的知识储备和较强的思维表达能力。其任务和使命，就是围绕执政精英勾勒的政治蓝图和提出的治国理政方略，做好进一步的理论阐释、逻辑梳理以及合理性论证工作。换言之，知识阶层是负责把统治精英的思想从高屋建瓴的战略层面落实转化为具体的便于理解操作的战术战役层面。他们以学术话语生产的方式为意识形态提供学理支撑，承担着解释社会现实的功能，架构起意识形态价值问题与事实问题之间沟通结合的桥梁，是理论权威的形象化身。但值得强调的是，知识阶层也并不是机械地从事着思想

---

① ［意］安东尼奥·葛兰西. 狱中札记［M］. 曹雷雨，姜丽，张跣，译. 北京：中国社会科学出版社，2000：1.

的解码和编码工作，他们凭借敏锐的社会洞察力和深厚的理论思辨力，能动地考察着社会现实的发展，创造性地生产着原创性知识，所形成的意见也将有可能作为执政精英的决策参考。

3. 大众传媒。自现代大众传媒工具诞生以来，在政治形象塑造、社会舆论控制和社会心理引导等方面发挥着重要作用，新闻宣传工作历来受到执政者的重视。作为意识形态话语的传播主体，其首要职责与任务就是将执政精英和知识阶层所生产的思想理念传递灌输到社会当中，并不断强化人们对信息知识的吸收、理解与接纳。当然，除了精准无误地传递官方声音之外，新闻传媒也并不是机械地对政治话语和理论话语进行"原封不动"的照搬，他们手中还掌握着一定议题设置权，通过对话语议程的设置和话语内容的采编加工，能够在特定的控制框架内决定着社会公众的关注视野，潜移默化地影响和支配着人们的思想行动，并同时充当着"把关人"的角色，筛选和过滤着与国家社会主导价值观不契合的异质信息，最终实现统治阶级主导价值观念与社会主流价值观念的高度契合，是信息权威的形象化身。

（二）话语载体

话语载体主要分为两个部分，一是以话语体系为核心支撑的内容载体，二是将话语内容以各种形式扩散开来的传播载体。

1. 话语体系

意识形态话语体系的内容好坏与质量高低直接决定着传播的效果，是最为核心的关键性要素，优质的话语体系内容对于意识形态话语权构建往往能够起到事半功倍的作用。应当讲，意识形态的话语体系并非一成不变的，有变也有不变。一方面，历史的传统的价值立场和精神内核必须要坚守与传承；而另一方面，随着社会发展与形势变化，一定时期内国家意识形态构建和思想宣传围绕的重点核心也会随之调整，那么意识形态话语的体系内容也会相应做出更新。哈贝马斯在交往行为理论中曾指出："一个追求沟通的行为者必须和他的表达一起提出三种有效性要求，即：①所做陈述是真实的；②与一个规范语境相关的言语行为是正确的；③言语者所表现出来的意向必须言出心声。也就是说，言语者要求其命题或实际前提具有真实性，合法行为及其规范语境具有正确性，主体经验的表达具有真诚性。"① 在此基础上，笔者认为意识形态的话语体系也应当从以下三个方面来进行展开。

（1）话语主题。任何时候，意识形态话语体系的内容生成与表达，需要具备的一个基本前提就是核心主题思想的设定，这也是构成一个完整的叙事过程所不可或缺的。话语主题决定着后续内容铺陈的结构与方向，因为采用哪种主导性角度，确定哪些事项与该议题相关，以及该选题的哪个方面或属性应该被凸显，都在一定程度上引导着信息接收者想什么和怎么想，进而能够影响话题受众的思想、行为和价值取向。一般来讲，从立意角度上来看，话语主题既包括对时代主旋律的宏观演绎，也可以是立足于细节切入的见微知著；从时间维度来看，既可以是从历史方面讲述执政合法性获取与建设的过程，也可以是对未来美好发展蓝图的擘画以坚定人们的道路信仰，更主要的是关注当下现实生活世界以回应和解答社会实践中的热点问题与思想困惑；从叙事对象上来看，既要重点突出本国家民族特色的精神文化，同时也要引导国内民众对外部世界的态度认知，既要着重宣扬本阶级政党的先进性和优越性，同时也要讲述人民生活中的美好生动故事。总体而言，归为一点，无论选择什么样的话语主题，前提都必须是真命题，而不能是伪命题，更不能是欺骗性的议题。而在东西方意识形态话语交锋中，西方话语体系的传播优势之所以明显，正是得益于其对议题设置的操控能力，以及相关议事命题的原创能力，从而占据了国际话语交锋的主动权和所谓"道义制高点"。

---

① ［德］哈贝马斯. 交往行为理论（第 1 卷）［M］. 曹卫东，译，上海：上海人民出版社，2004：100.

（2）话语文本。围绕叙事议题，继而是具体内容的铺陈展开。"话语"实际上是具有一定构建意义的"符号"，也就意味着这里的"文本"并不局限于语言文字，它可以具备多种存在样态。从一个有效话语文本内容的基本构成来看，至少应当具备以下几种特征之一。一是要有独特的核心概念和科学的理论范式。每一种思想理论体系在认识和解释世界的过程中都会立足于一定的核心概念和分析范式，概念不仅是理论基础构建的知识原点，也是分析范式构建的逻辑起点。例如，马克思恩格斯正是通过从"生产力与生产关系""经济基础和上层建筑"这两对概念出发，才坚实地奠定了他们的阶级分析理论和唯物史观理论。超越不了他人提出的核心概念，就跳不出他人的理论思维模式，就会被别人牵着鼻子走。没有科学理论基础的支撑，意识形态话语的解释力和阐释力就会大打折扣。二是要有完整的叙事逻辑和充分的事实根据。话语体系要想产生信服力，既要言之有理，也要言之为实。逻辑自洽是保证思想观点完整性、明确性的基本前提，否则逻辑混乱、相互冲突、毫无章法的话语内容难以清晰地表达出主题思想，是无效话语。三是要有客观的理性分析和明确的价值立场。这是一个辩证的原则，所谓客观理性是指在分析具体问题时坚持实事求是，不刻意人为地采取一些过分拔高或极端贬损的情感立场。同时，也必须保证话语表达明确的价值指向性，或支持、或批判，不存在似是而非、模棱两可的模糊态度，这是由意识形态的本质特征所决定的。

（3）话语风格。所谓话语风格，即叙事手法的一种外在的具体表现形式。对同一个主题和内容而言，可以呈现出多种形式的不同表达风格，其收获的话语效果也是不尽相同的。例如，在文风体例上，"八股文"和"白话文"之间在语言风格上就存在巨大差异，两种体例形式各自有其内在规定性。不仅如此，即使是针对同一种体例，也会由于主体的话语运用技巧和表达能力不同，最终在风格上表现出差异性。在艺术文化领域更是如此，对于同一样事物，由于其创造表现手法的琳琅满目，最终可以打造出各种不同的文化样态。话语风格，实际上就是话语符号单位或材料排列组合的一种编码方式。对此，不同的表现手法根据不同的环境和目的，有着其各自特定的理解方式和运用逻辑，从而在遣词造句、行文框架、修辞运用上表现出不同的气氛与格调。同时，话语风格中还能承载和反映出叙事主体的情感态度，对意识形态话语而言，既要有严肃严谨的一面，同时也得保持话语的亲和力与生动性一面，方能使人听得懂、听得进。

2. 传播载体

"话语的效应取决于语境的相关性，即只有当话语内容与话语对象具有关联性时，才具有取得话语效应的可能性。"① 一般而言，能够携带话语符号信息的传播媒介即可称之为话语传播载体，它是连接话语主体与话语受众之间的纽带和桥梁，发挥着信息"投递"的功能。从其形式分类来看，一种是具体的、实在的物质媒介载体和实践活动载体；另一种则是抽象的、虚拟的精神文化载体和时间空间载体。需要说明的是，这四种载体形式并不是彼此割裂独立存在的，更多时候是相互渗透、并联交织在一起同时进行的。

（1）物质媒介载体。世界首先都是物质的，就连马克思都曾指出，"'精神'从一开始就很倒霉，受到物质的'纠缠'，物质在这里表现为振动着的空气、声音，简言之，即语言"②，因此无论话语以何种载体形式存在，物质性都是第一位的。当然，这种物质载体是从广义上而言的。如果从狭义上来看，更主要是指具有大众传播功能的媒介载体。例如，早期随着造纸术、印刷术的发明，书籍的出现初步实现了意识形态的大众传播功能。此后，随着人类科学技术的不断进步，报纸、广播、电视、互联网等现代大众传媒手段，尽管它们的出现并不全是出于意识形态目的，但不可否认它们都是当代意识形态话语传播的主流媒介。其中，对这些媒介载体

---

① 张寿强，李兰芬. 马克思主义道德话语的境况及其构建 [J]. 学海，2010 (6).

② 马克思恩格斯文集（第 1 卷）[M]. 北京：人民出版社，2009：533.

的物质存在形态而言，科学技术手段发挥着至关重要的基础性作用。换言之，没有相关技术的发明，就难以构造出相应的媒介设施，这一点在当今互联网媒介中表现得最为突出。

（2）实践活动载体。尽管思想性、理论性是意识形态话语传播中更为显现的特征，但同时也离不开具体实践活动的承载。如果说媒介载体的诞生使得信息传播得更快更广有了可能性，那么实践活动载体也就是最原始的人际关系传播，具有基础性和根本性。毕竟，在实践活动中，通过面对面的交流形式、人与实践客体的近距离接触，这种人的临场参与感能够使其思想领悟更为深刻。例如，在马克思主义在中国的早期传播最初主要是在知识分子中以书本册子的理论形式进行的，但在后期指导中国革命实践的过程中，真正使广大群众接受革命思想洗礼的仍然离不开工人运动、武装斗争等实践形式。此外，举办各类型政治活动仪式、学校组织教育教学实践、在国际组织和学术会议论坛中发表政治主张或理论解说等都是较为常见以实践活动为载体的意识形态传播。

（3）精神文化载体。为了更好地融入社会大众日常生活，意识形态话语并不总是以政治的和理论的形式出现，有时候往往是蕴含于精神文化之中。通常情况下，对一个国家和民族而言，精神文化具有传承性与延续性，能够表现出巨大的惯性力量，深植于广大社会成员的思维传统与生活方式中。通过意识形态对精神文化结构的改造，再加以隐性叙事的手法，启发和熏陶人们按照一定的价值向度去思考，能够以润物细无声的方式实现思想价值观的有效渗透，达到更为深入人心的传播效果。此类型话语载体，文艺作品是最为常见的形式。

（4）时间空间载体。意识形态话语传播，还必须兼顾时间和空间这两个维度。对于话语时机和语境的选择与把握，同样会在一定程度上直接影响到传播的效果。而所谓话语空间，即话语生产、作用以及发生效力的范围和场域，由于不同话语体系的相对独立性，往往会在一定场域内形成某种话语边界，如官方—民间话语空间、国内—国际话语空间、网络—现实话语空间、公共—私人话语空间等等。一言以蔽之，意识形态话语主体在发声之前，必须要对话语传播所面临的形势进行分析判断，只有选择恰当合理的时机，根据话语环境选择相应的适宜策略，借助话语的转换与调频使其在不同的话语空间中穿梭，才能有效达到话语目的。

（三）话语受众

在传统时代，意识形态话语权生成的关键环节在于对媒介载体的控制和垄断。然而，当前世界进入信息时代，媒介控制的成本愈来愈高，抑或是几乎难以实现。与之相伴的是，人们对信息的自主选择权却在逐步增大，话语受众正在成为决定意识形态传播效果的重要因素，也即意味着不能适应受众需求的传播便难以发挥作用和影响力。概而论之，一方面，随着社会经济的快速发展，社会大众的受教育程度和知识水平在总体上都获得了大幅提升；而另一方面，随着现代社会分工的逐步细化，人们的职业、学历和兴趣也越来越专业化和离散化。加之现代社会能够提供信息交流的平台和方式也更加多元和个性化，因此人们对知识和信息的需求量和需求层次表现出明显的差异化倾向。例如，在新媒体网络活动中，"自我表达述求、自我调适需求、个人信息传播述求、休闲娱乐述求、自我形象塑造述求、社会交往与社会报偿述求、知识管理述求、社会参与述求"[1]等加速了话语受众这一对象群体的分众化、对象化与个性化传播趋势。然而，事实是，在当今社会不断多元化发展的大趋势背景下，受众个体的需求与国家意识形态需求之间往往难以完全保持同频共振的一致节奏，传统意识形态传播中整齐划一、千人一面的同质化话语内容已经难以适应新形势下社会大众的需求。除此之外，在网络赋权的推动下，受众不再是话语信息的单声道被动接受者，网络新媒体开启了话语主体与话语受众之间的

---

① 张立. 新媒体视域中主导意识形态话语权构建问题研究［M］. 西安：陕西人民出版社，2015：76-77.

双向互动通道，"尊重"和"倾听"正日益成为意识形态话语传播所需秉持的情感立场，成为话语交往双方之间能否形成良性互动机制的关键。

第三节　马克思恩格斯意识形态话语权思想的内生逻辑

马克思恩格斯在批判与斗争中逐步建立了自己的意识形态学说，尽管"意识形态话语权"议题在当时并未以明确的形式提出并加以研究，但在其一生的革命生涯和理论创作中都始终蕴含着这一思想脉络。其中，"统治阶级的思想在每一时代都是占统治地位的思想"① 这一著名论断，是我们探究马克思恩格斯"意识形态话语权"思想最直接、最主要、最核心的经典文本来源。在他们看来，"意识形态"是统治阶级的经济权势在思想领域内的延伸，表现为一种思想性权力或权力性意识，继而通过思想上的话语霸权来为本阶级的统治合法性论证提供依据。

一、意识形态话语权的生成前提

马克思恩格斯在《德意志意识形态》中共同创立了唯物史观，科学提出了"社会存在决定社会意识""物质决定意识"的思想观点。其中，有过这样一段论述："'精神'从一开始就很倒霉，受到物质的'纠缠'，物质在这里表现为振动着的空气、声音，简言之，即语言。语言和意识具有同样长久的历史；语言是一种实践的、既为别人存在因而也为我自身而存在的、现实的意识。语言也和意识一样，只是由于需要，由于和他人交往的迫切需要才产生的。"② 语言最初作为人类交流沟通的一种工具，在伴随

---

① 马克思恩格斯文集（第 1 卷）［M］. 北京：人民出版社，2009：550.
② 马克思恩格斯文集（第 1 卷）［M］. 北京：人民出版社，2009：533.

社会发展的过程中，不断被融入思想与文化的内涵。一个人在从自然人成长为社会人的过程中，意识形态的观念和对意识形态现象的描述都不能离开语言，语言作为意识形态的附属品，语言功能的思想教化是难以回避的基本环节。这是因为，人不仅仅是社会性动物，也是符号性动物。其中，社会性指出了交往对于人的生存的必要性，而符号性则指出了语言对于人类交往活动的必要性。在人类社会的一开始，作为思想与意识的基本内核，其现实转化首先必须要借助语言来实现，只有通过语言的过程，使思想以具体的、客观化的形式得以表达，人们才可以在物质生产和交往中进行精神、信息的交流与沟通。正如马克思所指出的那样："思想、观念、意识的生产最初是直接与人们的物质活动，与人们的物质交往，与现实生活的语言交织在一起的。人们的想象、思维、精神交往在这里还是人们物质行动的直接产物。表现在某一民族的政治、法律、道德、宗教、形而上学等的语言中的精神生产也是这样。"① 语言的出现和通用，不仅使社会活动主体以往那些凭个人直接感觉不到的关于外界事物关系、特性的知识有了思维把握的可能，而且使个人的直接经验经过社会的选择和确认，剔除了个人实践与体验的偶然成分，融进了社会意识的稳定的知识体系中。

在语言的综合运用和不断演进中，逐渐形成了一系列具有特定含义指向的话语表达。所谓"话语"，最早起源于拉丁语"discourse"，是指"一个语言符号和价值观念的统一体，即它既是由一定的符号、概念、词句、语音、语法等所构成的语言符号，同时又反映了特定的认知、情感、意志。"② 任何话语都不是空洞的，它总是一定思想观念的表达和陈述，普遍涵盖有一定的价值取向。从此意义上理解，话语不仅能够传递信息，同时还兼具了思想规范与思想教化的作用。而且，话语一旦形成体系，就更加

---

① 马克思恩格斯文集（第 1 卷）［M］. 北京：人民出版社，2009：524.
② 陈锡喜. 马克思主义：意识形态和话语体系［M］. 上海：华东师范大学出版社，2011：35.

具备了解释社会生活、凝聚社会价值、传承社会文化的功能。由此可以认为，作为语言和思想的结合体，话语始终蕴含着意识形态的魅影。尽管政治、法律、道德、哲学、宗教等意识形式是在意识发展到一定阶段时产生出来的，但它们的存在样态和形式表达始终都离不开话语的载体。对任何一种意识形态来说，它总是要借用一定的语言和术语来叙述自己的，即与之相对应的一整套话语体系。倘若，一个理论学说的诞生不能批判地使用某种意识形态话语体系里常用的概念或术语，那么这种思想只能成为这种意识形态的"囚徒"而无法对其进行超越。对此，马克思恩格斯彻底批判了唯心主义的哲学幻想是一种完全脱离日常生活的"无法理解的神秘的语言"，他们认为"青年黑格尔派的意识形态家们尽管满口讲的都是所谓'震撼世界的'词句，却是最大的保守派"①。正基于此，马克思恩格斯在同各种学说的批判与斗争中创制了一系列新概念来表述自己的新世界观，构建和奠定了自己"批判的武器"的话语体系基础，首先在语言层面上就同德意志意识形态进行了彻底决裂，并主张把高度抽象的哲学概念还原为日常语言用法，要用科学的语言替代毫无根据的臆造语句。

　　综上可知，话语不仅是意识形态得以存在和发展的前提，也是理解意识形态的出发点。总体而言，意识形态与话语表现为这样一种关联性：首先，意识和语言的出现是人类认识和改造世界的必然结果；进而，在社会关系的交往实践中，逐渐聚合形成某一特定阶级的共有语言；最后，语言与思想的结合形成能够反映特定阶级意识形态指向的话语体系，实现为阶级权力和利益服务的目的。意识形态作为一个为统治关系正当性辩护的思想体系，为了确保其合法性辩护功能的有效实现，它首先要尽可能地借助科学的、真实的话语体系构建才能使自身得以表达。意识形态与话语的相互关系决定了，意识形态的变化发展必然引起话语体系的调整，而话语体

---

① 马克思恩格斯文集（第1卷）［M］. 北京：人民出版社，2009：516.

系的变化发展也会相应地反映它所服务的意识形态的状况。

二、意识形态话语权的根本立场

马克思恩格斯在《德意志意识形态》中指出，统治阶级调节着自己时代的思想生产与分配。因此，在某种意义上，意识形态也可以被理解为专属于统治阶级的"思想文化权力"，带有鲜明的利益色彩与阶级烙印。"这就是说，一个阶级是社会上占统治地位的物质力量，同时也是社会上占统治地位的精神力量。支配着物质生产资料的阶级，同时也支配着精神生产资料，因此，那些没有精神生产资料的人的思想，一般地是隶属于这个阶级的。占统治地位的思想不过是占统治地位的物质关系在观念上的表现，不过是以思想的形式表现出来的占统治地位的物质关系；因而，这就是那些使某一阶级成为统治阶级的关系在观念上的表现，因而这也就是这个阶级的统治的思想。"① 这里，马克思从生产关系的角度论证了生产资料的分配关系对精神文化生产的必然制约，揭示了精神文化生产必然要同构于物质生活方式的客观逻辑——"物质第一性、思想第二性"的基本规律。按照唯物史观的逻辑，作为观念结合体的任何一种思想是无法凭空地产生于人头脑的臆想之中的，而是必须要借助大脑这一主要认识工具，通过各种直接或间接的认识渠道，从而对现已存在的主客观事物做出能动的反映。随后，马克思进一步指出："构成统治阶级的各个人也都具有意识，因而他们也会思维；既然他们作为一个阶级进行统治，并且决定着某一历史时代的整个面貌，那么不言而喻，他们在这个历史时代的一切领域中也会这么做，就是说，他们还作为思维着的人，作为思想的生产者进行统治，他们调节着自己时代的思想的生产和分配；而这就意味着他们的思想是一个时代的占统治地位的思想。"② 至此，我们可以看出，在社会历史发展的生

---

① 马克思恩格斯文集（第 1 卷）[M]. 北京：人民出版社，2009：550.
② 马克思恩格斯文集（第 1 卷）[M]. 北京：人民出版社，2009：551.

产实践中，只有在生产资料中占统治（支配）地位的阶级，才能在社会精神文化的生产中占据主导地位，这是由意识形态的阶级属性所决定的。

然而，阶级斗争作为人类社会发展的基本动力，马克思也特别强调了，在阶级社会未消亡以前，根本不存在"超阶级关系"的意识形态。正如他在《共产党宣言》中所指出的，"各个世纪的社会意识，尽管形形色色，千差万别，总是在某些共同的形式中运动的，这些形式，这些意识形式，只有当阶级对立完全消失的时候才会完全消失"。① 由此可以认为，在一个阶级社会中，必然会存在着"整体性观念"和"特殊性观念"之间的本质差异。所谓"整体性观念"，是指在一定时期内散布、流行于社会各个边缘角落的占主流的思想形式和价值标准。"特殊性观念"则是指只隶属于某一阶级或利益集团的社会意识。而造成这种差异性的根本原因，主要是由不同阶级对物质生产资料占有的多少以及在社会关系结构中的地位所决定的。对此，马克思在《路易·波拿巴的雾月十八日》中解释道："在不同的财产形式上，在社会生存条件上，耸立着由各种不同的、表现独特的情感、幻想、思想方式和人生观构成的整个上层建筑。整个阶级在其物质条件和相应的社会关系的基础上创造和构成这一切。"② 为此，一个阶级要想使自己的"特殊性观念"从"社会意识的范畴"上升为"意识形态的观念"，就必须要同其他阶级力量在政治、经济、精神等方面进行竞争和对比。其中，最首要的就是物质经济基础的较量。当一个阶级所赖以发展的物质基础还没有发展到足以完全战胜和消灭对立阶级所代表的生产方式时，它就难以最终占据政治和精神的统治地位，否则即使成功也难以长久维持。对于这点，根据马克思在《〈政治经济学批判〉序言》中提出的"两个决不会"思想便可窥见一斑，即"无论哪一个社会形态，在它所能容纳的全部生产力发挥出来以前，是决不会灭亡的；而新的更高的生

---

① 马克思恩格斯文集（第2卷）[M]．北京：人民出版社，2009：51-52．
② 马克思恩格斯文集（第2卷）[M]．北京：人民出版社，2009：498．

产关系,在它的物质存在条件在旧社会的胎胞里成熟以前,是决不会出现的".① 而随着这一阶级物质力量的发展,其一旦在社会经济生产结构中占取优势地位,就必然要建立自己阶级的政治统治,进而把自己的"特殊性观念"升级和转化为整个社会的"整体性观念"。"例如,在某一国家的某个时期,王权、贵族和资产阶级为夺取统治而争斗,因而,在那里统治是分享的,那里占统治地位的思想就会是关于分权的学说,于是分权就被宣布为'永恒的规律'。"② 事实上,其不过是欧洲中世纪之后代表守旧势力的王权、贵族阶级与新兴的资产阶级在争夺国家政权和社会统治权时势均力敌而不得不共同建立的一套说辞,因为它暂时符合双方阶级的利益。而随着大机器生产方式逐渐取代了"手推磨"生产的物质基础,这种利益格局一旦被打破,资产阶级以"自由平等"为核心的政治意识形式就会立即取代贵族统治时期占支配地位的"荣誉忠诚"等概念。因此,马克思明确指出:"社会直到现在是在阶级对立中运动的,所以道德始终是阶级的道德;它或者为统治阶级的统治和利益辩护,或者当被压迫阶级变得足够强大时,代表被压迫者对这个统治的反抗和他们的未来利益。"③ 由此可见,作为一种"阶级社会的维护意识",意识形态的首要任务就是维护统治阶级的根本利益,从而达到长期保持本阶级在物质生产资料和社会生产关系中占有绝对优势的目的。而且,它还会依照现有这种生产关系,将统治阶级所主张的思维方式、理想信念和价值观相应地构建为一种"知识型构"映射——话语体系。在马克思看来,意识形态的形成是通过普遍性的话语系统替代并遮蔽真实的权力关系而发生的,并由此逐渐渗透到全体社会成员的生活中去,以力图保持本阶级在精神文化领域的话语权。

---

① 马克思恩格斯文集(第2卷)[M]. 北京:人民出版社,2009:592.
② 马克思恩格斯文集(第1卷)[M]. 北京:人民出版社,2009:551.
③ 马克思恩格斯文集(第9卷)[M]. 北京:人民出版社,2009:99.

三、意识形态话语权的本质特征

由于社会分工，逐渐产生了"单个人的利益"和"所有互相交往的个人的共同利益"之间的矛盾，"正是由于特殊利益和共同利益之间的这种矛盾，共同利益才采取国家这种与实际的单个利益和全体利益相脱离的独立形式，同时采取虚幻的共同体的形式……"① 在这里，"国家"作为一个"虚幻的共同体"的角色，不断调和社会各个阶级之间的实际斗争。至于调和的手段，除了维持统治政权的"暴力机关"以外，主要是通过意识形态的教化作用来完成，即"每一个企图代替旧统治阶级地位的新阶级，为了达到自己的目的就不得不把自己的利益说成是社会全体成员的共同利益，抽象地说，就是赋予自己的思想以普遍性的形式，把它们描绘成唯一合理的、有普遍意义的思想"。② 因此，意识形态作为一种完整理论形式的存在，不仅仅是为了揭示人们现实生活中真实的交往关系，有时也会自觉或不自觉地对这种真相进行掩蔽，以便维护社会的稳定发展与长治久安。概言之，意识形态与现实的关系，并非完全真实和契合的。例如，马克思针对当时德国宗教和黑格尔哲学体系对社会现实生活的颠倒与遮蔽进行了无情的批判，并称为人们借以逃避现实苦难的"精神鸦片"。而同样，资产阶级在革命进行时和夺取政权之后，打着"自由、平等、博爱"等代表资产阶级世界观的口号，不遗余力地将其说成是全体社会成员的共同愿望。尽管这些口号本质上无疑是资产阶级"共同利益的幻想"，但就当时来看，这些口号的实现确实能够使绝大多数社会成员获得比在封建专制社会中更好的生存环境，因而这些口号在某种程度上亦是有一定现实意义的。伴随着无产阶级登上历史舞台，"无产者没有什么自己的东西必须加以保护……过去的一切运动都是少数人的或者为少数人谋利益的运动。无

---

① 马克思恩格斯文集（第1卷）［M］. 北京：人民出版社，2009：536.
② 马克思恩格斯文集（第1卷）［M］. 北京：人民出版社，2009：552.

产阶级的运动是绝大多数人的、为绝大多数人谋利益的独立的运动"①。正是由于这种特殊的地位和使命,从而具有最彻底革命性的无产阶级及其政党,不需要通过掩盖自己思想的阶级性质来把自己装扮成全社会、全人类的代表。因此,无产阶级克服了以往历史上统治阶级意识形态的阶级局限性,冲破了"虚假意识"的束缚,跳出了意识形态的"肮脏的马厩",形成了自己意识形态理论的全新内涵。

当然,此处必须强调的是,所谓意识形态的"虚假性",并非涉及思想观念本身内容的真假,所以不能简单机械地将其解释为"虚假的意识"或"错误的观念",这里用"遮蔽性"一词来形容似乎更加贴近。其真实含义应当从两个方面来理解。一是指其所表现关系的颠倒性,对此马克思曾用"照相机的倒立成像"原理来进行解释,主要是指旧的意识形态尤其是德意志意识形态颠倒了存在和意识的关系,企图从幻想的观念出发歪曲现实,甚至以观念代替现实,进而遮蔽其经济关系的剥削本性。二是把"特殊利益"说成是"普遍利益",力图将少数人的特殊利益说成是全体社会成员的共同利益来麻痹广大人民大众,从而制造统治阶级执掌国家政权的合理性。而且这种"假象"的存在,也只有在阶级对立消失的"自由王国"才会逐渐销声匿迹,即"只要阶级的统治完全不再是社会制度的形式,也就是说,只要不再有必要把特殊利益说成是普遍利益,或者把'普遍的东西'说成是占统治地位的东西,那么,一定阶级的统治似乎只是某种思想的统治这整个假象当然就会自行消失"。② 因此,对无产阶级及其政党而言,在推动全人类彻底实现自由解放以前,"即使它的统治要求消灭整个旧的社会形式和一切统治,就像无产阶级那样,都必须首先夺取政权,以便把自己的利益又说成是普遍的利益,而这是它在初期不得不如此

---

① 马克思恩格斯文集(第2卷)[M]. 北京:人民出版社,2009:42.
② 马克思恩格斯文集(第1卷)[M]. 北京:人民出版社,2009:553.

做的"。① 但是，实施"无产阶级专政"，并不意味着"国家最终要消亡"和"意识形态作为一种历史现象最终要消灭"的观点是错误和过时的，而是人类社会只要处于尚不发达的史前时期，只要资本主义和社会主义还同时存在，意识形态的"魅影"就难以去蔽，这是不以人的主观意志为转移的。可以说，只要人类社会制度和价值信仰的差异性还未全部取得一致，不同意识形态之间的角逐和斗争就不会平息。尽管不同国家和社会制度基础上的意识形态合法性论证形式多种多样，但终究都绕不开"理性的求真"和"本能的求利"这两种形式。因此，意识形态中总是混合着求真之真实性和求利之虚假性的双重性。只要社会制度和阶级的差异性不消除，意识形态就不可能成为纯粹求真的"观念科学"，这也就是为什么意识形态的"虚假性"难以彻底去除却又能够为理性的人们所信奉。那么，这显然就涉及意识形态的话语权问题。

至此，作为执掌国家政权的统治阶级，将不得不面临这样一个问题："意识形态的悖论在于，它既要说出它所代表的统治阶级的根本利益，宣布这种利益是神圣不可侵犯的，又要竭力掩蔽这种根本利益，把人们注意力转向细节或其他问题上。"② 为了解决这一问题，在政治、经济、法律、道德、哲学、艺术等诸多意识形式中，作为统治阶级的思想，它们必须精心地设计和生产自己的阶级话语。依据感性到知性和理性的逻辑原则，形成一套概念、判断和推理的话语体系，从而凭借语言上的技巧，通过一些抽象的、普遍的话语表达去说出统治阶级的特殊利益，并时刻注意保持这一动作的隐蔽性。而恰恰，人们向来都习惯且乐意于把语言看作思想表达和交流的工具。如此，就能"不露声色"地教化和引导人们应该知道和记住什么，而同时又不会擅闯那些统治阶级设定的思想禁区。在此过程中，似乎，语言和话语作为一种神奇的东西，在"精神统治"这方面具有天生

---

① 马克思恩格斯文集（第 1 卷）［M］. 北京：人民出版社，2009：536-537.
② 俞吾金. 意识形态论（修订版）［M］. 北京：人民出版社，2009：136.

的优势，从而成为意识形态悖论的"中和剂"和"避难所"。

四、意识形态话语权的主要手段

"在批判旧世界中发现新世界"，批判精神始终贯穿于马克思恩格斯一生的革命实践和理论创作之中。试图构建一个科学的无产阶级学说去战胜资本主义意识形态，作为他们终生为之奋斗的目标，实际上就是一个夺取和掌握意识形态领导权、话语权的过程。因而，批判性与辩护性，共同构成了意识形态存在意义的一体两面。对此，马克思指出："如果我们的任务不是构想未来并使它适合于任何时候，我们便会更明确地知道，我们现在应该做些什么，我指的就是要对现存的一切进行无情的批判，所谓无情，就是说，这种批判既不怕自己所做的结论，也不怕同现有各种势力发生冲突。"① 通过对黑格尔派哲学和德国古典哲学的批判、对法国政治思潮及资产阶级政治社会的批判、对古典经济学和庸俗政治经济学的批判以及对资产阶级文化现象的批判，马克思恩格斯在创立历史唯物主义的同时也构建起了自己的意识形态理论，并最终在世界工人运动中使其成为无产阶级革命的精神指引。因此，在同资产阶级的批判与斗争中，马克思恩格斯深刻地认识到，一定的阶级要进行革命实践，首先需要有革命的理论为指导。

尽管我们知道，"批判的武器当然不能代替武器的批判，物质力量只能用物质力量来摧毁"，改变客观世界的根本途径必须要通过实践的力量来实现，"但是理论一经掌握群众，也会变成物质力量"。② 在这里，实际上涉及了意识形态的相对独立性问题，即意识形态对人类社会实践活动的能动反作用。总体而言，意识形态的状况要与社会客观物质发展水平保持一致，但有时候意识形态对经济基础的映射也并非完全保持节奏上的一

---

① 马克思恩格斯全集（第47卷）［M］. 北京：人民出版社，2004：64.
② 马克思恩格斯文集（第1卷）［M］. 北京：人民出版社，2009：11.

致。恩格斯在晚年时曾明确指出："新的独立的力量总的说来固然应当尾随生产的运动，然而由于它本身具有的、即它一经获得便逐渐向前发展的相对独立性，它又对生产的条件和进程发生反作用。"① 例如，"经济上落后的国家在哲学上仍然能够演奏第一小提琴：18世纪的法国对英国来说是如此（法国人是以英国哲学为依据的），后来的德国对英法两国来说也是如此"。② 这种思想的独立性与先导性，表明意识形态并不是完全消极的、机械的、被动的东西，尤其是在社会历史急剧变化的时期或旧的意识形态阻碍、滞后社会变革时，新的思想意识则可能会成长为引领生产关系新发展的先导。因此，无产阶级要发动革命并夺取政权，就应当把符合无产阶级自身价值的革命理论当作自己的精神武器。然而，理论掌握群众是有条件的，只有正确反映客观事物发展规律和始终代表广大人民根本利益的科学真理，才能够真正发动群众，即"理论只要说服人就能掌握群众；而理论只要彻底，就能说服人。所谓彻底，就是抓住事物的根本"。③ 而理论要想彻底，关键在于其自身具有批判和自我批判的精神与功能，而这种批判功能，并不是从口号到口号、词句对词句的反对，而是能够直指问题核心和揭露矛盾本质。同时，马克思还指出："理论在一个国家实现的程度，总是决定于理论满足这个国家的需要的程度。"④ 因此，理论除了需要具备科学性、彻底性和批判性之外，还需要及时对社会历史发展进程中最现实、最紧迫的时代课题进行回应，才能够让理论在更大程度和范围上真正地吸引人民群众且为他们所接受。

当然，理论说服人的最终目的必然是要指向实践。"理论的对立本身的解决，只有通过实践方式，只有借助于人的实践力量，才是可能的；因

---

① 马克思恩格斯文集（第10卷）[M]. 北京：人民出版社，2009：596.
② 马克思恩格斯文集（第10卷）[M]. 北京：人民出版社，2009：599.
③ 马克思恩格斯文集（第1卷）[M]. 北京：人民出版社，2009：11.
④ 马克思恩格斯文集（第1卷）[M]. 北京：人民出版社，2009：12.

此，这种对立的解决绝对不只是认识的任务，而是现实生活的任务"。① 马克思恩格斯的意识形态理论学说作为无产阶级和工人运动的行动指南，在当时的欧洲极大地促进了社会主义思想、运动和制度的发展。然而这一切并不是自发完成的，而是在无产阶级成长过程中同各种错误思潮的斗争中才逐渐得以确立起来的。在工人运动中，受资产阶级意识形态的影响，工人阶级虽然具有社会主义的自在、自发倾向，但是很难产生系统性的阶级意识与阶级觉悟。与此同时，不断出现的各种资产阶级改良主义和小资产阶级社会主义思潮也借机在工人队伍中传播自己的观点。为此，马克思恩格斯对青年黑格尔派、"真正的社会主义"、蒲鲁东主义、巴枯宁主义、拉萨尔主义、杜林主义、工联主义等一系列机会主义流派进行了长期的斗争与批判，才最终使得马克思主义成为无产阶级的阶级意识。对此，恩格斯强调："我们有义务科学地论证我们的观点，但是，对我们来说同样重要的是：争取欧洲无产阶级，首先是争取德国无产阶级拥护我们的信念。"②此外，为了确保无产阶级彻底掌握科学社会主义的理论与信仰，除了要清除错误思潮的影响之外，还要大力推行思想理论的宣传与教育活动，"必须维护真正的国际主义精神，社会主义自从成为科学以来，就必须在斗争和鼓动的各个方面都加倍努力。必须以高度的热情把由此获得的日益明确的意识传播到工人群众中去。"③ 不仅如此，马克思恩格斯还尤其重视无产阶级革命队伍的先进性和纯洁性建设，在给倍倍尔等人的信中指出："如果其他阶级出身的这种人参加无产阶级运动，那么首先就要要求他们不要把资产阶级、小资产阶级等的偏见的任何残余带进来，而要无条件地掌握无产阶级世界观。"④ 由此我们可以得出结论，思想的阵地必须要由思想去

---

① 马克思恩格斯文集（第1卷）[M]. 北京：人民出版社，2009：192.
② 马克思恩格斯文集（第4卷）[M]. 北京：人民出版社，2009：233.
③ 马克思恩格斯文集（第2卷）[M]. 北京：人民出版社，2009：219.
④ 马克思恩格斯文集（第3卷）[M]. 北京：人民出版社，2009：484.

占领，必须要用"彻底的理论"去说服人们，要用"批判的武器"去武装群众，才能有效实现对资产阶级客观世界的"武器的批判"。

五、意识形态话语权的主体力量

"意识在任何时候都只能是被意识到了的存在"①，每一具体的个人都会自由地根据自己的物质条件基础在大脑中产生各类不同的意识。随着人类社会历史的演进，在生产力发展的推动下逐渐出现了脑力劳动和体力劳动的分工，作为第一次"真正的分工"，精神生产开始作为一个独立的部门发展起来。"从这时候起，意识才能摆脱世界而去构造'纯粹的'理论、神学、哲学、道德，等等。"②而这种意识的生产者，是从物质生产领域解放出来成为专门从事精神劳动的阶层，他们把意识的初级形式加工成高级形式并转化为成熟的精神生产成果，即"分工也以精神劳动和物质劳动的分工的形式在统治阶级中间表现出来，因此在这个阶级内部，一部分人是作为该阶级的思想家出现的，他们是这一阶级的积极的、有概括能力的意识形态家，他们把编造这一阶级关于自身的幻想当作主要的谋生之道"③。对此，马克思恩格斯在《经济学手稿（1861—1863）》中明确将这部分专门从事社会知识生产的群体称作为"意识形态阶层"——"物质生产领域中的对立，使得由各个意识形态阶层构成的上层建筑成为必要，这些阶层的活动不管是好是坏，因为是必要的，所以总是好的"。④

作为"谋生"的职业手段，这一阶层必须也只能依附于统治阶级才能得以生存。对资产阶级而言，一旦他们"把意识形态阶层看作自己的亲骨肉"，就会"到处按照自己的本性把他们改造成为自己的伙计"⑤，因而这

---

① 马克思恩格斯文集（第1卷）[M]. 北京：人民出版社，2009：525.
② 马克思恩格斯文集（第1卷）[M]. 北京：人民出版社，2009：534.
③ 马克思恩格斯文集（第1卷）[M]. 北京：人民出版社，2009：551.
④ 马克思恩格斯全集（第33卷）[M]. 北京：人民出版社，2004：348.
⑤ 马克思恩格斯文集（第8卷）[M]. 北京：人民出版社，2009：241.

些"伙计"的主要使命和任务就是为统治关系的合法性和合理性论证而服务，往往看似"自由的精神生产"实际上只有在不损害统治阶级根本利益的前提下才被得到承认和允许。尽管统治阶级内部从事实际管理的阶层和意识形态阶层常常会发生冲突，甚至是产生某种程度上的对立和敌视，但当统治阶级本身的存在受到威胁时，他们立即就会联合起来。针对资产阶级的这些"伙计"，马克思恩格斯批判地指出："推动他的真正动力始终是他所不知道的，否则这就不是意识形态的过程了。因此，他想象出虚假的或表面的动力。因为这是思维过程，所以它的内容和形式都是他从纯粹的思维中——或者从他自己的思维中，或者从他的先辈的思维中引出的。他只和思想材料打交道，他毫不迟疑地认为这种材料是由思维产生的，而不去进一步研究这些材料的较远的、不从属于思维的根源。而且他认为这是不言而喻的，因为在他看来，一切行动既然都以思维为中介，最终似乎都以思维为基础。"① 换言之，这些意识形态家在竭尽全力为统治阶级利益创造精神成果的过程中，只是从纯粹思维材料的想象中来创造意识形态，所能意识到的东西是极其有限和极其肤浅的，他们完全沉湎于对思维的独立性崇拜中而忽略了观念的世界之外还有一个现实的世界，进而陷入了历史唯心主义的泥沼。

那么，对无产阶级而言，同样需要有"革命阶级的意识"，以指导世界工人运动。由于马克思恩格斯将自己创立的学说视为与意识形态相对立的科学理论体系，也从来没有提出过"无产阶级意识形态"概念，故而在此背景下也就不存在所谓"无产阶级的意识形态阶层"的提法。然而事实上，出于无产阶级革命斗争策略的阶段性适应调整和客观性现实需要，在社会主义向共产主义的中间过渡环节仍然需要无产阶级的思想家、理论家和文化工作者。只要"无产阶级专政"在一定历史时期内仍为必要，尤其

---

① 马克思恩格斯文集（第 10 卷）[M]. 北京：人民出版社，2009：657-658.

是在社会主义初级阶段，虽然剥削阶级已被消灭，阶级斗争也不再是社会发展的主要矛盾，但并不代表阶级斗争完全不复存在。反而，由于社会主义社会"还带着它脱胎出来的那个旧社会的痕迹"①，以及少数敌视、仇视社会主义破坏分子和反动分子的存在，社会主义意识形态不仅仍然有客观存在的现实基础，还将与封建落后的和资产阶级的意识形态等长期共存，斗争形势错综复杂。作为意识形态话语权建设的主体力量，意识形态的言说常常直接是言说者的思想意识，言说的内容及其解释力、权威性与言说者的地位、身份、知名度、公信力乃至理性与道德形象密切相连。因此，"党的政论家还需要具有更多的智慧、更明确的思想、更好的风格和更丰富的知识"。② 同时，为了避免出现资产阶级"意识形态阶层"从"思维材料"中寻找精神生产动力的唯心主义倾向，恩格斯特意在《致劳·拉法格》中指出："同工人接触半年，就会培养出读者，就会教会作者要怎样为他们写作。"③ 以此强调了无产阶级的理论工作者的思想创作和精神生产务必要深入社会底层、结合革命实践。作为社会主义的意识形态工作者，也只有坚持唯物史观的立场和方法论，坚持实事求是地实践原则，确保马克思主义理论创新成果的科学性与真理性，才能在思想领域和广大群众中获得话语权。

---

① 马克思恩格斯文集（第3卷）[M]. 北京：人民出版社，2009：434.
② 马克思恩格斯文集（第1卷）[M]. 北京：人民出版社，2009：664.
③ 马克思恩格斯全集（第36卷）[M]. 北京：人民出版社，1975：115.

第三章

网络意识形态话语权构建的现实依据

　　党的十九大报告，明确指出我国"意识形态领域斗争依然复杂"①。随着我国经济快速增长和互联网应用的广泛普及，社会多元化发展趋势日渐凸显，由此导致思想文化领域的一些问题也逐渐暴露出来，尤其是网络空间的意识形态话语权争夺态势越发紧迫。网络意识形态话语权争夺，实际上是现实社会中的意识形态问题在虚拟空间中的延伸，但情况又不完全等同，还是表现有一定的特殊性。在虚拟与现实之间，两者呈现为一种非线性镜像的映射关系，很多现实中的问题反馈至网络上，或被拉伸放大、或被扭曲压缩、或被简化极化，进而形成了一幅真假互参、虚实渗透的网络意识形态图景。关于网络意识形态话语权构建的现实依据阐述，首先要建立在科学的思路判断基础上，对此党中央就其总体形势与目标任务都已经做出了相关阐述。在此基础上，进一步分析我国网络意识形态话语权构建所面临的风险挑战与有益条件，有助于更加客观辩证地把握对当前现状的认识。

---

　　① 习近平.决胜全面建成小康社会　夺取新时代中国特色社会主义伟大胜利——在中国共产党第十九次全国代表大会上的报告［N］.人民日报，2017-10-28（1）.

第一节　形势任务：科学的思路判断

一、认清互联网是事关"长期执政"的"最大变量"

互联网信息技术深刻地改变了人类社会的发展格局，同时也给我国意识形态建设带来了巨大挑战。形势逼人，习近平总书记在分析了我国当前互联网发展的总体态势之后，做出了"过不了互联网这一关，就过不了长期执政这一关"① 的重大论断，表明做好新形势下的网络意识形态工作被摆在了事关党和国家事业长久稳定发展之战略大局的高度，同时也从侧面反映了当前国内网络意识形态斗争局势的紧迫性与复杂性。

一是要认清互联网是新时期意识形态话语权争夺的"主战场"。网络媒介的诞生，颠覆了传统意识形态工作自上而下的话语传播路径，也改变了思想舆论话语交锋的手段与方式，网络上各类与主流价值相左的"嘈杂声音"随之而来。面对刻不容缓的局势，习近平总书记在"8.19讲话"中指出，"互联网已经成为舆论斗争的主战场"②，并提出了意识形态领域的"三个地带论"——代表主阵地的红色地带、属于负面东西的黑色地带和需要积极争取的灰色地带，着重强调了"阵地意识"在意识形态话语权争夺中的重要性，即"宣传思想阵地，我们不去占领，人家就会去占

---

① 中共中央文献研究室. 习近平总书记重要讲话文章选编［M］. 北京：中央文献出版社、党建读物出版社，2016：421.
② 中共中央宣传部. 习近平总书记系列重要讲话读本（2016年版）［M］. 北京：学习出版社、人民出版社，2016：204.

领"①。这一论述，不仅突破了"非此即彼"的两分法思维方式，而且进一步丰富发展了新时代马克思主义意识形态阵地论思想。然而，倘若只占有阵地而不能够主动积极"发声"，那么"失语就要挨骂"。正如习近平总书记指出的，马克思主义当前存在着被"边缘化、空泛化、标签化"以及"失声""失踪""失语"的问题。② 因此，抢占网络空间的舆论阵地是掌握意识形态话语权的第一步，首先要强化责任担当，做到"守土有责、守土负责、守土尽责"，然后是能够主动发声、正确发声和善于发声。事实上，高度重视意识形态阵地建设，培养党的舆论"喉舌"，是马克思主义政党在历史中得出的宝贵政治经验。马克思曾有言："现在极其重要的是使我们的党在一切可能的地方占领阵地，哪怕暂时只是为了不让别人占领地盘。"③ 而且，这也并不是无产阶级的专利，列宁曾在《哲学笔记》中强调："必须指出的是资产阶级思想家从自己方面来说并没有打瞌睡，而且正在加强自己的阵地。"④ 对此，习近平总书记根据社会发展和时代变化的特征规律，"因地制宜"地将意识形态阵地观创造性地引入网络空间，是发展着的 21 世纪马克思主义。

二是要认清互联网是事关国家政权安全的"最大变量"。针对"网络空间是无国界之分的全球公共领域"说法，习近平总书记认为各国互联网发展必须坚持"网络主权"原则。在巴西国会的演讲上，他指出："当今世界，互联网发展对国家主权、安全、发展利益提出了新的挑战……每一个国家在信息领域的主权权益都不应受到侵犯。"⑤ 然而，西方反华势力一

---

① 中共中央宣传部. 习近平总书记系列重要讲话读本（2016 年版）［M］. 北京：学习出版社、人民出版社，2016：196.

② 习近平. 在哲学社会科学工作座谈会上的讲话［N］. 人民日报，2016-5-19（2）.

③ 马克思恩格斯全集（第 29 卷）［M］. 北京：人民出版社，1972：569.

④ 列宁全集（第 55 卷）［M］. 北京：人民出版社，1990：464.

⑤ 习近平. 弘扬传统友好　共谱合作新篇——在巴西国会的演讲［N］. 人民日报，2014-7-18（3）.

直妄图利用互联网"扳倒中国",互联网舆论成为我们目前面临的"最大变量"和"不确定因素"。一方面,坚持网络主权意味着本国互联网领域应有免遭他国攻击和侵害的法理依据。尽管互联网促进了世界文明的交流,但是一些西方发达国家利用其网络信息技术优势不断地强化"西方中心主义",并同时加紧对非西方文明国家的意识形态渗透,甚至是对他国直接开展窃听监控、黑客攻击和颠覆活动,属于典型的双重价值标准。对此,习近平总书记强调,《联合国宪章》确立的主权平等原则也应该适用于网络空间,"不搞网络霸权,不干涉他国内政,不从事、纵容或支持危害他国国家安全的网络活动"①。如此旗帜鲜明地倡导"网络主权"理念,可以看作对网络强权国家任意妄为行径的强力回应与警示。在我国当前确立的国家总体安全观中,自然也包括网络信息安全和意识形态安全,这些都是与国家政权安全息息相关的领域,不容忽视。另一方面,坚持网络主权意味着一个国家拥有独立自主监管本国互联网事务的权益。然而,国内一些受西方操控培植的"意见代理人",按照西方惯用的套路伎俩,打着所谓"言论自由"的幌子,对于我国当前采取的互联网发展道路、管理模式、公共政策妄加非议与无端指责,并炮制出一些所谓"网络价值中立论""网络自由论",甚至鼓动和蒙蔽一些不明真相的网友参与其中,给我国网络舆论生态造成了污染与破坏。有效防止网络化负面因素在我国意识形态领域造成"蝴蝶效应",对于维护国家政权安全十分必要。对此,习近平总书记强调:"一个政权的瓦解往往是从思想领域开始的,政治动荡、政权更迭可能在一夜之间发生,但思想演化是个长期过程。思想防线被攻破了,其他防线也就很难守住。"② 因此,坚持网络主权原则,确保对互联网进行监督管理的管辖权与控制权,就是确保意识形态领导权和管理权在

---

① 习近平谈治国理政(第二卷)[M]. 北京:外文出版社,2017:532.
② 中共中央文献研究室. 十八大以来重要文献选编(上)[M]. 北京:中央文献出版社,2014:464.

网络空间的具体落实，也是意识形态话语权最终得以实现的保证，不仅合情合理，而且合规合法。

二、落实"两个巩固"根本任务

判清了眼前的形势与问题，还有必要阐明任务的目标与指向。新中国成立之后的意识形态工作主要任务就是普遍确立马克思主义在思想文化领域的主导地位，尽管当前网络信息化给意识形态工作的环境带来很大变化，但"巩固马克思主义在意识形态领域的指导地位，巩固全党全国人民团结奋斗的共同思想基础"① 这一根本任务的内容没有改变。

网络空间作为当前思想价值理念碰撞最为激烈的场域，自然成为各类社会思潮与马克思主义争夺意识形态话语权的主要疆域。其中，一类表现为"马克思主义过时论"，认为经典马克思主义作家的思想已不能适应当代社会发展的现实要求，主张避而不谈或力图淡化马克思主义，并假借"学术研究"之名提出一系列夹带政治私货的形形色色之"主义"，其真实目的在于要用"多元指导思想论"来裁剪或替代马克思主义的一元主导地位；另一类表现为"马克思主义歪曲论"，网络赋权下的民间话语表达诉求呈现出"井喷式"爆发，在网络民粹主义浪潮的裹挟下，一些别有用心之人对马克思主义进行歪曲化、"妖魔化"和娱乐化解读，不断消解马克思主义的理论权威和严肃性，企图削弱执政党领导地位的政治认同。此外，还有一些诸如"在党不爱党""在马不言马"的情况偶有发生，甚至有些"双面人"线上线下两副面孔，在网络社交媒体上发表一些不恰当言论，在群众中造成很大的负面影响。而有的人则是"言必称希腊"，崇尚西方话语体系，选择性忽视我国发展取得的巨大成就，宣扬一种文化上的逆向种族思维。然而"如果我们用西方资本主义价值体系来剪裁我们的实

---

① 习近平谈治国理政 [M]. 北京：外文出版社，2014：207.

践……最后要么就是跟在人家后面亦步亦趋，要么就是只有挨骂的份"。①
以上这些问题的主要原因归结起来，一是缺乏对共产主义远大理想必然实
现的信心，二是对中国特色社会主义共同理想缺乏道路认同。而马克思曾
经指出："如果从观念来考察，那么一定的意识形式的解体足以使整个时
代覆灭。"② 对此，习近平总书记强调，"马克思主义是随着时代、实践、
科学发展而不断发展的开放的理论体系，它并没有结束真理，而是开辟了
通向真理的道路"③，并且在纪念马克思诞辰 200 周年大会上指出，"马克
思主义能够永葆其美妙之青春，不断探索时代发展提出的新课题、回应人
类社会面临的新挑战"④，有力地驳斥了"过时论""歪曲论""抹黑论"
和"全盘西化论"等错误论调。

除此之外，消费主义、个人主义、金钱至上、娱乐至死等各种消极负
面的价值观在网络空间弥漫，同时还充斥着大量的色情、暴力、诈骗、地
域歧视、民族矛盾、宗教泛化等诸多问题，不仅扰乱了人们的思想认知和
价值判断，还严重侵蚀着广大网民特别是青少年的心理健康。试想，"如
果一个社会没有共同理想，没有共同目标，没有共同价值观，整天乱哄哄
的，那就什么事也办不成"⑤。因此，为巩固全党全国人民团结奋斗的共同
思想基础，营造健康向上的网络精神家园，必须"要深入开展中国特色社
会主义宣传教育，把全国各族人民团结和凝聚在中国特色社会主义伟大旗
帜之下。要加强社会主义核心价值体系建设，积极培育和践行社会主义核
心价值观"⑥。总之，网络空间意识形态话语权构建之关键，在于"两个

---

① 习近平谈治国理政（第二卷）［M］. 北京：外文出版社，2017：327.
② 马克思恩格斯文集（第 8 卷）［M］. 北京：人民出版社，2009：170.
③ 习近平. 在哲学社会科学工作座谈会上的讲话［N］. 人民日报，2016-5-19（2）.
④ 习近平. 在纪念马克思诞辰 200 周年大会上的讲话［N］. 人民日报，2018-5-5（2）.
⑤ 习近平. 在网络安全和信息化工作座谈会上的讲话［N］. 人民日报，2016-4-26（2）.
⑥ 习近平谈治国理政［M］. 北京：外文出版社，2014：154.

巩固"根本任务的保障落实。从其最终目标指向来看，就是要以马克思主义为指导，以社会主义核心价值观为引领，即"网上网下要同心聚力、齐抓共管，形成共同防范社会风险、共同构筑同心圆的良好局面"。① 对于什么是"同心圆"，习近平总书记特别指出："就是在党的领导下，动员全国各族人民，调动各方面积极性，共同为实现中华民族伟大复兴的中国梦而奋斗。"② 以中国梦为价值指引来凝聚思想和发展共识，方能最大限度团结和动员中华儿女共同奋斗的精神追求和行动力量。

第二节　何以必要：面临的风险挑战

互联网自成为一种新型传播媒介以来，作为一个相对开放的场域，全球信息自由流动不仅打破了过去国家之间相对封闭的信息边界，而且还具备海量的信息存储与扩散能力，每天都有数以亿计的信息量产生。相较于传统的电视、报纸、广播、书籍等大众媒介，实现"源头控制"对网络媒介而言已然是几无可能，而"一封了之"更不是合理妥善的解决之策。在信息爆炸时代，网络空间作为诸多社会意识形式及其内容的交汇集散之地，各类错综纷繁的思想交锋与价值碰撞在此激荡涌流，对于国家信仰秉承、社会共识达成以及民族思想凝聚造成诸多不利影响。

一、文化渗透：西方话语霸权冲击我国网络空间主权边界

在当前国际网络场域中，西强东弱与西学东渐之余威未衰，从某种意

---

① 习近平. 在中共中央政治局第三十六次集体学习时强调 加快推进网络信息技术自主创新 朝着建设网络强国目标不懈努力 [N]. 人民日报，2016-10-10 (1).

② 习近平. 在网络安全和信息化工作座谈会上的讲话 [N]. 人民日报，2016-4-26 (2).

义上讲，一些西方发达国家利用先发优势、技术优势、文化优势和语言优势，已率先掌握了国际话语交锋的主动权。

（一）西方"零和博弈"思维决定了国际话语权争夺的激烈态势

马克思曾言："至今一切社会的历史都是阶级斗争的历史。"① 随着原始公社的解体，社会开始分裂为相对独立、彼此对立的多个阶级。阶级与阶级之间为谋求生存以武装暴力而抢占物质资源，为谋取利益以战争征服而向外扩张。而此后，人类征服自然能力的增强和人口的急剧膨胀，各文明间的冲突也随之而来。几千年来，中外文明形式大都以相互竞争与冲突而并存，不论是个体、民族与国家，还是政治、经济与文化都在一个看似封闭的世界系统内进行着一场"零和博弈"的游戏。西方国家往往固守"非赢即输，你赢我输"的"零和"思维，而东方国家也在分合交替的历史周期中艰难挺进。特别是近代以来，侵略战争、暴力掠夺、移民殖民等都成了西方之于东方以"零和博弈"为导向衍生出的种种代名词。尤其是以两次工业革命为契机，西方各国在经济、科技、军事等方面迅速崛起，"西方中心主义"线性文明观开始大行其道，不平衡的发展与畸形的发展理念表征为大国与大国、大国与小国以及"老牌大国"与新崛起大国之间的种种矛盾，这大大催化了极端右翼势力的异常膨胀，导致"零和博弈"思维一度盛行。而正是在此背景下，西方发达国家在不断加固发展其自身经济和军事硬实力的同时，一方面在全球领域积极推介其国家模式、政治制度及其文化价值观，一方面选择对潜在的"威胁对手"等后发国家进行多方位压制。其中，利用互联网平台进行意识形态渗透便是一项重要手段，而实行社会主义制度和取得改革开放巨大成就的"红色中国"，无论是从社会制度上的"中西对立"而言，还是从综合国力上的此消彼长来看，都不可避免地成为西方重点"关注"的对象。如此，通过互联网不断

---

① 马克思恩格斯文集（第 2 卷）[M]. 北京：人民出版社，2009：31.

地"制造麻烦"来挑唆和放大中国社会矛盾，侵蚀社会政治心理的稳定性，利用这些关乎国家安全的"绊脚石"，便可迫使我国不得不消耗一定的精力和资源来予以应对，从而达到牵制中国顺利复兴的战略企图。

（二）西方先发优势客观上助推了其话语霸权策略的实施攻势

一方面，网络媒介传播的基础设施离不开一系列现代高新信息技术设备和软件的开发与应用，西方国家不仅率先发明了计算机和互联网，而且在 IP 资源掌控、操作系统研发、芯片制造工艺、信息安全技术、创新人才储备等方面具备强大的领先实力。尽管我国近年来互联网事业发展取得了长足的进步，但在关键部件与核心技术上同西方发达国家主导的国际领先水平相比仍然有一定差距，致使在话语输出和信息投送能力上存在不同程度的短板与不足，间接导致了我国意识形态建设处于较为被动的地位。具体而言，一是西方发达国家不断推进网络数字化服务和新媒体现代传播手段的技术变革，持续巩固和扩大其在传统媒体领域的传播阵地。西方诸多传统著名的通讯社、广播公司、政府对外宣传机构先后纷纷进军互联网领域开展新闻报道和宣传业务，通过互联网建立起全球信息节点和终端系统，能够将声音图像广泛地传递到世界网络的大部分角落，进一步强化其在全球领域的文化霸权地位。其中 CNN 网络版成为互联网上点击量最大的新闻网址之一，而仅仅哥伦比亚广播公司和美国广播公司两家网媒发布的信息量就相当于世界其他各国总量的 100 倍。二是利用强大的网络软件技术创新能力，研发各类新型的软件产品以在更大范围上占领全球用户市场。一批知名社交媒体和应用软件在全球拥有巨大的用户群体，深受广大青年人的追捧，而其运作过程中不可避免地会按照西方的价值预设和思维方式进行，为实施西方文化渗透和全球舆论操纵提供了平台与可能性。三是利用雄厚的网络资源、尖端的信息技术和先进的基础设施对其他国家实施秘密监听和干扰介入，试图通过对目标国的社会发展和政局走势等进行干涉，进而攫取巨大的国家利益。四是通过制定和引领互联网高新技术行业标准，以掌握网络空间全球规则制定权以及国际合作"议价权"。西方国家凭借在互联网重要基础设施及关键技术应用上具有的单方面绝对性优势，把持扼守着国际互联网的接入端口与通道，系统地制定出台相关战略决策体系，控制着信息化进程中的游戏规则。

而另一方面，语言优势为西方话语霸权全球传播和信息垄断奠定了文化载体基础。在历史上，自近代以来，伴随西方文明崛起而建立起的全球殖民统治，英语逐渐成为世界最为通用的语言。而同时网络信息技术又作为现代西方诞生的产物，在软件编程、系统操作、网址注册等方面都必须要使用英语文字代码。因此，网络信息资源的语言载体绝大多数都是英文。语言文字作为话语的基础性载体要素，具有"第三海关"① 的重要意义。互联网正成为全球新的语言竞技场，一种语言的接受度与流通率直接紧密关乎着其话语传播和信息流转的范围广度，更是体现一个国家话语能力强弱的标志。在当前全球网络媒介话语传播中，尽管以汉语为母语的人口数远超英语，但汉语的信息总量占比率与英语相比存在短板。英语为西方的文化攻势提供了巨大的语言便利，成为导致中西文化交锋存在"话语逆差"的一个重要影响因素，在一定程度上挤压了中国声音的国际传递空间。

（三）西方多样化话语竞争策略营造了不利于中国发展的舆论氛围

一些西方国家通过互联网综合运用多样化话语竞争策略，营造不利于社会主义国家形象传播的舆论氛围。随着 20 世纪 90 年代苏联解体与东欧剧变，国际共产主义运动转入低潮，西方资本主义文明以胜利者的姿态公然鼓吹和宣称"人类意识形态的终结"。进入 21 世纪以来，中国特色社会主义不断迸发出强劲的生机与活力，为人类文明和世界发展做出了突出贡献，却往往难以消除西方对华固有的意识形态偏见。加之我国在新媒体话

---

① 李宇明. 信息时代的语言文字标准化工作 [J]. 语言文字应用, 2009 (2).

语传播竞争策略上缺乏一定的经验积累和理念创新，常常陷入"被西方表述"的尴尬境地。

一是通过主导全球议题设置权，借机传播中国"负面"形象。由于西方掌握着巨大的网络媒介资源，当涉及"中国话题"的事件出现时，在新闻报道的议题视角切入点上，往往是始于事件本身，却终于西式立场的价值解读。他们总是试图将自我标榜为道德正义的化身，占据"道义"制高点，对中国内政事务中不符合西式价值观的做法横加指责，以达到混淆视听的目的。诚然，处于改革和转型期的中国，不可避免地会出现一定程度的社会矛盾问题，而一些原本属于民生领域的问题也会被西方媒体刻意歪曲放大，涂抹上政治色彩，将负面个例事件扩大化，将中国地区问题国际热点化，最终将公众视线引导到"质疑""反思"中国的国家体制、政治制度和发展道路等议题上，削弱人们对中国社会主义制度的心理认同。此外，他们还曲解中国话语表达，贬损中国道路、理论、制度以及民族文化，打击中国人民自尊自信。总之，一些西方资本主义大国为遏制中国和平崛起，利用包括网络媒体在内的各种媒介资源，加紧对我国政治、经济、文化以及执政党发起意识形态围攻，接连散布"环境论""种族优越论"等有色论调，不断炮制"中国威胁论""中国崩溃论""中国责任论"等话题向中国发难，诱导和影响公众认知，以制造不利于中国发展的国际环境和舆论压力。

二是在具体的话语策略和技巧运用方面，西方国家在意识形态渗透中更加擅长"巧言"与"包装"。相较于其他"硬手段"措施，通过互联网运用话语"软策略"来塑造引导舆论，发挥话语在解释框架和制度规范方面所具有的特殊功能，从而实现西方文化和国家意志的输出。如此，不仅可以有效降低其战略成本，而且还是最巧妙也恰恰是最易于被对手忽视的价值渗透模式，潜移默化中便可达到"不战而屈人之兵"的战略目标。具体而言，构建以"西方中心主义"为价值准则的知识概念，并制造出一套带有浓烈价值偏见的"东方学"话语体系，假以理论科学研究之名，实质上就是为西方政治宣传服务，十分具有迷惑性。而这些西式话语概念和学术观点，在互联网时代得以大量地传播流入中国，在知识界和民间颇具一定市场。甚至在有些时候，西方学说成为人们阐释中国问题、改造中国社会和评判中国实践的价值依据，尤其是在一些政治学、经济学和史学研究领域，西方术语和思维方式一度被奉为"座上宾"。不仅如此，西方还大肆宣扬"网络自由论"和"网络价值中立论"，意图淡化其强烈反对的网络空间主权属性，并以"网络专制"为由对当前中国横加指责，其强调的所谓"信息自由流动"无非是为意识形态渗透铺垫道路。除此之外，西方还尤其擅长利用文化产品的自我包装来对资本主义意识形态内容进行美化。这一策略在网络新媒体环境下不仅没有改变，反而高科技的情景渲染方式使得形式多样的各类文化产品以更加生动、形象、立体的形式呈现在观众眼前，使人不知不觉中便被其刻意打造的蕴含西方价值观念的文化熏陶感染，从而下意识地就会采用西式标准来对中国文化进行评判。

三是培植网络精英充当西方意见代言人，延展资本主义意识形态价值观在中国的传播范围与深度，操纵国内社会舆论导向。西方某些国家倚仗雄厚的经济实力，依托各类组织完善、运作成熟的非政府或基金会组织，通过形式多样的渠道在中国培植网络大V、网络撰稿人、话语"传声筒"等所谓"异见人士"，让美化西方和贬低中国的声音在网民大众中实现"零距离"传播。尤其是，一些党政机构、公有企业、科研院所、新闻传媒、影视文艺、自媒体行业等领域的"精英人才"成为重点被拉拢渗透的对象，化身"网络意见领袖"，极力宣扬西方的"普世价值"，扩散西方所谓"自由、民主、平等、人权"等观念，甚至鼓动和组织网民线下制造群体性事件，此类行径之隐蔽性、渗透性和危害性不容忽视。

二、网络思潮：异质话语输入挤压主流意识形态传播空间

"一切历史上的斗争，无论是在政治、宗教、哲学的领域中进行的，还是在其他意识形态领域中进行的，实际上只是或多或少明显地表现了各社会阶级的斗争。"① 改革开放以来，随着经济结构的转变与社会阶层的分化，多元化利益格局日渐形成，加之外来文化与本土文化的交汇碰撞，新的政治诉求和多样化社会思潮伴之而生，并以一种崭新的话语范式和批评者的姿态出现，试图在意识形态领域与马克思主义争夺主导社会发展的话语权。尤其是网络媒介的出现，进一步催生了各类思想理论观点的衍生与传播，致使意识形态领域的思想交锋与话语权博弈态势变得更加激烈。

（一）当前我国网络社会思潮的生态图景

40多年来，面对我国改革中不断暴露出的诸多现实问题，试图寻找恰当有效的应对之策，是种种社会思潮诞生与演化的主要动力。在此背景下，诸如自由主义、民主社会主义、老左派、新左派、新儒家、民粹主义和民族主义等一些理论体系相对完整且较有社会影响力的思潮相继出场，与"宪政民主""普世价值""公民社会"、历史虚无主义、新自由主义、女权主义、无政府主义等思潮相互裹挟，弥漫散播于网络空间。与此同时，一些腐朽落后的思想文化也趁机沉渣泛起，甚至一些极端宗教和"邪教"势力也纷纷涉入其中，构成了一幅纷繁复杂、思想交织、风云激荡的当代网络社会思潮生态图景。尽管某些社会思潮的出场往往带有鲜明的问题意识，确能提供一些有价值的思想资源，然而出于根本立场和理论逻辑出发点的迥异，大量的"杂音""噪音"不绝于耳，不可避免地挤压马克思主义意识形态话语的信息通道。

在意识形态领域中，向来习惯于以"左、右"概念来划分众多社会思

① 马克思恩格斯文集（第2卷）[M]. 北京：人民出版社，2009：469.

潮所代表的立场倾向与政治派别，最初源自法国大革命时期。在传统的西方政治话语中，左派代表支持革命，右派则与之相对。而在马克思恩格斯的语境中，左派指代无产阶级，右派为资产阶级。而在当代中国的政治话语体系里，"左、右"概念的含义和用法与西方并不尽然相同，而且与其所谓"左派、右派"也并不是完全的对应关系。党的十四大曾在党章中明确强调："反对一切'左'的和右的错误倾向，要警惕右，但主要是防止'左'。"① 因此，以"左"与右来标识当代中国社会思潮的谱系是目前思想界较为流行的划分维度。至于如何来区分"左"与右，有学者认为可以"依据对平等、公正、自由、民主等价值选择与排序的不同，以及对中西关系、改革开放等议题认知与态度的差异"② 来划分。也有学者提出："右的实质是'西化'，而'左'的核心则是'反西化'。另外，有一些思潮在尝试'超越左右'，我们称之为'综'。"③ 对此，笼统而言，目前国内偏"左"的思潮更倾向于公正平等、支持政府对市场的规范调节、站在民族立场上警惕西方文化和全球化，而偏右的思潮则更加强调民主自由、反对政府对市场的干预、主张用西方文明来改造中国文化。

　　一方面，互联网放大了社会思潮群体政治派别的"左右之争"，极端信号增强。在互联网传媒出现以前，社会思潮在书籍、杂志、报刊上的传播特征主要表现为两方面，一是表达空间的有限性，二是话语风格的严肃性与理性化。原因在于，传统的新闻媒体管理体制充分发挥"把关人"的作用能够有效过滤和限制非主导的社会价值观念进入大众传媒渠道，而书籍、报纸、杂志等媒介的文风体例也确保了社会思潮在公共事务讨论中的理性身份。然而，由于网络传播的信息量冗杂、更新速率快，加之在社交媒体"广场效应"和猎奇求异网络文化氛围的作用影响下，为了吸引更多

---

① 中共中央文献研究室. 十四大以来重要文献选编（上）［M］. 北京：人民出版社出版，1996：54.

② 方付建. 网络社会思潮的表现形态与主要特征分析［J］. 思想教育研究，2018（1）.

③ 李亚员. 当代中国社会思潮：谱系、特点与趋势［J］. 江汉论坛，2018（2）.

的注意力资源以争夺民众基础，一些社会思潮的代表人物意识到极端片面化的观点主张比起中性温和的表述立场更加容易引起网络围观，从而能够成功刷到"存在感"和"领袖欲"。由此，传统社会思潮所具备的话语稳重性、理论严谨性、观点建设性和思想深刻性等特征逐渐消失，和平理性的思想争鸣被粗暴喧嚣的网络骂战替代，甚至有些诉诸线下暴力行动的方式来解决观点争端。在此环境下，一些相对理性的声音难以获取网民关注，最终形成了"左"、右两端思潮呈现极化发展的话语格局。尤其是在网络民粹主义的裹挟下，社会思潮的激进性一面更加被放大凸显。当一些网络舆情事件爆发时，其"舆论审判"中浓厚的主观主义色彩，诱导和暗示网民情绪化、狂欢化参与表态，以意识形态站队的方式作为是非判断的标准，甚至逾越法治的边界，对客观理性地看待现实社会中的某些问题产生了很大干扰，也给正常的网络传播秩序带来较大压力，造成网络社会思潮的无序混战状态，长此以往必然不利于社会局面的稳定与团结。

而另一方面，网络社会思潮的存在样态同时呈现出交互合流、边界日趋模糊的野蛮生长趋势。网络化媒介在加剧和扩大思想争端的同时，也给不同社会思潮彼此间的交流对话与交融互嵌提供了空间平台。一种思想体系较为完备的社会思潮在诞生之初，往往有其内在的关键信条、理论硬核与价值主张，从思想生产者、话语传播者到受众追随者等层面都存有一定边界。然而这一情况在网络传媒时代被打破了，现实中日益复杂的利益交织关系与社会格局的显著变化，使得某一特定主张很难在多个群体或不同阶层间流动传播。为了谋求更多更广泛的受众人群和覆盖范围，一些社会思潮开始主动弱化自我政治标签，积极寻求其他派别思潮的观点借鉴，力图使本派的主张更加具有兼容性、扩展性与弹性张力，以此来获取更大的民众支持和社会影响力。又或者，套用同一个抽象概念，对其稍做加工修饰，便成为自己的旗帜主张，但是做出基于本派立场的政治解读和价值诉求。一时间纷繁缭绕的各种"主义"夹杂着相类似的口号大量出现在网民的视野中，看似十分具有吸引力，实际非常具有迷惑性。例如，"自由"概念被植入个人主义的内容，"民主"概念被引向"宪政民主"与多党制，"法治"概念被解释为"司法独立"与三权分立，意在诱导中国走上改旗易帜的邪路；而"爱国"概念也被极端民族主义假以"正义化身"来反对全球化，"复兴"概念成为文化保守主义试图复归封建儒家道德观与政治观的招幡，旨在重走封闭僵化的老路。

（二）非主流网络社会思潮的话语竞争手段与传播策略

尽管社会思潮的出现，并不尽然都是持以"反主流"的身份立场，然而大多是以质疑中国特色社会主义理论的阐释力和马克思主义的指导性为出发点的，有些甚至已经提出了明确的政治主张和实践策略，其主要目标任务是同马克思主义争夺思想引领权和意识形态话语权，进而谋求国家领导权和执政权，并为此开展一系列的竞争手段与策略。

一是确立符号化政治标杆，积极抢占网络传媒新阵地。为彰显自身存在的价值合理性，一些具有广泛群众认同基础的政治、历史人物或学派领袖，成为一些社会思潮的符号化身。通过使用这些著名人物的姓名或肖像来进行自我标识，以其思想捍卫者和继承者的身份，可以凸显其思想流派的正统性，以此谋求占据政治和道德制高点。在此基础上，进而提出一个符合某些底层人物期待认可的口号性宣传标语，作为其思想旗帜。树立符号化政治标杆，是众多社会思潮的普遍做法。思想意识的传播离不开物质的载体，为彰显其声音存在，社会思潮往往会利用各类信息渠道来进行自我推介，纷纷创立起专业网站和论坛来作为自己的思想大本营。这些以组织化和机构化模式运作的网络平台，汇聚笼络着一大批拥有类似思想观点的人群，为知识精英发声和草根网民讨论提供场所。在进入网络社交新媒体时代以后，开辟微博、微信公众号来作为本思潮派别的宣介窗口成为当下最流行的方式。此外，一些社会思潮的代表人物也会开设自媒体阵地，包装成网络意见领袖，依托粉丝效应聚拢人气，带有浓重的个人思维色彩。而且，这些网络思潮的阵地之间会建立起交互式无缝隙转播关系，通过系列化、批量化、专题化形式高频次地集中针对某一议题发声，互相及时地转载对方平台的政论文或博文，并同时将线下交流研讨的最新成果发布于网络平台上，建立多元化宣传手段和复合式传播体系。

二是围绕改革总议题，以理论解构与建构的方式引起思想混乱。自20世纪80年代以来，随着中国不断加大的对外开放力度，国外大量的学术观点纷纷涌入国门，培植孕育了中国社会思潮诞生的基因和土壤，其中不乏夹杂着一些反马和非马的西方理论学说。应当说，大多数社会思潮的理论内核，实际上离不开西方学术背景的支撑，大多以反权威、去中心化自我标榜，但最初仍然还保持在纯粹的学术探讨范畴之内。然而，在网络信息化过程中，社会思潮的关注视野开始转入现实政治领域，并逐渐由学术界、精英阶层向民间大众渗透。他们总是自称以解决思想困惑和实际需要为目标，面向现实政治与社会问题，就网民最关心的议题发表见解，并据此建立起一套相对完整的话语体系，试图通过系统化的理论赢得人们的信服和认同。不置可否，面对社会转型中出现的诸多问题，一些社会思潮提出的个别见解与观点主张在某种程度上存在一定可取之处。然而，大多社会思潮普遍缺乏通盘考量的全局思维和战略思维，观点主张往往流于狭隘片面，或只能说符合某一部分群体的利益。而且，作为主流意识形态的竞争对手，批评、质疑和否定现行体制和政策，一直都是其难以改变的价值立场。因此，围绕改革这一总议题，他们往往习惯于用片面化、西方化的理论范式来歪曲解读党和政府的施政策略。例如，用新自由主义的理论逻辑解读和论证"供给侧结构性改革"以及"政府与市场、公有制与私有制"之间的关系，解构中国特色社会主义理论在经济领域的指导权威，不断鼓吹自由化、私有化。再或者，频频抛出一些诸如"党大还是法大"等伪命题，趁机宣扬"宪政民主"等西方政治理论，以试图引起思想混乱。

三是搭乘热点话题便车，采取潜隐化渗透策略来负面影射中国，借机实现自我营销。各路社会思潮其理论和价值硬核主要是以观念形态的方式呈现出来，而空洞的口号宣言无疑会导致思想精神力量的悬空，还需要社会现实元素的承载配合才能扩大特定价值观念的传播效果。当前，互联网已成为我国最大的公共事务讨论平台，但相对完善成熟的公共讨论机制与公共意识素养还尚未充分构建起来，以至互联网的社会公共属性往往难以得到真实有效地发挥和展现。在此背景下，一些网络思潮往往会借助国内外社会热点事件和特殊时间节点进行舆论炒作，裹挟操纵公共话题，尽可能将那些一般性、偶发性、区域性公共事件演变上升至意识形态、政治领域和国家全局层面，刻意制造和夸大社会危机感，诱导网民对执政党的国家治理能力和政权合法性产生怀疑。此外，他们还通过策划敏感议题、扩散热门议题、扭曲正面议题，逐渐呈现出"议题设置的政治组织化""议题内容的非主流化"等取向。在此过程中，一些思潮并不明确提出自己的主张，而是放弃使用完备的话语本文，采取"化整为零"迂回潜隐化渗透路线，将自己的观点诉求融入娱乐段子、话语恶搞、表情包图片、视频等载体之中，参与网络舆情的评议讨论，造成监管和识别的较大难度。不仅如此，在对一些社会问题、世界局势分析和经济政策评议等解读阐释中，采用追踪报道、政治隐喻、正负类比、借题发挥、散布谣言等手法，给网友造成心理暗示。例如，只要负面舆情事件一经爆出，如果被证实为谣言则有人会说"这一定有内幕或被官方瞒报屏蔽了"，如果事件发生在国内则有人会说"这种事也就是发生在中国"，而如果是发生在境外则又有人会说"这要是在中国肯定还不如人家"等之类的评论。总之，无论是发生什么性质的事件，最终都可以牵扯到对中国形象的负面解读上，"中国或成最大输家"这样的网络标题屡见不鲜。而这些无处不在的信息只需浏览和观察，就会使人无形之中吸收采纳某些特定思潮的价值理念。

　　四是炮制虚无史实素材，用歪曲的历史观来打击和颠覆人们的精神信仰，消解社会主义制度建立的历史合理性与正当性。除了用本派思潮的理论观点来力图主导未来社会发展方向，以及质疑批评现行社会制度政策以外，借用网络传播来丑化抹黑执政党的历史形象也是某些社会思潮争夺意识形态话语权的主要手段之一。一方面，戏谑诋毁政治领袖和英雄人物的正面形象。任何时候，对绝大多数国家民族而言，历史英雄人物作为偶像标杆在精神感召、信仰培育和道德教化等方面具有强大的积极示范效力，而精神丰碑的崩塌则会带来社会信仰体系的紊乱。近年来，无产阶级革命领袖和雷锋、刘胡兰、邱少云、赖宁等人民英烈在网络上屡屡被造谣攻击，或是对其日常生活进行过度解读，对英雄人物的"污名化"攻击在一定程度上挫伤了人们对无产阶级革命史崇高而神圣的情感。另一方面，混淆特定历史事件的实然逻辑，妄图推翻主流的共识性历史定论。为了否定中国共产党在领导革命、建设和改革中的成就与功绩，一些别有用心之人完全抛弃历史唯物主义的方法论立场，试图为历史"翻案"。具体而言，撇开特定条件下的历史环境，用孤立、静止、割裂的片面化视角对党史国史中的一些片段化史料进行断章取义地裁剪、嫁接和再造，甚至伪造故事情节和数据材料，把个别现象抽象放大为一般性历史结论，颠倒历史主线与支线的位置，进而构造出"新"的历史"真相"，以达到颠覆人们基本历史价值判断的目的。以上情况往往假借学术研究之名，打着"历史解密"的幌子，实为兜售各种政治私货的伪科学。

（三）网络文艺领域成为社会思潮泛滥的活跃地带

近年来，我国网络文艺的快速发展，在丰富大众精神文化生活的同时，也使得网络良好生态和社会主义意识形态的建设面临着诸多挑战，网络文艺已经成为当前意识形态渗透和社会思潮传播最为活跃的地带之一。那么，究竟何为网络文艺？理论界目前对网络文艺的认识和评价尚存在较大的分歧，甚至对其概念解析依然未达成明确的共识。对此，笔者认为："网络文艺"作为一种新的文艺样式，其本质内涵是指经信息化处理后通过网络平台进行发布和传播的各类文学和艺术形式的统称。从其外延来讲，它不仅涵盖了网络动漫、网络演出、网络剧、微电影、网络音乐、脱口秀、段子等各类网民创作的新型艺术形式，也包括文学和戏剧、音乐、舞蹈、美术、书法、摄影、曲艺、杂技、影视等传统文艺的网络化作品形态。较之传统文艺，网络文艺主要有以下四个主要特征。第一，创作主体以大众网民为基础。其创作主体中虽然存在一部分传统的文艺工作者，但主要来源仍是多数带有"草根性"的普通大众网民，他们来自不同社会阶层，具有不同职业背景，群体数量庞杂；第二，作品内容以"多而不优"为表现。相对传统文艺的正统性，网络文艺更倾向于娱乐化发展。其中虽然不乏诸多优秀作品，但在消费主义和市场经济的影响下，网络文艺的生产不乏夹杂着一些低俗与庸俗的内容，导致其作品质量参差不齐；第三，传播方式以数字化媒介为载体。网络文艺作品中的文字、图片、影像和数据等复杂的信息只有先转变为数字化模型，再转化为计算机二进制代码，才能完成作品在互联网的传播过程。较传统文艺而言，这是二者最为本质的区别；第四，受众群体以青年一代为主体。相对传统文艺的"老少皆宜"，网络文艺的受众群体主要集中在被称之为 80 后、90 后、00 后的青年一代。其中仅网络文学的读者群体就高达 2 亿人，并以年轻人居多。这使得网络文艺与他们的日常生活联系十分紧密，对其思想和行为产生着广泛影响，并表现为一种"粉丝"文化。

然而，网络文艺作为网络文化的核心内容，一些作品常常打着文化传播的幌子，夹杂着一些与社会主义意识形态建设相背离的思潮。不仅如此，海量的网络文艺作品中还暗含了不少黄色、凶杀、低俗、恶俗、媚俗的内容，消磨人们的意志、毒害青年人的思想、败坏社会公序良俗，与社会主义精神文明建设背道而驰。这样一个充斥着虚假、诈骗、攻击、谩骂、恐怖、色情、暴力的网络生态环境，与广大人民的利益是相违背的。然而，这些内容往往又带有很大的隐蔽性和欺骗性，无形之中与我们的社会主义主流文化和价值理念构成了冲突。总之，它们与处于主流地位的马克思主义意识形态争夺话语权，不断地消解社会主义核心价值观的主体地位。对此，毛泽东曾早有论断，"在社会主义国家里，马克思主义的地位不同了，但是就是在社会主义国家，还是有非马克思主义的思想存在，也有反马克思主义的思想存在"。① 这段论述在当今信息时代条件下依然具有很强的适用性。网络在提供便捷多样的文艺生产和传播渠道的同时，也给一些"非马"和"反马"的思想或观点提供了存在空间，这给社会主义国家意识形态工作带来了诸多的困难。因此，如何在纷繁缭乱的多元网络文艺生态中确立马克思主义意识形态的话语权，关系到我们国家和社会的长久稳定发展。对此，辨析和厘清网络文艺的意识形态属性十分必要，这是个困难而又复杂的问题，我国学术界对此有两种不同观点。

一种认为，文艺与意识形态在本质上是同一的。这种观点主要是从意识形态的概念界定出发，并从马克思、恩格斯经典原著的论述中挖掘文艺完全内含于意识形态的文本根据。这部分学者较为关注《德意志意识形态》《〈政治经济学批判〉序言》以及恩格斯晚年著作中大量有关于意识形态概念的论述，认为其中最有力的一段文本证明是"在考察这些变革时，必须时刻把下面两者区别开来：一种是生产力的经济条件方面所发生的物质的、可以用自然科学的精确性指明的变革，一种是人们借以意识到这个冲突并力求把它克服的那些法律的、政治的、宗教的、艺术的或哲学的，简言之，意识形态的形式。"② 在此基础上，他们进一步对文艺的概念、内容和形式等分别做了分析阐述。据此，这些学者认为文艺虽然是一种远离经济基础的观念上层建筑，但依然受经济关系的支配，理应全部归结到意识形态的范畴里。另一种观点则持相反意见，他们虽然也从马克思主义经典文献出发，但又不完全拘泥于原著文本，而是从"意识形式"与"意识形态"这两个概念的区别入手，认为马克思只强调了文艺作为社会

---

① 毛泽东文集（第7卷）[M]. 北京：人民出版社，1999：230.
② 马克思恩格斯文集（第2卷）[M]. 北京：人民出版社，2009：592.

意识形式的一种，只是包含着意识形态的因素，或者仅在一定程度上体现了意识形态的功能性。也即是说，意识形态性只是作为文艺的属性之一，而非全部。因此，两者在本质上不具有同一性，不能将文艺的本质完全归结为意识形态。

笔者认为，要把握文艺与意识形态的关系，有必要回到意识形态的概念界定上。把意识形态从外延上界定为"包括政治法律思想、道德、艺术、宗教、哲学等"的观点，是一种较为机械的见解。而本书倾向于这样一种观点："真正理解意识形态的总体性，需要从一般和特殊的辩证关系上来把握意识形态同各种社会意识形式的外延关系。"① 具体来说，除去自然科学、语言学、形式逻辑等以外的各种社会意识形式中，只是或多或少不同程度地包含着一定的意识形态元素，并非其全部的思想观念都是意识形态。换言之，意识形态只能广泛地、纵向地散布于各种社会意识形式之中，而不是将其机械地、横向地等同为各种社会意识形式的总和。在此意义上，并非所有文艺作品都必须归到意识形态的范畴之中。然而，意识形态又必须以各种社会意识形式为依托而存在，文艺在各个历史时期都不同程度地担负了意识形态的某些功能，承担了引导社会价值取向和调整社会思想观念的效用。综上所述，可得出结论：文艺只是具有意识形态属性的一种社会意识形式。我们既反对一些"纯文艺论者"完全将文艺与意识形态割裂开来的观点，也不认同那些将文艺全部纳入意识形态范畴中的看法。

网络文艺作为文艺的一种新形式，由于其创作主体的多元化以及规模大、传播快、受众广等特性，在思想传播和价值导向功能上较之传统文艺有着更大的影响力。由此可以推导出，网络文艺同样具有意识形态属性，且与意识形态之间的联系表现得更为紧密。而且，在一定程度上，它所表

---

① 陈锡喜. 论意识形态的本质、功能、总体性及领域 [J]. 上海交通大学学报（哲学社会科学版），2014（1）.

现出来的价值导向功能超过了以往很多传统的社会意识形式。究其原因，可结合网络文艺的表现特征来分析。第一，由于网络文艺的低门槛，其创作主体来自各个不同的阶层，社会背景的复杂性则导致不同主体之间的思想差异表现明显。正如习近平总书记所言，"网民大多数是普通群众，来自四面八方，各自经历不同，观点和想法肯定是五花八门的，不能要求他们对所有问题都看得那么准、说得那么对"。① 因而在他们的创作中，其思想观念必然会直接或间接地融入作品中去，造成多元思想的频繁交流和激烈碰撞。第二，由于网络文艺的发展受到消费主义和市场化的影响，在资本和利益的驱使下，以"井喷式"的速度产生了海量的文艺作品，涵盖着大量或好或坏的信息。而在娱乐化倾向的诱导下，这些信息相比法律、道德、宗教等传统的价值观念更容易被大众接受，潜移默化之中影响着人们的日常行为与思维方式。第三，由于互联网技术在文艺发展中的融入，打破了传统文艺的传播机制，使得网络文艺作品的内容信息传递得更快、更深、更广。同时，由于网络技术其自身特点，加大了网络文艺作品传播途径的监管和控制难度，对保持主流意识形态的主导地位构成了一定挑战。第四，由于网络文艺的受众群体在比例上以青年一代为主，且数量惊人，而青年一代的思想具有较高活跃性和不稳定性，在"粉丝"文化的作用下更加容易被作品中所反映出的价值观念和思想感染，对他们世界观和人生观的建立和改变具有深刻影响。青年一代是国家和民族的未来，他们的思想理念和价值观对我们将来社会主义事业的发展至关重要。综上所述，正基于此，使得部分网络文艺作品直接或间接地成为各类思潮、各种主义进行思想传播的载体与工具，潜移默化中对人们的思想认知和价值判断产生影响。因此，必须要承认网络文艺的意识形态属性。但需要强调的是，这并非代表所有网络文艺作品都要与意识形态挂钩。这种划分与界定是十分

---

① 习近平. 在网络安全和信息化工作座谈会上的讲话 [N]. 人民日报，2016-4-26（2）.

重要和必要的，这将避免今后我国在文艺治理工作中出现泛意识形态化的局面。

正是由于网络文艺的意识形态属性比传统文艺更强，其对社会思想和大众生活的影响更大。鉴于网络文艺较为明显的价值导向功能，正确认识和把握其意识形态属性具有十分重要的理论价值和实践意义。

一方面，这是坚持和发展马克思主义文艺观的客观需要。网络文艺作为社会主义文化事业的新生力量，是时代背景、历史使命和文艺形式高度结合的产物。在这一背景下，充分认识网络文艺的意识形态性十分必要，这是坚持和发展马克思主义文艺观"人民性"原则的客观需要。列宁曾指出我们的文艺应当"为千千万万劳动人民服务"①。对此，毛泽东也早在1942 年延安文艺座谈会上就对"我们的文艺是为什么人的"这一问题做出明确的回答："在我们，文艺不是为上述种种人，而是为人民的。"② 而邓小平同样十分重视文艺工作，他曾指出："我们的社会主义文艺，要通过有血有肉、生动感人的艺术形象，真实地反映丰富的社会生活，反映人们在各种社会关系中的本质，表现时代前进的要求和历史发展的趋势，并且努力用社会主义思想教育人民，给他们以积极进取、奋发图强的精神。"③由此可见，"人民性"原则是马克思主义文艺观的核心思想与内涵。而网络文艺的创作不仅是为了人民，更是来源于广大人民，因此它体现着更加深厚的"人民性"精神。把握网络文艺的意识形态属性，就是要坚持"为人民而创作"的原则，坚持马克思主义文艺观的指导。倘若否认其意识形态属性，不把握好它们的关系，网络文艺就无法完全自觉地体现"人民性"这一原则，其发展方向就会偏离社会发展的主流轨道，就不能真正满足人民的精神文化需求。网络文艺作为一种新型的文艺形式，厘清它与意

---

① 列宁选集（第1卷）[M]. 北京：人民出版社，2012：666.
② 毛泽东选集（第3卷）[M]. 北京：人民出版社，1991：855.
③ 邓小平文选（第2卷）[M]. 北京：人民出版社，1994：210.

识形态的关系，直接关系到我们党今后领导文艺事业发展的方针和政策，这也是马克思主义文艺观保持与时俱进理论品质的生动反映和时代表现。因此，正确、科学地把握网络文艺的意识形态属性是不断坚持和发展马克思主义文艺理论的客观要求。

另一方面，也是繁荣发展社会主义网络文艺的内在要求。随着我国经济和社会的快速发展，网络在大众生活中得到了广泛普及，激发了人民群众精神文化需求的强劲增长，也为网络文艺的发展提供了强劲动力和广阔空间。在这一背景下，我国网络文艺创作生产活跃，内容形式丰富，风格手法多样，发展成果显著。从 1999 年网络文学代表作《第一次亲密接触》发表至今，我国网络文艺经过十几年的发展，目前已经形成了一个较大规模的产业，但也还存在着"有数量缺质量"和"有高原缺高峰"等方面的不足。为了更好地满足人民的精神文化需求，推出精品力作的任务依然繁重。而如何正确、健康地推动社会主义网络文艺大发展大繁荣，面临的一个重要问题就是需要厘清网络文艺与意识形态的关系，使之不能偏离社会主流意识形态的发展方向。"文艺是时代前进的号角，最能代表一个时代的风貌，最能引领一个时代的风气。"① 从我国先秦之百家争鸣到"五四"新文化运动，再观西方之文艺复兴到启蒙运动，文艺作为创新风潮的精神动力和思想引擎在人类社会历史发展进程中发挥了重要的作用。因而，文艺在社会历史发展中始终体现着每一个时代的精神，也必然与这个时代的社会主流意识形态产生千丝万缕的联系。文艺的发展只有代表了先进文化的发展方向，才能创作出真正符合人民大众精神文化需求的作品，才能积极推动社会和历史的向前发展。而在任何时期，文艺的创作倘若背离了其当下时代的主旋律和引领社会向前发展的主流价值观，都终将会被历史的车轮所湮没和遭到人民群众的抛弃。因此，网络文艺作为社会主义文艺事

---

① 习近平. 在文艺工作座谈会上的讲话 [N]. 人民日报，2015-10-15（2）.

业未来繁荣发展的强大生力军，它的发展只有站稳正确的历史立场、政治立场和道德立场，把握正确的创作方向，以马克思主义的指导和中华文明的优良传统来鼓舞与教育大众，才能真正满足人民的精神文化需求，才能稳固推进网络文艺事业的健康和繁荣发展，这也是其自身能够得以持续发展的前提与保证。

三、技术赋权：网络抗争动员侵蚀政府权威和执政公信力

对网络公众而言，新媒体技术的赋权使普通个体发起社会动员成为一种可能，传统条件下一些现实中无法妥善解决的矛盾冲突与利益诉求极易在网络空间引发抗争动员行为，侵蚀政府权威和执政公信力。

（一）网络抗争的由来——网络动员的双重立场

"动员"一词，最早源于军事术语，意为统一调动国家或政治集团所辖各方资源用以支持和服务其武装力量进行战争行为的需要。在此基础上，随着人类现代化进程发展，动员的含义不断扩大到更为广泛的社会领域。"社会动员"概念，由美国学者卡尔·多伊奇（Karl W. Deutsch）提出，并将其实质归纳为"国家现代化进程中社会成员思想方式、行为方式、价值认同等方面转变的过程"①。在西方学界，其更多被理解为一种广义的"过程论"。而国内学者，则主要是基于"手段论"或"目的论"的狭义视角来构建"社会动员"的内涵——"是指一定的国家、政党或社会团体，通过多种方式影响、改变社会成员的态度、价值观和期望，形成一定的思想共识，引导、发动和组织社会成员积极参与社会实践，以实现一定的社会目标的活动。"②

目前，如何来界定"网络动员"（Internet mobilization），学界意见尚未

---

① DEUTSCH K W. Social Mobilization and Political Development, American Political Science Review, 1961, Vol. 55, No. 3.

② 甘泉，骆郁廷. 社会动员的本质探析 [J]. 学术探索，2011（12）.

达成统一。在国外文献中，对其研究更多是根植于各种各样的社会运动、集体抗议、恐怖主义案例分析，以及对自下而上的挑战者互联网动员经验的考察与总结。例如，美国学者格雷姆·布朗宁认为，在网络社会中，原本分散的个体，会因共同的兴趣或对某一特别事务共同关注而迅即发出"群体"的声音，并使他们的声音被政府和政治家听到。① 也有研究针对网络动员与传统面对面动员方式的效果进行了分析对比，结果证明网络动员对增长知识、关注度和参与意图都有明显效果，至少能够说明两种动员都是一样有效的。② 而国内针对互联网发起动员行为的研究，更多是指一些网络群体性事件或网络抗争式动员，网络动员被看作一种推动社会冲突扩散和负面舆情升级的重要机制。对此，持有该观点的学者更加倾向于使用"网络政治动员"这一概念表达："是指发起者利用互联网渠道，在网络社会中通过传播散布鼓动的方式，实施政治动员，形成社会集体行动，以实现发起者的政治目的"。③ 但是，也有学者持相左意见：相较于传统社会动员，"网络动员主体主要为社会个体或民间组织，其动员不带有强制性，也未必有明确的政治目的。"④ 例如，"免费午餐""寻子之家""轻松筹"计划就属于公益性网络动员。此外，也有一些学者认为："网络社会动员，是互联网时代下发展出的一种新的社会动员形式，是动员主体为达到一定的目的，借助手机、电脑等媒介，经由网络对特定的事件进行组织和宣传，吸引并引导网民参与其中，并在线上或线下形成集群行为的

---

① ［美］格雷姆·布朗宁. 电子民主：运用因特网改革美国政治［M］. 上海：三联书店，1996：254.

② HOOGHE M, VISSERS S, STOLLE D, etc. The Potential of Internet Mobilization：An Experimental Study on the Effect of Internet and Face-to-Face Mobilization Efforts, Political Communication , 2010 , 27（4）, pp. 406-431.

③ 何哲. 网络政治动员对国家安全的冲击及应对策略［J］. 南京社会科学，2016（1）.

④ 涂光晋，陈敏. 基于新浪微博平台的网络动员机制研究［J］. 新闻界，2013（2）.

过程。"①

　　对于"网络动员"的概念使用，笔者更加倾向于第三种观点，即从"一般意义"上对其概念内涵进行解读：本质上，网络动员是社会动员的一种形式新发展。应当讲，这种归纳同时包含了社会学与政治学上更为广泛、普遍的意义。只是，从其内容外延来看，网络动员相较于传统社会动员则表现出诸多差异性。其中，最为突出的一点是，网络动员的主体变得更加多元化，其主体范围不应只狭隘地局限于"社会个体或民间组织"，而是国家、（自）媒体以及公民个体都应包含在内。在传统社会动员中，是自上而下以国家政治集团为动员主体的，政党和政府掌握了国家的绝大多数动员资源，其目标必然指向于国家建设、政治发展与社会稳定等治理行为，贯彻国家执政者的意志，价值立场表现为一元主导性。而由于互联网传媒（Web2.0）的出现，网络技术赋权使得"人人具有麦克风说话的权利"，政府绝对掌握社会动员资源的格局被打破。网络动员主体的多元化，则直接导致了动员目标性质的多样化，动员的行为与结果也就产生了不同的价值立场。科学技术是一把双刃剑，互联网作为一种"工具性"存在本身不带有任何价值偏向，关键是看谁来利用它。"网络政治动员的主体既有体制内的权威当局或政治精英，也有体制外的挑战者或草根阶层网民。"② 正因如此，从根本上决定了网络动员的双重价值立场：

　　一方面，由于网络技术的传播快、覆盖广、便捷性等特征，网络动员为推动国家多元治理、发展人民民主和增强政治互动提供了可能与途径，为应对重大灾难危机和大型公益志愿等活动调动了更为强大的社会动员力，为宣传国家主流意识形态和消除威胁政治安定的社会思潮提供了新的传媒手段。而另一方面，一些民间网络动员通常是源于现实中社会矛盾、

---

① 徐明，李震国. 网络社会动员作用机制与路径选择［J］. 中国行政管理，2016（10）.

② 娄成武，刘力锐. 论网络政治动员：一种非对称态势［J］. 政治学研究，2010（2）.

利益诉求无法得到妥善解决而引发的，通过在网络上制造噱头、散布流言、煽动不满情绪、组织抗议等手段进行社会动员，甚至还会被国内外反华、反政府者用以进行政治颠覆为目标的破坏性动员行为，形成威胁国家政治稳定的对抗性因素，又可称之为"网络抗争动员"。

（二）网络抗争的行为动机

随着自媒体时代的到来，中国网民的人口数量逐年递增，已成为名副其实的网络大国。如今，在网络信息技术的赋权之下，依托高度发达的互联网通信技术，实现了人们生活、学习和交往的虚拟化，大众网民的个性追求、自我表达和利益呼声逐渐呈现可视化、立体化和动态化发展。网络新媒体的出现彻底改变了传统媒体时代的信息单一传播模式，受众不仅是信息的接收者，同时也成为信息的发布者，以点带面，形成了网络状的传播。网络场域中，不同阶层、年龄、职业、学历的人，作为精神文化的生产者和传播者，同时兼任传者和受众的双重角色。即人人皆为自媒体，众人皆有"麦克风"。对此，积极的一面在于，网络赋权给予了广大民众掌握更多发声的权利和机会，不仅能够规避和监督传统媒体与社会精英对舆论信息资源的绝对占有，而且社会底层的民间呼声能被更多地倾听和传达，也有利于促进社会主义民主发展与完善。但另一方面，网络赋权也给传统有序的话语传播秩序带来了一定压力。尽管网络社交新媒体为社会大众提供了发声渠道，但由于一些网友未能树立起正确成熟的价值观，不仅缺乏一定的辩证思维与自律能力，而且受到"仇富""仇官"以及焦虑、质疑、怨恨等复杂社会心态的影响，往往会以幼稚冲动的言语发表评论，而并非以一种客观理性的观点看待问题、还原事件真相。一时之间，在网络上似乎谁的嗓门最大，谁的声音传播最广，谁就能代表正义和权威，反之那些尊重客观事实、坚持理性分析的观点却因为声音不够响亮而被埋没在网络信息洪流中。例如，网络新闻标题只要冠以"某官员""某首富""某二代"等字眼，必然获得更高的点击率。对此，出于某些个人利益，有些网友利用相关社会负面信息，故意激化放大社会矛盾，甚至有时还会恶意地将公众舆论往偏激的方向引导。通过社交网站、论坛贴吧、网络群组、微博微信等互联网平台，聚焦某些公共事件、社会现象等热门话题，进而掀起声势浩大的舆论风暴和网络暴力，以吸引广大公众的注意，最终往往会造成网络言论的失控。如此一来，不仅在一定程度上损害了政府的执政公信力，也在无形之中间接成为意识形态话语权构建的负面影响因素。

此外，生活空间的虚拟化进一步导致了个人道德约束力的降低。由于互联网的隐蔽性与虚拟性，公众在网络上发表言论仍然存在绕开实名制的可能性，这使得某些网民产生一种无人认识的无责任感。他们随意在网络上造谣或者攻击他人，并认为不会受到道德的谴责与法律的惩戒。于是，越来越多的公众放下了道德的底线，在海量的网络信息当中失去了辨别真假信息的能力，加入网络谣言与网络暴力的大军中。这不仅会对网络文明与安全产生恶劣影响，更会造成社会生活的不稳定以及政府公信力的下降。近年来，伴随大众网民利益诉求的多样化，网络舆论涵盖了政治认同、法律道德、文体娱乐、生态环境、食品安全、医疗保障、贪污腐败等方方面面，因而网民的政治利益、切身权益受到党和政府的重视关切成为中国特色社会主义制度内涵的应然之义。由此种种，导致我国网络舆论生态在某些局部问题上呈现出一定程度的"噪音"污染倾向，在话语表达形式上逐渐突显碎片化、无序化、去中心化等特征，一些非主流、反主流的思想暗藏于网络信息中扩散传播，这些都构成了凝聚社会价值共识的强大压力。

（三）网络抗争行为的不利影响

基于网络动员的双重价值立场判断，我们知道，网络动员在涉及公共群体性事件或公私利益矛盾时，往往会演变为一种破坏性的政治动员，潜藏着某些社会非稳定性因素。因为"公共性的回归赋予了网民大众前所未有的强大信息权力",① 对缺少制度化动员资源的大众草根网民而言，在遭遇强势的公权力时，网络信息资源几乎成为唯一有效且可以直接利用的最合适工具。尤其是网络大V、网络公知等为代表的各类意见领袖，日渐成为社会权力结构的一极，借由网络信息权与公权力的冲突对抗，以此形成一种对现实社会发展的倒逼机制，即网络抗争。究其内涵，是指"公民个体或具有关联利益、共同价值情感或权益诉求的网络公民群体，通过互联网平台及相关的新媒体工具，有目的、有策略地进行意见阐发和组织动员，借助在线舆论或是线下集体行动，向政府或公权力机构施加压力或提出诉求，从而试图改变或强力干预政府及其代理机构的决策或行为的抗争性行动"②。这类动员将网络当成寻求公平正义、表达利益诉求的空间，通常以网络签名、网络维权、网络集会、网络反腐、网络审判等形式出现。诚然，应当承认和肯定，某些网络抗争行为在解决社会不公、权益维护、权力监督等事务中发挥了一定的积极作用。然而，在公共领域还不算很发达的中国，有序的互联网政治参与暂时还难以普遍达成。③ 因此，在网络抗争型政治动员中，依然是非理性因素往往占据主导，行为的结果多数是产生对现存政治秩序的抵触和阻力，甚至是妄图改变现存的政治运行秩序，这种消极行动力量的社会危害性正日益凸显。

一是影响政治局面稳定。由特定抗争事件引发的网络政治动员往往具有很强的煽动性和政治性，且伴有随机性、突发性和偶然性等特征。尤其在涉及国内外政治热点问题和敏感问题时，政治情绪长期无处宣泄的部分网民，通常由于缺乏敏锐的政治判断力而极易受到非理性情感渲染与鼓动，大范围蜂拥而至的无序政治参与行为频频引爆社会舆论，导致政治系

---

① 宋辰婷，刘少杰. 网络动员：传统政府管理模式面临的挑战 [J]. 社会科学研究，2014 (5).

② 倪明胜. 公民网络抗争动员：从概念构建到关联性议题反思 [J]. 天津社会科学，2017 (4).

③ 陶鹏. 网络围观现象的行为逻辑与现实隐喻 [J]. 理论与改革，2013 (6).

统"输入"激增。"网络草根政治运动巨大的利益诉求可能导致政治系统超载……无疑给政治系统增加了巨大的信息压力，有可能使公共治理系统负荷过重，甚至有瘫痪的危险。"① 倘若处理不及时、应对不恰当，便存在由舆论危机演变为政治危机的可能性，给正常稳定有序的政治体系运作带来冲击。

二是挑战执政公信力。网络信息资源的碎片化和分散性导致了社会权力在网络空间的重构，民众由此掌握了设置公共议程的传媒手段和具备了抵抗现实话语权力的能力，客观上打破了传统公共权力主体"中心化"的信息控制架构。"公众也不再一如既往地凝神聆听管理者的声音，人们在交头接耳中沟通着彼此的信息，设置着社会的公共议程，质询甚至嘲笑着处于公共视野中的管理者。"② 加之网络民粹主义的泛滥与推波助澜，推行反智、反精英、反权威主义，致使大众难以达成对执政权力的客观评价与理性共识。久之，部分网民便会养成消极惯性思维，使当政者的负面印象在网络聚集效应下成倍放大，侵蚀着执政合法性资源。

三是冲击主流意识形态安全。首先，网络抗争行为的频发会引起人们对公共理念与普遍价值"合理性"的质疑，消弱国家政治信仰的精神凝聚力，形成对主流意识形态的解构力量。其次，互联网的开放性为国际势力介入国内网络政治动员提供了空间渠道，通过制造和引发网络抗争事件营造负面舆论，煽动不明真相的网民对现行体制的不满情绪，趁机实行外部意识形态的输入与干扰，最终达到对华颠覆渗透的企图。最后，宗教极端势力、民族分裂势力、暴力恐怖势力常常利用网络进行反动思想宣传动员，对抗国家政权，威胁作为整个国家政治权力支撑的意识形态安全。

四是破坏社会正常秩序。在公共冲突事件引发网络抗争时，往往伴生着网络谣言、"悲情叙事"式炒作、表演式抗争秀等嘈杂无序的网络场面，

---

① 谢金林. 网络空间草根政治运动及其公共治理 [J]. 公共管理学报，2011（1）.
② 喻国明. 媒体变革：从"全景监狱"到"共景监狱"[J]. 人民论坛，2009（15）.

目的在于通过制造噱头以吸引目光焦点，扩大网络抗争的社会规模效应。诸如 Px 项目、环境污染、通信基站"辐射"等群体性事件先期加剧了网络公共空间的撕裂与异化，最终催化了线上抗争行为向社会现实领域的延伸。

四、资本逻辑：操纵网络资源偏离主流意识形态价值导向

网络作为一种虚拟与现实交融的全景场域，正逐渐成为现代人的全新生存空间，深刻地改变和影响着人们的生活方式。在市场经济占主导的当代社会，"网络空间是资本空间生产的新形式和新产物"①，资本逻辑深刻地影响着网络空间的发展。尽管互联网的繁荣发展离不开资本市场的大力推动，但资本的逐利性也驱使着某些网络技术、信息资源与生产要素选择性地向能产生高额利润的方向流动，一定程度上左右着网络空间的话语权力和舆论资源分配，构成了对政治逻辑的挑战。此外，资本扩张还影响网络文化生产的价值导向，影响社会主义主流价值观的思想引领功能。

（一）资本逻辑及其在网络空间的异化

1."拜物教"与消费异化

在马克思那里，资本是理解剩余价值生产的关键锁钥，它作为一种客观力量，支配着现代生产关系的内在发展规律。资本总是在破坏中创造与创造中破坏，具有双重价值效应：一方面，资本是推动社会生产力前进发展的强劲动力，"资本文明面之一是，它榨取剩余劳动的方式和条件，同以前的奴隶制、农奴制相比，都更有利于生产力的发展，有利于社会关系的发展，有利于更高级的新形态的各种要素的创造"②；另一方面，追求资本的无限增值和利润最大化是资本逻辑的终极指向，因而在资本不择手

---

① 桑明旭. 加强社会主义核心价值观的网络话语权建设［J］. 思想理论教育导刊，2017（4）.

② 马克思恩格斯文集（第 7 卷）［M］. 北京：人民出版社，2009：927-928.

段、不遗余力、不顾一切代价的疯狂扩张面前，道德文明与人性之善，都变得不堪一击。正如马克思所一针见血指出的："资本来到世间，从头到脚，每个毛孔都滴着血和肮脏的东西。"① 以上这一规律的发现，不仅深刻揭示了资本主义生产方式及其经济法则，同时也展露了资本逻辑的本质内涵，即资本的逐利性。

总体而言，资本逻辑的形成与"拜物教"三种形态的演变是一体两面的过程。首先，在商品经济中，生产者十分关心他们的"商品资本"能否实现向"货币资本"的"惊险一跃"，而消费者对商品占有的种类多少与质量好坏决定着他们在社会生存的幸福感与满意度，商品作为人的制造物本应是人的附属，然而反过来支配着人的现实生活，即"商品拜物教"；继而，货币作为一般等价物从商品世界中分离出来后，便降低了人们对其他物品的崇拜从而一跃成为人类的新"神灵"，人们对商品的拜物教发展成为货币拜物教；最终，当货币积累到一定数量转化为资本，在完成G—G'的循环过程中，货币无论是以什么形式存在都会自动地生长出利息，资本运动的简化使得剩余价值的生产过程和资本的驱动机构越来越隐蔽，资本拜物教发展到极致。至此，资本对整个社会无孔不入的浸透，激发着人对物质的迷恋与占有。紧接着，由于资本的天生逐利性与无限扩张性，本能地推动着生产规模的不断扩大而导致商品不断堆积，然而社会的实际消费需求是有限的。因此，深挖消费空间，便成为资本实现自我增殖的首要选择。为了最大限度刺激民众的日常消费能力，资本不惜以"欲求代替需求"来制造"虚假的消费需要"，赋予商品符号以特殊的价值意义来鼓吹炫耀性消费，最终致使人们的思想意识与价值观念间接地被资本掌控，而这一切都根源于资本逐利的逻辑。

---

① 马克思恩格斯文集（第5卷）[M]. 北京：人民出版社，2009：871.

2. 资本与科学技术的"合谋"

人类历史至近代以来，资本与科学技术逐渐成为推动社会生产力发展的两大驱动引擎。其中，资本对利润的无限逐取，以及科技对效率的不懈追求，二者在社会生产关系的动态演进中逐渐达成"合谋"，即资本需要依赖科技提升才能获得更多利润，而科技也只有借助资本力量才能获取更快进步。但总体而言，科学技术的发展从属于资本逻辑的支配地位。因为，"被海德格尔视为'座架'的技术现实地存在于'资本座架'之中，或当且仅当支配于资本时，现代技术才能成为现实的技术"。① 换言之，近代以来的科技发展路向，尤其是进入资本主义时代之后，就一直遵循着资本的意志选择而受其调制与整合，并自觉地效力于经济生产之中，表现为一种技术的资本化过程。对此，马克思深刻地觉察到："科学获得的使命是：成为生产财富的手段，成为致富的手段。"② 因此，尽管互联网科技表现出强大的社会关系构建力量，但实际上其仍然难以摆脱资本逻辑的控制与支配。此外，资本的发展也同时呈现出技术化运作过程，即资本为了更多更快地谋取利润而按照技术的规则布局调整自我的生产方式。由于"科学和技术使执行职能的资本具有一种不以它的一定量为转移的扩张能力"③，因而资本家们为了提高资本增殖的效率，在不断追加投资扩大再生产的同时，也在极力通过技术装备水平的提升，以实现更加合理的技术体系来构建资本生产的结构与路径。

正是在资本与技术的"合谋"下，资本不仅表现为"支配一切的经济权力"，而且逐渐延展出"社会权力"的属性。尤其是伴随现代信息技术革命的到来，这种合力的作用效果越发增强。比如，在法兰克福学派那里，科学技术在某种意义上被视为一种人的异己力量，马尔库塞认为科学

① 尚东涛. 资本视域中的现代技术 [J]. 自然辩证法研究，2012 (11).
② 马克思恩格斯文集（第 8 卷）[M]. 北京：人民出版社，2009：356-357.
③ 马克思恩格斯文集（第 5 卷）[M]. 北京：人民出版社，2009：699.

技术对现代人的控制更加潜移默化与无孔不入,"理性在技术和自然科学中越获得成功,在人类社会中它对自由的要求就越强烈,在这个过程的压力下,批判的和理想的因素慢慢地消失了"①,从而使人异化为"单向度的人"。而哈贝马斯也同样指出了科技所潜藏的意识形态功能属性,即"技术理性的概念,也许本身就是意识形态。不仅技术理性的应用,而且技术本身就是(对自然和人的)统治"。② 由此,我们得出一条清晰的逻辑线索:资本的逐利性本质自身就会导致劳动的异化以及"拜物教"和消费主义的出现,而现代传媒技术的发展也逐渐演变为一种人的异己力量,随着科技与资本的相互"加盟入伙"及其对资本逻辑的"臣服",资本在国家社会和个体意识领域中爆发出更加强大的操纵力。

3. 资本逻辑操纵下的网络公共性异化

整个人类社会的发展,可以视为一个从主体性转向公共性的过程。所谓社会公共性,事实上可以从特殊利益与普遍利益的关系角度来进行理解,即"商品经济的相互性实现结构使得每个利益主体必须要首先成为其他利益主体实现自利目的的手段,然后才能实现他自己的自利目的,这样在众多特殊利益相互交换的过程中就产生了一种既不脱离特殊利益、同时又超越各个特殊利益的普遍利益"③。然而,就现历史阶段而言,指向社会公善的普遍性原则还暂时无法在根本上克服特殊性原则的私人偏向,也就导致了诸多公共性问题的出现。而网络媒介的出现,为社会公共性的滋长提供了全新的领域,在促进大众参与、讨论、对话、交往等方面,互联网的技术优势在发挥公共性方面被寄予厚望。

至此,网络公共性作为一个新命题而诞生,即网络空间作为公众基于

---

① [德] 马尔库塞. 理性与革命 [M]. 程志民,等译. 重庆:重庆出版社,1993:233.

② [德] 哈贝马斯. 作为"意识形态"的技术与科学 [M]. 李黎,郭官义,译. 上海:学林出版社,1999:39.

③ 鲍金. 特殊与普遍:个人私利与社会公善的结合如何可能——对曼德维尔到黑格尔的历史性勘察及其启示 [J]. 天津社会科学,2018 (3).

公共利益进行表达沟通的公共领域，其以传递真实信息、寻求最大共识、增进公共福祉为基本价值，并以此来维系社会团结和保障公共利益。但是，资本逻辑之"求私利"与公共利益之"求公善"之间的冲突，同样会导致网络公共性面临"失真"与异化的可能性。比如，当一些利益集团、商业团体或社会个体的自我私利与公共利益耦合时，他们就会成为网络公共性的积极构建力量，甚至还会搭乘网络公共议题的便车来扩大盈利效果。然而，一旦当他们的经济私利与社会公利发生冲突，或者说为实现某种私人的政治意图（背后实质上仍然是经济的），他们不仅会采取诸多手段引导公共事件的讨论倾向于自己有利的一面，而且还会将本来与公共利益无关的私人事件炒作成"公共事件"，从而制造一种虚假的公共性。这种行为的动机与立场不仅来源于经济利益的直接驱使，而且往往还会利用各种资本手段来充当"幕后推手"的角色。如此一来，对资本占有数量的差异，必然会造成网络主体之间话语权的强弱之分，舆论走势会优先偏向于手中掌握更多资本的人或集团。由此可见，网络信息传播的平衡性与公平性被资本逻辑打破，干扰着网络公众对正确信息的价值判断，从而造成网络公共性的被侵烛。

除此之外，"一个公共性的社会需要有公共意识、公共理性、公共理念、公共伦理、公共文化等，形成充满活力的公共精神。公共精神是共同体和社会的灵魂"。① 而资本为了获利，不断想方设法地制造大量私人话题来挤占公共议题的空间，以至于人们对普遍利益的无暇关注最终将导致社会公共精神的遗失，造成网络公共性的弱化。而理想信念的缺失和精神的颓废，将会造成人们的精神文明素养远远低于社会物质文明发展的实际水平，二者的结构性失衡势必导致社会的畸形发展，甚至有可能带来整个社会的整合重构。因此，综合而言，在资本逻辑的操纵影响下，应当讲网络

---

① 郭湛. 从主体性到公共性——当代中国马克思主义哲学的走向 [J]. 中国社会科学，2008（4）.

公共领域在实质层面上目前还难以具备完全意义上的公共性。而作为一种"有限公共领域",网络空间所暴露出的公共理性缺失与公共精神迷失,不利于社会的稳定与良性发展。

(二) 网络空间资本逻辑的负效应

资本逻辑在网络空间的异化,致使人们"利益至上"的经济属性过度彰显,从而衍生出诸多现实负效应,主要表现为资本对网络信息传播秩序与内容生产价值导向的不合理干预,污染网络生态,不利于我国意识形态话语权的构建。

1. 扰乱网络传播秩序

新媒体时代的互联网,越来越多地承担着新闻舆论传播的媒介功能。在网络赋权背景下,新兴网络传媒集团、网络意见领袖和自媒体终端等"社会力量"的崛起,给私有资本干预侵扰网络传播秩序造就了"可乘之机"。当前国内新媒体社交软件、门户网站、搜索引擎等平台几乎全部由互联网私营企业开发运营,技术搭配资本运作,成为当前互联网产业发展的主要方式。在互联网经济中,"流量分配"成为主要的盈利模式与利润生长点。"流量"的多少代表着影响力的高低与范围,更加意味着"流量变现"的程度。所以,在某种程度上,"流量分配"实际上就是资本逻辑量化标准的本质体现。为此,一些网络平台为了保证能够盈利以及更多地盈利,在内容生产、传播的把关方面存在某种程度的越轨或缺位状态,甚至在"注意力"资源争夺中不得不想尽"一切"办法在流量数据上"下功夫"来吸引关注、聚集人气。

一是刻意制造争议话题。当有社会热点出现时,某些商业网站或传媒公司选择从更加有利于产生舆论分歧的视角去策划报道主题,在叙事手法上有意识地放大非理性争论的刺激性信息,甚至不惜动用大数据、云计算等前沿技术手段来预判感知舆论扩散的热点区域和重点人群,煽动集体情绪,以便保持舆论话题新鲜度和传播力,在人为延长的舆情周期中"收获"了更多转载率、点击率，却造成舆论分歧的加深。二是利益驱使下扭曲事实真相。某些"网络水军"受雇于私人资本势力，或充当"热点炒作"的吹鼓手，或充当"危机公关"的代言人。三是自媒体运营商业化。当前独立自媒体纷纷成立工作室，逐渐呈现为团队经营模式，其背后大多是商业文化传媒公司实际控权。在"粉丝经济"效益带动下，他们抓准网民不求甚解、猎奇求异的阅读心态，迎合公众乐于探求社会敏感事件真相的心理，采取"蹭热点""带节奏""假新闻"等恶意营销方式对事件本身大肆渲染，发布众多虚假浮夸的垃圾信息，目的就是在于赢得更多粉丝的关注。尤其值得警惕的是，由于网络自媒体"大V"庞大的受众规模，使其掌握了一定程度的传媒话语权，而这种具有社会公共属性的媒介权力则可能被用以个人私利的交换寻租，转而被其他别有居心的势力集团收买利用。由此可见，一些私有资本在做强做大后，利用各种手段干扰网络传播秩序，影响主流价值与正能量传递，严重威胁着国家意识形态话语权的构建。

2. 外资渗透网络舆论

资本主义诞生以后，西方世界便学会了使用"商品语言来表达它的思想"①。长期以来，西方世界始终不遗余力地在全球推行文化霸权主义，从其产生根源来看，背后实际上离不开跨国资本的逻辑推力。资本的扩张从来都不受国界的限制，尤其在当前经济全球化大背景下，资本主义通过跨国资本正在将自己打造成一张连接全球节点的网状结构。为了占领全球市场以打破民族、地域之间的壁垒，具有隐蔽性、柔和性的"文化先行"策略便成为资本扩张的首选方式。事实上，文化作为不同国家民族的精神标识，在价值理念上有其内在规定性与独特性，文化交流的意义在于"和而不同"，而非"取而代之"。西方学者亨廷顿抛出所谓"文明冲突论"的

---

　　① 马克思恩格斯文集（第5卷）[M]. 北京：人民出版社，2009：67.

背后，实际上构置的是全球文化同质化的陷阱，隐匿的是"西方中心主义"的"文化优越论"。在这种思维逻辑的观念影响下，互联网信息技术的诞生，再一次给西方文化霸权主义的扩张提供了平台。例如，"境外资本往往同时兼顾自身商业利益及所属国的意识形态宣传扩散任务，通过介入传媒领域，积极施加影响力"。① 应当承认，西方在资本运作和文化渗透方面一直拥有较强能力与成熟经验，手段通常较为隐蔽复杂。但万变不离其宗，归根结底就是利用资本收买人心，培植舆论代理人和话语"传声筒"。

一方面，利用跨国资本对他国互联网企业的资产控股，为思想文化的渗透做好物质铺垫。当前，尽管我们已经加大了互联网治理力度，强化了对网络信息传播的监管，但网络信息的发布、编辑等相当一部分制网权，还掌握在受私人资本与境外资本控股的商业传媒手中。而境外资本和技术的背书，将导致这些互联网企业的价值取向难免会受到外资控股的影响，无形之中加大我国意识形态风险以及对我国网络主权的威胁。境外势力完全可以借助跨国资本的股权影响力，从而在国内商业传媒以及互联网企业内部获得一定决策权与话语权。比如，在人事安排上优先选择亲近西方文化、推崇西方价值、笃信西方教义的人员占据经营管理重要岗位，积极淡化企业理念的本土元素，刻意营造具有"西方优越感"的文化氛围，并许以业绩回报、境外休假等"福利"，用资本俘虏网络传媒从业者的思想，从而间接操纵影响国内网络舆论，且往往"事半功倍"。

另一方面，积极利用在华组织和渠道，吸引、收买和培植利益代言人。尽管当前"平民造星运动"应接不暇，但事实上想要成为红极一时的网络意见领袖并非易事，什么样的观点能够上升为舆论焦点，背后都有互联网平台和资本操控的踪影。"一些所谓大牌公共知识分子、网络大 V 之

---

① 黄楚新，郭海威. 论资本影响与媒体舆论的博弈 [J]. 国际新闻界，2018（11）.

所以能够'炼成'，多是因为有一股神秘力量在'打造'他们，被境外资本操纵的一些门户网站事实上就是名人'加工厂'。"① 不仅如此，境外政治势力会通过赞助、合作等方式收买一些国内所谓"研究会""基金会""公益组织""培训基地""非政府组织"等民间机构，以潜隐化手段散播错误思想论调来迷惑人心。

3. 侵蚀网络文化生产

文化对于一个国家精神的构建具有至关重要的意义，发挥着凝聚民族共识的纽带作用。然而，近年来我国文化体制改革和文化产业发展在市场经济大潮中也暴露出诸多问题。尽管市场化运作模式为充分解放文化生产力提供了强劲动力与多方资源，但文化生产中也存在着过分追逐经济效益的问题。传统时代的文化生产，主要来源于社会精英和知识阶层的精神感悟，多数以追求文化的内生价值及其崇高的人文意义为旨归。然而，商品、市场和资本的出现，"抹去了一切向来受人尊崇和令人敬畏的职业的神圣光环。它把医生、律师、教士、诗人和学者变成了它出钱招雇的雇佣劳动者"②。换言之，资本确立了精神文化产品的市场准入标准，诱导着文化生产者对金钱和名利的追求，而浮躁的文化生态则反过来会导致非市场化文化生产者的信仰危机与精神失落。尤其是进入网络时代以后，"信息技术本身的生产、营销、使用，大大拓展了文化产业的领域以及资本的作用空间"③，文化的生产主体更多由传媒集团和大众网民所替代，文化生产的创作机制从"作品"走向"产品"，文化生产的价值导向从艺术性、自觉性让位于资本逐利的渗透性、扩张性。

具体来看，在文化体制改革中，传统文化产业和文化组织的运作模式主要以行政机制为主导，肩负着传播党和政府声音、引领主流文化价值观

---

① 张文富，徐刚. 软实力、硬实力与马克思主义话语权建设 [J]. 学术论坛，2016（11）.
② 马克思恩格斯文集（第3卷）[M]. 北京：人民出版社，2009：363.
③ 胡潇. 资本介入文化生产的耦合效应 [J]. 中国社会科学，2015（6）.

和倡导社会道德新风尚等职责，基本不存在立场和导向偏差的问题。但是，市场竞争机制的引入和网络媒介的诞生，加快了国内新闻媒体和文化产业的转型，纷纷开始上市、新三板挂牌、成立基金公司、引入战略投资等等，经济效益成了事关"饭碗"与"生存"的大问题。为此，有些传媒单位和文化部门对于上级组织安排的任务部署消极应对和被动执行，转而"一门心思"地把主要精力放在如何提升发行量、转发量、粉丝量、点击率、收视率和关注度上面，盲目听从市场指挥棒的挥舞。同时，在文化产业不断整合、扩张和升级过程中，多方社会资本纷纷以投资、赞助和商业合作等形式渗透融入主流媒介，以极其隐蔽的方式侵蚀党和政府对新闻文化事业的管理权与领导权。此外，在个人私利驱使下，某些文化传媒从业者背离所秉持的政治立场、社会责任和道德良知而蜕变为"双面人"，不仅积极宣扬西方的资产阶级文化观，而且还一味迎合某些年轻网民的低级审美趣味，而且还编撰和炮制一些文化劣质产品，影响良好网络文化生态构建。不仅如此，当前的文学、艺术和影视正越来越成为资本占领的阵地，在网络文艺的大众化生产创作中，受到消费主义和市场化的影响，在资本和利益的驱使下，"短平快"式生产机制所带来的短期经济效益，使得这些作品的产量、阅读量和转载率等指标直接与创作者、经营者的个人经济收入挂钩，以至于作品的内容质量、价值内涵、道德准则等标准容易被资本逻辑替代和淡化。

4. 消弭网民精神空间

纵观近年来互联网商业的发展，移动终端、智能软件与虚拟支付等技术的每一次革新，在为生活提供方便的同时，也导致了人们在虚拟化金钱交易中降低对货币概念的数字敏感度，无形之中助推着网络消费模式的升级。网民足不出户就可以完成产品交易，"抢红包"成为时下最热门的娱乐交流方式，网络付费观影、网络直播打赏、网游"人民币玩家"成为年轻人备受推崇的生活方式。网络信息技术在资本逻辑的推动下，无限制地吸取和占有着个体的时间与空间，对人的主体规训功能越来越凸显。究其本质，"资本累进式积累越来越要求'压缩时空'以满足资本的加速运动，以信息与通信技术为物质基础的全球性网状生产体系能通过'消灭时间'来'延伸空间'，资本逻辑的历时性与共时性融合了"。① 资本在满足人的需要同时，也在剥夺人的自由，通过信息技术对时空的有效"压缩"，"占有你的时间"正成为互联网盈利的最新生长点。至此，无论是资本的、还是技术的，随之而来的便是消费主义在网络空间的盛行与弥漫，大大增加了现代人的被异化程度。在这一文化景观中，人们对现实生活中物的占有快感，逐渐被虚拟空间中强烈的视听冲击与丰富的情感体验替代，各种光怪陆离的文化快餐充斥于消费者的精神世界。互联网加速了资本和商品的"符号化"传播，催生了各种各样的"炫耀性消费""透支性消费""个性化消费"，这种所谓"消费能力"被视为彰显身份、张扬个性的社会评价新尺度。最终，在疯狂、盲目的消费攀比中，人的主体价值与主体间性逐渐消弭、丧失、异化。

事实上，消费主义并不是一种强制性手段，表面上看似乎不具有政治色彩，却是对人的最深层次的精神奴役，"消费主义对整个社会意识的垄断亦衍生为一种难以抗拒的'意识形态霸权'"②。换言之，消费主义作为资本主义的衍生物，刺激消费、攫取利润并不是其最终目的，在资产阶级价值观的裹挟下还承载着精神统治的意识形态功能，并用以服务特殊的政治需要。因此，从这个角度来看，网络消费主义的盛行，对我国意识形态话语权的构建造成诸多消极意义。主要表现为人的主体批判思考力下降，成为资本主义文化观念的被动接受者。正如马克思所批判的："在资产阶级社会里，资本具有独立性和个性，而活动的个人没有独立性和个

① 熊小果，李健强. 空间生产的资本化与"加速"资本化——基于资本逻辑的历史演绎 [J]. 当代经济研究，2015（6）.

② 袁三标. 资本逻辑背后的意识形态迷雾 [J]. 社会主义研究，2017（1）.

性。"① 为了不断满足心灵世界的虚无幻境，面对大量支离破碎、批量生产的文化"符号"消费品，似乎只有金钱才能满足一切需要。至此，西方的生活方式与文化"符号"在商品消费中，被植入"价值中立"的包装外表，在传播过程中利用文化消费实现了话语支配和权力操纵。而丧失了理性判断与思考力的人们，则在消费狂欢中拜倒在资本主义的世界观之下。

第三节　何以可能：有益的现实条件

考察当前国内网络意识形态话语权构建面临的现状，不仅要看到风险挑战的一面，也要看到一些积极有益的因素正在凸显，如此有利于秉持更加客观辩证的审视思维。

一、全面从严治党意识形态功能的有效显现

此前，我们党内一些干部无视党纪党规，表现出政治意识、规矩意识淡薄和共产主义信念缺失，热衷于推崇西方"普世价值"等错误思潮，甚至公然在个人网络新媒体账号上发表一些错误论调。究其原因，正是在于意识形态管理相关制度机制的缺位，致使一些基层党组织不能够真正有效落实管党治党职责，缺乏"亮剑"的法规依据，对个别挑战党的政治底线的言行在一定程度上姑息或纵容。对此，2015 年党中央专门印发了《党委（党组）意识形态工作责任制实施办法》，这是我们党历史上第一次以法规形式明确党委（党组）领导班子抓意识形态工作的主体责任，为掌握意识形态建设的领导权、管理权和话语权提供了有形的操作依据。通过建立和

---

① 马克思恩格斯文集（第 2 卷）[M]. 北京：人民出版社，2009：46.

加强党员干部的意识形态考核机制，充分发挥意识形态指标在发展党员和干部选拔过程中的导向作用，从而全面提升广大党员"在党言党、在党忧党、在党为党"的思想与行动自觉。此外，2017 年 5 月中共中央政治局召开会议，审议了《关于巡视中央意识形态单位情况的专题报告》，将各级党委党组织的意识形态工作情况纳入执行党的纪律尤其是政治纪律和政治规矩的监督检查范围，严查"存在违背党的路线方针政策的言行"和"落实意识形态工作责任制不到位"等问题。同时，《中国共产党纪律处分条例》还对"妄议中央、乱评乱议、口无遮拦"等相关行为作出了明确限制性规定，确保了意识形态领导和管理部门能够具备依法依规处置错误言行的权力。在互联网相关政策法规的协同配合下，一批造谣抹黑革命英雄人物、党和政府形象的"网络大 V"被依法销号，一批在"朋友圈"妄议中央大政方针的领导干部被严肃处理，一批在社交媒体和讲台上长期散布不良言论的高校党校教师被清除队伍，我国意识形态领域的斗争态势总体呈现好转趋向。由此可见，通过党规法纪构筑起捍卫主流意识形态的防火墙，为党的意识形态各项工作有序开展有效提供了制度支撑和法治保障。全面从严治党，不仅是马克思主义执政党治国理政的重要目标和内在要求，更是绝大多数人民群众的共同愿望和殷切期待。在此过程中，从严管党治党，能够不断唤起人们强烈的政治聚合心理，发挥着一种社会心理黏合剂的作用，显现出一定程度的意识形态功能。

（一）凝聚功能

放眼古今中外，百姓群众无不对贪污腐败深恶痛绝，历史上多少政权更迭皆因腐败问题引发所致。党的十九大报告中，明确指出了"人民群众最痛恨腐败现象，腐败是我们党面临的最大威胁"。① 故而，打击腐败是党执政取信于民、凝聚人心最具实际成效的途径。对此，党中央以"刮骨疗

---

① 习近平. 决胜全面建成小康社会　夺取新时代中国特色社会主义伟大胜利——在中国共产党第十九次全国代表大会上的报告［N］. 人民日报，2017-10-28（1）.

毒、壮士断腕"之勇气,将反腐败斗争纳入全面从严治党的战略布局和统一行动中。随着一批批"大老虎"落马,反腐没有"铁帽子王",反腐败绝不封顶设限,打破了中国自古以来"刑不上大夫"的传统惯例。而且,网络反腐在发挥监督机制作用方面越来越具有不可替代的重要位置。这表明了,党内不存在特殊党员,真正落实国法党纪面前人人平等,让群众对党的领导和执政更加充满信任和信心。而且,这场"史无前例"的反腐风暴,力度之大、范围之广、影响之深,充分显示了我们党勇于自我革新、自我净化、自我完善的坚定态度和深刻决心,受到了广大人民群众的一致拥护。而社会主义政权之所以能够在中国建立和存在,也正是在于共产党人"为中国人民谋幸福,为中华民族谋复兴"的初心,才得到了人民的支持。腐败作为社会发展的毒瘤,若任凭其愈演愈烈,便是对我们党"初心"的背叛,必然会导致百姓离心离德,结局只能是亡党亡国。因此,我们党不忘初心,不忘"进京赶考"之精神,人民就愿意跟随党继续前行。

此外,在长期执政过程中,一些党员干部滋生出官僚主义等不良作风,脱离群众现象严重,破坏了党在人民群众心中的形象,致使党的部分基层组织难以得到群众信任,损害了党和政府的公信力建设。对此,在狠抓作风建设方面,中央先后出台了《八项规定》和一系列禁令,下大力气整治"四风"问题,大幅压缩"三公"经费开支,对党员领导干部行为规范作出了更加全面、更加严格的要求。通过集中整饬党风,以党风促政风、带民风,大大扭转了"人情风、请托风、赌博风、圈带风和攀比风"等不良风气,赢得了广大群众的普遍支持和赞誉。

同时,受某些错误社会思潮的消极影响,一些党员干部出现政治立场不坚定、理想信念缺失等问题,在私下场合或网络上发表一些与中央大政方针或主流价值观相出入的不当言论,在群众中造成了很坏影响,破坏了党的指导思想统一,给人们思想造成了一定混乱,危害性极大。假如党员干部的思想和立场都不坚定,那么还怎么去凝聚身边群众对社会主义道路的信心？对此，习近平总书记在多次重要讲话中反复强调要严明党的政治纪律和政治规矩，并指出："讲政治、遵守政治纪律和政治规矩永远排在首要位置。要抓住这个纲，把严肃其他纪律带起来。"① 通过《中国共产党纪律处分条例》《中国共产党问责条例》等党内法规的修订出台，加强思想政治领域的违规行为处罚，筑牢广大党员干部对共产主义信念的思想基础，拧紧其思想的"总开关"，已经在群众中形成带动作用和示范效应，进而将全社会全民族的思想、精神和意志统一起来。

（二）认同功能

人民群众对执政党地位及其作用的认同，主要体现为："对执政党基本政治价值的认同；对政党领导执政权力的形成及其运行规则的认同；对政党领导执政绩效的认同。"② 关于执政绩效，改革开放以来党领导人民所取得的巨大发展成就是毋庸置疑的。那么，问题主要集中在前两个方面。据此来看，一是全面从严治党增添了政治价值中的民主元素。党在执政后相当长一段时期内，始终保持着较高的政治价值认同。然而，随着改革开放后人民物质生活水平的提高，广大群众对于国家政治发展给予了更高关注和期望，也开始更加注重对民主政治的精神需求。当然，作为现代政治发展的必然规律和结果，客观上也对党的民主治理水平提出了更高要求。事实上，多年来关于政治民主建设，我们党采取了各种形式的举措，但仍然相对滞后于经济和社会发展的需求。而通过全面从严治党，来实现党内民主活动的制度化和规范化，不仅为政党民主发展提供了有形的制度根据，使民主具有可操作性，还为政党民主提供了无形的价值指向，使民主更具有明确的方向感。如此一来，党的政治价值理念将更加具有实质与内涵，从而形成强大的政治感召力和吸引力。

---

① 中共中央纪律检查委员会、中共中央文献研究室. 习近平关于严明党的纪律和规矩论述摘编［M］. 北京：中央文献出版社、中国方正出版社出版，2016：30.
② 王韶兴，张垚. 论政党法治建设的价值意义［J］. 理论学刊，2005（1）.

二是全面从严治党强化了党政权力运行的监督机制。在长期执政过程中，由于党不再面临强大的外界生存压力，而社会转型时期所出现的制度不完善问题，使得一些党政领导干部在管理政府部门、社会发展和经济活动时权力几乎不受约束。在市场经济带来的利益诱惑下，权力"任性"现象一度侵害了国家和人民的利益。归根结底，就是权力运行缺乏规矩意识，而解决该问题的关键只能靠制度。要求党员干部强化规矩意识，就是要"把权力关进制度之笼"，以"三不腐"机制把公共资源中的权力支配限制在"规矩"之内，利用制度规则和法治思维来促进管党治党方式的改革。对此，党的十九大报告着重强调了要健全党和国家监督体系，"要加强对权力运行的制约和监督，让人民监督权力，让权力在阳光下运行。"①最终，要想确保决策权、执行权、监督权既相互制约又相互协调，就必须使党的权力运行经过国法与党规的确认，经过"制度、体制、机制"三个过程的转换再作用于权力客体。如此，保证了执政党权力运行规则的科学性、规范性和约束性，便能够增进群众对于我们党执政体制的制度认同。

（三）调适功能

纵观新时期以来我国的发展成就，在政治、经济、文化、社会、生态等诸多领域均取得了长足进步。但是，伴随改革发展的过程，一些诸如教育、医疗、就业、住房、土地、环保等涉及群众切身利益的各类问题也在不断增多，给党的执政带来了一定挑战。面对利益多元化、利益分化的社会现实，通过全面从严治党，迫使党内所牵扯的一些利益纠葛被剥离出来，能够使执政党保持一种超然的状态。如此，党和政府方能全身心投入地解决好、处理好、应对好各种复杂的现实问题，促进和维护好社会公平正义，以彰显对广大人民生存权利的现实关注和对群众发展利益的终极关怀。正是基于对社会利益关系的整合，对党的制度政策起到了重要补充作

---

① 习近平. 决胜全面建成小康社会　夺取新时代中国特色社会主义伟大胜利——在中国共产党第十九次全国代表大会上的报告 [N]. 人民日报，2017-10-28（1）.

用，在一定程度上发挥着调节社会心理的功能。尽管当前中国的整体发展水平已跃然提升，但也仍然存在着社会收入差距拉大、阶层利益固化等现实难题。因此，整合协调社会利益关系，完善社会收入分配，让百姓在社会发展成果中更加切实地体会到"获得感"，让群众得到更多看得见、摸得着的实惠，是促进社会主义民生发展和实现社会公平正义的根本途径。对此，习近平总书记再三强调："让老百姓过上好日子是我们一切工作的出发点和落脚点。"① 全面从严治党，正是立足于对社会利益关系的规范调整以及利益冲突的调和，从制度层面上为百姓的收入分配和利益保障营造了良好环境。严厉惩处侵害人民切身利益的行为，高度重视群众身边的社会民生问题，分配好改革发展成果的"大蛋糕"以增进人民福祉，保证群众能够真正享有社会物质发展的受益权，让百姓对党领导下的生活拥有良好预期和坚定信心，才能让广大人民群众从内心真正激发出"跟党走"的强烈愿望和热情。

同时，在社会转型时期，公共事务的复杂性和处理难度不断加大，新一轮深化改革面临的任务将更加艰巨，涉及的矛盾冲突更为激烈，面对的利益关系更为错综复杂，阻力之大、风险之高前所未有。因此，"全面深化改革必须加强和改善党的领导，充分发挥党总揽全局、协调各方的领导核心作用，提高党的领导水平和执政能力，确保改革取得成功。"② 针对那些在改革中不敢"啃硬骨头"、喜欢搞"政绩工程"、谋事创业"不实"的党员干部，党中央颁布了《推动领导干部能上能下若干规定》，通过实施领导干部岗位退出机制，让那些不能为社会发展做贡献、不能为人民谋福祉的干部失去发展上升空间，以此确保下一阶段党领导国家改革发展的脉络更加顺畅，以及推动政府的社会治理水平更加高效，从而在未来打造

---

① 中共中央宣传部. 习近平总书记系列重要讲话读本 [M]. 北京：学习出版社、人民出版社，2014：123.

② 中国共产党第十八届中央委员会第三次全体会议文件汇编 [M]. 北京：人民出版社，2013：20.

一个更加注重公平与正义的和谐社会。

（四）保障功能

"把党的政治建设摆在首位"，是新时代加强党的建设的首要任务。十九大报告中指出："旗帜鲜明讲政治是我们党作为马克思主义政党的根本要求。党的政治建设是党的根本性建设，决定党的建设方向和效果。"① 回顾我国新民主主义革命和社会主义建设发展史，什么时候坚持了党中央的集中统一领导，什么时候维护了社会政治大局的稳定，我们党和国家的事业就能够取得重大胜利。而能否做到这一点，关键是靠讲政治。通过全面从严治党，严肃规范党内政治生活，打击党内非组织活动，瓦解那些党内"独立王国"，在全党广泛树立"四个意识"，确保全党拧成一股绳，能够稳固党的基本路线始终不被动摇，保证党中央的集中统一领导被深入贯彻，有效保障了全党全社会发展大局的稳定。

在此基础上，从更深一层含义来看，正是在全面从严治党框架下通过依规治党，保证党在宪法和法律框架下进行治国理政，降低了"权力人格化"的可能性以及由此所可能带来的政治不稳定因素，对实现政治运行体制机制的长期、稳定、有序发展具有十分积极的作用。此前，在一些党组织尤其是基层组织中，一定程度上存在着"以言代法""权大于法"等现象，党的"公权"变为"私权"，对党组织的忠诚变成对某个人的"效忠"。这种非制度化的权力运行模式，人格化的权力成为政治活动的操控者与评价者，本应从属于党规和国法的"党权"异化成为"法外之物"，制度异化为替"权力意志"服务的工具，极易破坏政治权力运作系统的秩序性、规则性和稳定性，会严重损害党的执政公信力。而通过在全党树立纪律和规矩意识，党执政活动的逻辑起点和归结终点都指向党规国法，政党权力只是这一循环过程背后起潜在支撑的力量。如此一来，制度成为政

---

① 习近平. 决胜全面建成小康社会　夺取新时代中国特色社会主义伟大胜利——在中国共产党第十九次全国代表大会上的报告［N］. 人民日报，2017-10-28（1）.

党意志的客观载体，不暗含任何的个人感情色彩，政党权力被归从于该体系约束之中，从而使党纪国法成为权力活动的掌控者和评判者。由此，政党权力不再单独直指某一组织或个人，而是指向由政党法规所形成的政党秩序，从而大大降低了"公权私用"的可能性，限制了"个人主义""圈子主义"在党内膨胀所造成的不良影响，从根本上保证了全党上下行动步调一致。

二、党和政府在网络社会动员中的主体优势

在马尔库塞看来，作为意识形态的科学技术，"愈发达，愈全面，个人打破这种奴役状态的手段与方法就愈不可想象"。① 尽管互联网在一定程度上改变了现代社会形态，甚至催生了某种意义上的"无政府主义"。但高度复杂性和公共性的信息技术资源，以及网络基础设施的经营维护权仍掌控在国家手中。因此，国家仍然是网络空间最大、最强有力的社会动员主体。具体来看，党和国家利用网络进行社会动员，主要目的在于尽可能调动互联网线上线下的各种积极力量服务于国家与社会建设，推动网络空间有效治理，以实现网络生态文明与国家政治安定。因此，代表国家作为动员主体的党政组织，可以充分发挥网络社会动员的正向有利价值。

（一）引领主流思想凝聚

思想是行动的先导，有什么样的理念就会产生什么样的行动。恩格斯曾言："外部世界对人的影响表现在人的头脑中，反映在人的头脑中，成为感觉、思想、动机、意志，总之，成为'理想的意图'，并且以这种形态变成'理想的力量'。"② 一直以来，思想动员都是社会动员的重要手段与核心内容。伴随信息技术的发展，网络深刻改变了舆论格局，并演化为

---

① MARCUSE H. One-Dimensional Man: Studies in the Ideology of Advanced Industrial Society, Boston: Beacon Press, 1964, p6.
② 马克思恩格斯文集（第4卷）[M]. 北京：人民出版社，2009：285-286.

各类思想交锋的前沿阵地。习近平总书记指出，当今世界，谁掌控了互联网，谁就拥有最大的话语权。网络空间作为当前党和国家思想宣传工作的重点领域，我们不去占领，人家就会去占领。因此，做好主流思想的网络凝聚，是弘扬国家意识形态和培育社会主义核心价值观的时代命题。

一是扩大理论说服机制的效果。思想动员，更多时候是一个理论说服群众的过程。而达成这一效果，除了理论自身的彻底性以外，还需要依靠传播载体的媒介作用才能为更多群众所掌握，继而转化为"思想的物质力量"。在我们党的传统思想动员中，重点是以推行马克思主义大众化及其中国化理论成果为主要目标，而这一任务在网络时代没有改变。只是，在动员方式上，需要针对网络传播的特征与规律制定多样化策略，促使理论说服形式的多样化、生动化与通俗化。事实上，媒介并不生产理论，它只是思想的"搬运工"。党的指导思想理论作为对社会实践发展的高度凝练与总结，在话语表达上往往是抽象晦涩的，且受到电视、报刊、文件等传统传媒文风体例的限制，其思想传播有效性在多元社会的今天一定程度上被弱化。尤其是"很多人特别是年轻人基本不看主流媒体，大部分信息都从网上获取"①。而谁赢得了网络谁就赢得了青年，谁赢得了青年谁就赢得了未来。因此，在"快餐式"阅读的网络传媒时代，围绕国家重大理论创新和社会时政热点等主题，通过"经典原著有声朗读""一张图看懂×××""漫画式图频解析"等方式，借助适宜的政治形象或符号对网民进行思想引导，可以促使烦琐枯燥理论的通俗化表达，使人一目了然，潜移默化中强化心理认同感。

二是规范网络行动的道德意义和理性价值。思想动员，即是"用群体的共同理念、价值观念、发展目标、行为规范等去影响和改变群体精神，

---

① 中共中央文献研究室. 习近平关于全面深化改革论述摘编 [M]. 北京：中央文献出版社，2014：93.

形成能够有效推动社会实践活动的群体精神动力"。① 其中，便包含了规范的社会行为价值理念构建。目前，互联网对人们的生活方式，以及社会生活产生着深刻影响。然而，由于网络空间的虚拟特性，现实社会中的行为规范和道德约束力往往出现失灵，导致"网络双面人"现象时有发生，制约了社会核心价值观"最大公约数"的达成。因此，党在引导网络思想动员时的另一个核心要义，就是构建理性的网络行动意义，通过建立共同的网络公约以更新网民的知识系统和思想结构，提高其在网络行为中理性选择的能力和自觉力，促使其在网络行动发生之前做出合理的道德选择和价值判断，积极传递网络"正能量"。同时，倡导和动员网民遵守互联网法律法规，充分尊重他人合法权益，严守公序良俗和德道底线，自动远离媚俗低俗倾向，自觉抵制网络暴力，积极进行健康有益的网络表达，有利于促成清朗网络空间的尽早实现。

三是唤起国家情感与民族心理共鸣。近年来，伴随中国综合实力的增长，一方面是我国在国际上不断增强的话语权、日益强大的国防力量和高科技水平的突飞猛进，使得民族自豪感和爱国主义热情高涨。另一方面，由于历史遗留问题、边界领土争端、反华分裂势力等问题，国际上侵害中国利益，损伤中华民族尊严的事件也会瞬间在网络上引爆舆论。骆郁廷教授认为，在思想动员中，"浓厚的群体情感、活跃的精神氛围、统一的意志行动，将有效地动员群众、组织群众、团结群众"。② 因此，以捍卫国家利益和增进民族情感为载体，巧妙地结合利用相关国内外重大事件，确立正确的舆论价值导向，来唤起、激发或改变人们对于事物的积极认知、态度或评价，广泛号召网民踊跃发声，支援配合国家行动。例如，在 2016 年 7 月 12 日南海仲裁结果公布之际，人民日报微博发布"中国一点都不能少"话题，并配图包含国旗元素和"九段线"在内的中国版图，共获得

---

① 甘泉，骆郁廷. 社会动员的本质探析 [J]. 学术探索，2011 (12).

② 骆郁廷. 精神动力论 [M]. 武汉：武汉大学出版社，2003：199.

208 万次的转发量，话题阅读量高达 60 多亿次，是一次典型的主旋律式网络思想动员。

（二）增益现实行动参与

伴随时代发展，传统的社会动员方式呈现出速度慢、效率低、成本高、工作量大等弊端。而网络信息技术的普及运用则为解决以上问题提供了契机，且同时有助于增强社会行动力和扩大动员的现实规模效应，逐渐在现代社会动员过程中发挥"助推剂"与"放大器"的作用。在本课题调研问卷数据结果统计中，选择使用"网络传达通知群众参与活动"和通过"网络群等方式了解群众意见"的比例分别占到 82.44% 和 53.16%，充分说明了网络动员方式正不断受到党组织的重视。当前，在国家大力实施"互联网+"计划战略背景下，利用网络社会动员提供更多优质社会公共服务、拓宽群众政治参与沟通渠道、扩大行动决策的宣传广度与执行力度，推动互联网平台与传统动员方式的深度融合，成为各级党政组织应当着力解决的新课题。

一方面，旨在优化提升党的基层治理水平。在党的领导下，我国正在实现由传统"管理"到现代"治理"思路的转变。一字之差，反映的是权力配置和执政方式的一种升级转变，强调社会多元主体的民主参与和互动，社会动员的形式也由此从过去的"行政式、运动式"向"日常化、精细化"发展。因此，掌握和具备更高水平的现代化社会动员能力是我们党治国理政的客观要求。其中，能否做好基层治理工作更是尤为关键。这是因为，党的方针政策最终要落实到社会基层，从而发动广大人民群众的力量，共同参与到国家建设与社会发展中，以最终实现社会主义建设目标。在此过程中，网络社会动员扮演着重要的角色。一是增强基层党组织内部凝聚力建设。"火车跑得快，全靠车头带"，党发动社会动员的前提是加强自身组织建设。通过以网络促党建，建设一体化党务平台，提升组织管理系统化水平，实现党员全覆盖与动态化管理，可以有效提升基层党组织的内部动员力和实践行动力，是新形势下发展与创新党建工作的重要载体。二是推动群众积极主动参与社会发展建设。伴随城市化速度的加快，城镇社区人口密度聚集、结构庞杂，传统的动员组织脉络难以做到信息全覆盖。尤其是一些工作生活节奏较快的"高薪、高知"中青年群体，对于生活中实际活动的关注度和参与度更加依赖互联网渠道。因此，基层党组织通过建立多方覆盖的网络信息发布平台和沟通联系渠道，既方便向群众提供更加精细化的公共服务，又可以更大限度发动群众力量和整合物力资源来推动社会的经济、文化、民生、环境和治安建设，形成党和社会在"调控—协调"中机制互联、"行政—自治"中功能互补、"管理—调节"中力量互动的基层治理新格局。三是促进基层民主政治有序发展。在现代政治中，媒介成为政治互动的重要载体，与社会运动密切相连。"政治互动是现代公共政策形成中，各种利益与价值之间在一定规则下的相互影响、协商而取得一致意见的过程。"① 建立良性发展的政治互动关系，是政党政治与政治文明的内蕴与外现，是实现国家治理现代化的目标所在。基层党政组织通过开展网络政务与舆论监督，开通"两微一端"公众号，及时、积极回应群众关心之事、质疑之事，畅通利益表达机制和完善沟通对话机制，能够有效引导和吸纳基层群众的政治与民主诉求。此外，还可以通过网络宣传渠道，动员鼓励群众参与基层选举和人大选举。依托网络社群完成普选投票工作，既提高了工作效率，又促进了人民民主的真正落实。而在国家重大政治议程中，也可以组织群众通过网络虚拟在场的方式参与现实政治的讨论，以及向决策机构提供参考意见，充分利用民智民力投入国家建设中。

　　另一方面，增强党的社会资源整合力和行动转化力。在网络传媒出现以前，社会资源的横向流动缺乏高效、快速的反应机制，多方社会力量难

---

① 严强. 公共政策学 [M]. 北京：社会科学文献出版社，2008：75.

以形成常态化的共建共享架构，一定程度上制约了党和国家的快速应对能力。而互联网具有"核裂变式"的信息传播能力和即时通信特征，并打破了原有的社会结构、经济结构、地缘结构和文化结构，使得网络聚焦热点能够快速在现实社会中引起巨大轰动。因此，学会利用网络资源增益社会动员的现实行动力量，增强党的社会号召力与凝聚力，是新形势下实现"集中力量办大事"的重要体现。一是结合重大热点事件扩大现实行动的规模效应。在应对国家重大事件行动时，网络社会动员改变了以往党和政府作为动员主体一家唱"独角戏"的局面，充分调动众多民间网友自发形成的参与热情，推动各类日常公益活动或大型活动志愿服务，配合国家行动汇聚形成社会最大向心力。例如北京奥运会、上海世博会等。此外，在突发重大社会危机和灾难时，网络成为信息播报第一平台，瞬间引发全民关注，进而快速引发社会救援机制启动，志愿者前往一线救灾，广大网友捐款捐物。二是凝聚更加广泛的社会组织力量。"进入新媒介时代后，我国社会结构呈现'后总体性社会'的特征：自由流动资源和自由活动空间产生，国家不再对社会进行全面控制。这种社会结构模式决定了我国动员模式的变化，即国家主导下，社会的普遍参与，社会力量的作用日益呈上升趋势。"[1] 目前，非公有制经济组织和其他社会组织已成为我国社会发展的重要动力，也是国家社会治理的多元主体之一。然而由于非公社会组织存在的分散性，且受制于政府有限的组织精力与行政资源，社会组织的力量难以统一集中显现。而通过搭建体系化的网络群组沟通渠道和党建联动网格，实现"一对多"即时信息对接，可以有效加强党和政府对非公组织、"两新"组织的指导与联系，引导其参与到国家社会治理的具体行动中来，确保社会组织工作的正确发展方向。

---

① 陈华. 网络社会动员的初步研究 [D]. 北京：中共中央党校，2011：18.

三、网民对科学理论和先进文化的需求向往

人民对美好生活的向往其中也包含了对高层次精神文化的需要，网民对科学理论本身的需求、对先进文化的渴求以及提升文化自信对马克思主义的诉求，构成了意识形态话语权构建和网络文化建设的共同动力。

（一）网民对科学理论的现实需求

我国当前正处于社会发展变革的攻坚期，问题矛盾交织、利益分配复杂，特别是网络场域内"发展不平衡、规则不健全、秩序不合理等问题日益凸显"①。因此，网民亟须科学理论的指导和正确价值观的引领。马克思曾指出："理论在一个国家实现的程度，总是取决于理论满足这个国家的需要的程度。"② 从国内来看，一是传统封建的腐朽文化和愚昧庸俗的落后文化催生了一些网络文化"垃圾"，如摒弃科学、崇尚迷信、传播邪教等状况时有发生，因而需要科学理论引领网络文化建设和矫正网民错误观念；二是网络空间充斥着一些诈骗、虚假、低俗、庸俗等信息，往往造成网民价值取向凌乱，思想判断混淆，因而需要主流价值观的指引来明辨曲直、甄别真假、辨明善恶；三是现实社会中的民生问题、物质利益纷争等诸多问题往往成为"网络风暴"的引燃点，加之网民对个人生活某些现实境遇的焦虑心态，因而亟须马克思主义方法论来回应和解决社会发展中的现实问题症结。四是对于国家民族未来发展前途的深刻关切。面对中国的大国崛起，领土周边环境安全和国际格局变幻的复杂形势，导致我国民族复兴和向现代化强国迈进道路上的风险性和不确定性因素时有伴生，经常在网络上引发一些极端民族主义的非理性情绪，以上这些也都需要科学理论对国家民族发展道路的科学规划和正确指引，给人民以"定心丸"。此

---

① 习近平. 在网络安全和信息化工作座谈会上的讲话［N］. 人民日报，2016-4-26
（2）.

② 马克思恩格斯文集（第 1 卷）［M］. 北京：人民出版社，2009：12.

外，面对西方国家依托经济、科技、文化实力不断进行的"价值观输出"以及其"文化殖民"政策对异质文化的蚕食性，要守得住网民的共同精神家园与民族文化瑰宝，我们就不能掩耳盗铃、自说自话，必须拿起科学理论武器进行话语交锋、自卫和反击，以提升我们的民族信仰与政治信仰。同时，也要积极参与全球网络治理，遵循马克思主义早已昭示的历史铁律，增强马克思主义"此在""将在"领域的理论预见性和实践指导性，不断贡献中国智慧与中国方案，着力推动中国国际话语权的构建，创造中国人民树立大国自信的理论之源。

（二）网民对先进文化的真实渴求

"网络空间是亿万民众共同的精神家园"①，主流思想、正确理论、先进文化不去主动"抢占"网络文化阵地，非主流思想、错误理论、落后文化自然就会"强占"。故而，在意识形态话语权构建的过程中，网民迫切地需要先进文化的滋养与净化。随着信息技术的革新，网络衍生出了一些好的文化形态，如文字数码化、书籍图像化、影视便捷化、网上文学活动、网上曲艺直播间等诸多文化形式，不仅切合网民的精神需求，而且起到培育教化、激励熏陶人格、学格、情操和寓教于乐的作用。这些作用源于先进文化内在的优质精髓，是优秀传统文化、革命文化、社会主义先进文化与外来文化深度融通的精华产物。以此为内涵，不断地创新文化表现形式、表达方式、呈现样式，才能促进主流文化和核心价值思想体系的深入人心。反之亦然，以马克思主义为指导的主流价值观也必须渗入到网络文化建设之中，以增进网络文化的内在品质和深厚底蕴。与此同时，马克思主义及其中国化理论体系也决定了网络文化建设的发展路向。换言之，网络文化建设必须内在的蕴含马克思主义基本原理，唯有此，网络文化产品才能显现出真善美、知情意的内在价值意蕴，才能符合亿万网民的精神诉

---

① 习近平. 在网络安全和信息化工作座谈会上的讲话［N］. 人民日报，2016-4-26（2）.

求。"一个民族要想站在科学的最高峰，就一刻也不能没有理论思维。"① 科学的逻辑思维以及特定话语权的生成，是传递好中国声音、讲好中国故事的关键锁钥。由此，既需要科学的理论沟通现实、联通中外，也需要文化的创造性转化和创新性发展，以便能够更好地贴近群众、服务群众。

（三）提升文化自信对马克思主义的理论诉求

网络场域内，文化自信的出场并非单纯的思想文化建设和学术探讨，而是有着明确目的性、指向性的政治和价值的双重取向。第一，文化自信的表层旨趣就是着力提升我国文化"软实力"，促成我国从文化大国向文化强国的飞跃，实现文化复兴和民族复兴的双重使命。这一使命的完成必须诉诸马克思主义理论与实践，兼收并蓄异质文化的优质内容与优势部分，以此扩大和提升中华文化走向国际视域的影响力与感染力；第二，文化自信的深层意涵旨在达成社会发展和国家治理的价值共识，从而夯实民族的文化根基，筑牢民众的精神家园。而政党治理和国家善治，往往要诉诸"从已有的思想资料中寻找构建与新社会制度相适应的文化形态的元素"②；第三，文化自信的终极目标旨在巩固马克思主义在观念上层建筑的统领地位和导向作用，从而构建起中国自己的话语体系。事实上，经济社会的迅猛发展与综合国力的大幅增强，并不意味着中国话语体系的自然生成和强势出场。所以，文化自信的在场，旨在抵制"文化霸权主义"的嚣张气焰以还原本真的中国形象，完成中国文化的深层意蕴的阐释和传达，这些都要诉诸马克思主义科学性与革命性的统一。

---

① 马克思恩格斯文集（第9卷）[M]. 北京：人民出版社，2009：437.
② 陈先达. 当代中国文化研究中的一个重大问题 [J]. 求是，2010 (7).

第四章

网络意识形态话语权构建的主体力量

"思想本身根本不能实现什么东西。思想要得到实现,就要有使用实践力量的人。"① 推动网络意识形态话语权构建工作的具体有效落实,弘扬网络主旋律,营造清朗网络空间,需党和政府的强有力领导,需要对重点领域的综合治理,需要多方主体的共同参与和相互配合,从而形成多元主体共建的综合构建力量。

第一节 强化党和政府的网络执政能力

各级党政组织作为网络舆论阵地建设的主要力量,理应做到"守土有责"。面对网络上各种纷乱嘈杂的声音,为给意识形态话语传播创造一个有利的网络生态环境,各级党政组织有责任做好网络话语空间的监管、净化与治理工作。在牢牢坚持党管意识形态原则下,要始终确保党对意识形态工作的领导权和管理权,增强各级党委的政治意识、责任意识和网络意

---

① 马克思恩格斯文集(第1卷)[M]. 北京:人民出版社,2009:320.

识，主动参与到意识形态建设第一线。

一、完善互联网管理领导体制建设

首先，增强日常管理能力。党的十八届三中全会指出，我国当前互联网管理体制存在着"多头管理、职能交叉、权责不一、效率不高"，"网上媒体管理和产业管理远远跟不上形势发展变化"① 等弊端。为此，党中央专门成立了以习近平同志为核心的网络安全和信息化领导小组，有效改变了这一问题的现状。对于党政管理部门而言，如何具体落实领导和监管责任，关键在于要加快完善互联网管理领导体制，理顺监管机制，把好资质审核关，占领阵地管理制高点，并抓住三个关键对象。一是在党委领导下，各级机构组织都要牢牢掌握本单位的网络传播平台和文化宣传窗口的管理权，做好日常性监督管理，保证发声的正确方向。将"所有从事新闻信息服务、具有媒体属性和舆论动员功能的传播平台都要纳入管理范围，所有新闻信息服务和相关业务从业人员都要实行准入管理。"② 网络舆论战场中，既有"党媒官媒"正规军，也有商业媒体从业人员，以及众多自媒体平台，时刻都在影响网络舆论态势的走向，是管理对象的重中之重。二是"加强网络新技术新应用的管理，确保互联网可管可控"。③ 目前我国互联网市场发展迅猛，每天都有新的网络应用诞生，一批批有影响力的移动终端 APP 走入大众生活，在为群众提供多样精神文化产品的同时，也暴露出价值导向存在偏差的问题，以及一些隐蔽性强但危害性大的小众网站，这些都需要依法依规进行整治和查处。三是"要压实互联网企业的主

① 习近平谈治国理政［M］. 北京：外文出版社，2014：84.
② 中共中央文献研究室. 习近平总书记重要讲话文章选编［M］. 北京：中央文献出版社、党建读物出版社，2016：422.
③ 中共中央宣传部. 习近平总书记系列重要讲话读本（2016 年版）［M］. 北京：学习出版社、人民出版社，2016：204.

体责任，决不能让互联网成为传播有害信息、造谣生事的平台"。① 面对海量的信息内容，政府管理部门不可能直接参与到网站主体的具体管理和日常运营中，而是相应地加强对互联网企业主体的监管。

其次，增强网络动员能力。从社会组织结构来看，中央和地方的党政部门均具备强大的社会动员能力，能够协调各级组织机构、职能部门、各层力量，有时、有度、有效地推动两者深度融入，这也是社会主义国家制度的优势体现。一是网络传媒动员。由于网络媒介自身即时性、交互性、广泛性等特质，党和政府可以动员各级宣传部门、文化单位、科研部门将区域性特色文化入网，增强优秀文化的传播频率、效率，发掘丰富多样的网络文化形式，围绕主流价值观开展生动活泼的文体活动，以加深网民价值认同；二是网民参与动员。大力倡导有识之士发出有智之音，既要合理动员网民中的一些知名学者、正能量明星、红色大 V 等积极地阐发、远播社会主义核心价值观与先进文化，发挥示范效应和榜样力量；同时，也要动员广大党员站稳政治立场反对网络上的审丑文化、"愚乐"文化，批判遏制历史虚无主义和文化虚无主义的行径，努力促成风清气正的网络生态新气象；三是网络文化事业、产业的协调动员。积极组织动员网络文化事业、产业既要规避彼此之间恶性竞争的风险，又要避免只顾单面效益的偏颇，两者协同发展，彼此扬长避短，协同推进意识形态话语权构建融入网络文化建设的稳定步伐。

再者，增强政策保障能力。党和政府要坚持以问题为导向，增强相关政策倾斜和扶持的力度，巩固和完善相关支撑体系。在政策的导向上，将主流价值观的"魂"融进文化产品和文化服务中去，再利用网络媒体的自身特点和功能优势，将优秀的网络电视、电影动漫、文艺活动等内容远播到亿万用户，而对于精准扶贫区域，文化建设项目和文化产品更要入户倾

---

① 习近平在全国网络安全和信息化工作会议上强调 敏锐抓住信息化发展历史机遇 自主创新推进网络强国建设［N］. 人民日报，2018-4-22（1）.

斜,加强贫困民众的文化参与度与受益度。在文化资源配置上,相关部门加大投入话语权建设和网络文化建设的双向资金。一是相关人才的投入。要培养意识形态工作者的"网上冲锋陷阵"意识,打造一支"结构合理、配备精良、整体亮相"① 的专业人才队伍,并重视这些人员的职业荣誉和待遇保障;二是文化事业和文化产业的投入。党政部门要对信息文化产业、新兴文化事业给予财税、用地等方面的扶持,规范和减少其准入门槛的步骤和环节,设立相关风险补偿资金,密织文化项目准入保障网。在制度落实保障上,要不断完善网络场域内各项法律法规和制度落实的操作机制。除了加快网络立法以外,当前最主要是解决网络执法难的问题,要想办法尽快解决网络法规的具体适用和执行落实。同时,强化网络执法机制建设和技术管控,严把网络文化市场的"入口",坚决抵制落后文化和依法取缔腐朽文化,净化网络文化生态和筑牢网络安全网。此外,各单位还要建立健全网络工作的相关规范和制度。各级党政组织应根据自身实际情况建立健全网络行为规范等相关制度和纪律要求,加强对网络失范行为的约束和惩处。

二、重点抓好网上舆论引导工作

第一,要高度重视网上舆论工作,加强互联网舆论引导。我国目前已经成为名副其实的网络大国,网民数量位居世界第一。近年来,人民群众物质生存的第一需要得到有效满足后,对更加美好的生活需求也日益增长。然而,由于社会结构转型过程中不平衡不充分的发展状况,一些群众的利益诉求和意见反馈到网络上,在互联网"舆论放大器"的作用下,往往升级演变为某种程度上的意识形态冲突。在此背景下,各方政治势力和利益主体出于其自身利益的需要,收买网络"水军"以操控和干扰社会舆

---

① 高山,国园,赵栋. 主力军要上主战场——牢牢把握网上舆论斗争主导权 [J]. 红旗文稿,2017 (6).

情事件走向，常常导致网络舆论真伪难辨。对此，习近平总书记强调："根据形势发展需要，我看要把网上舆论工作作为宣传思想工作的重中之重来抓。宣传思想工作是做人的工作的，人在哪儿重点就应该在哪儿。"①对于网络舆论引导，值得强调的是，要注意分清哪些是属于人民内部矛盾，哪些是属于敌我矛盾，忽视和偏离这个尺度，工作就可能要犯错误。对于前者，"要多一些包容和耐心，对建设性意见要及时吸纳，对困难要及时帮助，对不了解情况的要及时宣介，对模糊认识要及时廓清，对怨气怨言要及时化解，对错误看法要及时引导和纠正"②。而对于后者中的一些"渗透颠覆破坏活动、暴力恐怖活动、民族分裂活动、宗教极端活动"，要予以铁腕重拳打击和管控。

第二，网络空间不是"法外之地"，在全面推进依法治国战略布局下，要让互联网在法治轨道上健康运行，使法治精神在网络空间得以彰显确立。一是旨在保障执法管理部门有法可依，依法惩治干扰互联网正常秩序的违法犯罪行为；二是引导网民树立敬法、畏法、守法意识，营造安全文明的网络舆论环境。然而，当前互联网法制建设也在一定程度上存在着零星分散、位阶低下、内容滞后、部门冲突、执法困难等一系列问题。对此，习近平总书记提出，"要抓紧制定立法规划，完善互联网信息内容管理、关键信息基础设施保护等法律法规，依法治理网络空间"③，并且还特别强调"做这项工作不容易，但再难也要做"。只有逐渐构建起一套成熟和定型的网络规则和监管法规，守住"红线"与"底线"，对于"非马"和"反马"的言论进行有序管理、依法处理，才能为网络意识形态话语权构建提供基本的制度和法律保障。不仅如此，在促进网络协商民主机制建

---

① 中共中央文献研究室. 习近平关于全面深化改革论述摘编［M］. 北京：中央文献出版社，2014：84.

② 习近平. 在网络安全和信息化工作座谈会上的讲话［N］. 人民日报，2016-4-26（2）.

③ 习近平谈治国理政［M］. 北京：外文出版社，2014：198.

设发展中，尊重网民交流思想、表达意愿的权利是前提，但任何人都不能超越宪法法律规定的界限，必须依法构建良好网络秩序。尤其是党员干部，必须要严守党规党纪，强化党性修养，坚持正确政治立场，与党中央大政方针保持一致。对于严重违反这一规定的党内"两面人"，要及时辨别并依法清除。

第三，推进以文化人、以德育人，强化主流文化在网络舆论中的价值引领。打造清朗网络空间，除了法律制度等硬性规范以外，还要重视文化、德道、心理等层面的软性机制建设，形成营造网络良好风气与舆论氛围的合力。首先，网络文化作为一种新文化样态，既内生保留了许多传统文化的底蕴，又融合了现代社会发展的时代特征，肩负着满足广大网民精神需求的重要使命。对此，习近平总书记强调，建设网络强国不仅要有繁荣发展的网络文化，而且还要加强网络内容建设，培育积极健康、向上向善的网络文化，用社会主义核心价值观和人类优秀文明成果滋养人心、滋养社会。只有打造有时代感和吸引力的网络文化，不断促进积极健康、向上向善网络文化的繁荣发展，才能逐渐提升广大网民的精神品格与德道素养，为网络舆论的和谐发展奠定基础。

三、坚持辩证统一的思维原则

意识形态建设历来都是一项既复杂又特殊、既专业又审慎的工作，尤其是在错综纷乱的网络环境下，处理和面对思想文化问题必须要具有科学、灵活、辩证的思维，否则就可能会陷入两极化窠臼。习近平总书记曾在依法治国、深化改革等相关论述中多次使用"鸟之两翼、车之双轮"这一经典比喻，意在强调"辩证统一"思维的重要性。而他在 2014 年 2 月中央网络安全和信息化领导小组第一次会议上再次强调要坚持"一体两翼的双轮驱动观"，可以看作是这一思维在互联网领域的充分体现。具体而言，"形成良好网上舆论氛围，不是说只能有一个声音、一个调子"①，不能采取"一刀切"的办法，而是在坚持"一元指导引领多样发展"的总体原则下，把握好以下几点。

其一，坚持活力与有序的辩证统一。历史经验表明，宣传思想文化工作置留的活力空间不足，易导致意识形态泛化，而管得太松，则难以凝聚社会思想共识。长期以来，有些管理部门在意识形态工作中，不能科学灵活把握"活力与有序"之间的合理张力，往往陷入"一管就死、一放就乱"的尴尬僵局。进入互联网时代以后，市场经济的快速发展促使人们的利益意识、权利意识和民主意识普遍提升，在权益受到侵害而无法通过传统体制途径解决时，习惯于诉诸网络抗争式意见表达，一时间网络上思想交锋激荡，多方势力竞相发声，各种观点纷扰掺杂。对此，习近平总书记强调，加强网络空间生态治理，要处理好活力和有序的关系，"既要提倡自由，也要保持秩序。自由是秩序的目的，秩序是自由的保障"②。近年来，在党中央的高度重视和各级党政部门的大力推动下，我国互联网管理模式和应对手段总体上经历了从"监管缺位"到"强势介入"再到"多元共治"这样一个变化过程，初步确立了网络意识形态治理新格局。

其二，坚持建设与斗争的辩证统一。现阶段历史条件下，任何意识形态都兼具辩护性与批判性的双重属性，在为现存社会制度提供合法性论证的同时，也要对各种反主流错误思想的不合理性进行批判揭示。加强意识形态建设，任何时候都要"坚持团结稳定鼓劲、正面宣传为主……坚持巩固壮大主流思想舆论，弘扬主旋律，传播正能量"③。意识形态工作管理部门和人员必须要学会用网、主动触网、善于用网，抓紧占领网络阵地，积极正确发声，用网民喜闻乐见的方式来宣传正面主张，传播好党和国家的

---

① 习近平. 在网络安全和信息化工作座谈会上的讲话［N］. 人民日报，2016-4-26（2）.
② 习近平谈治国理政（第二卷）［M］. 北京：外文出版社，2017：533.
③ 习近平谈治国理政［M］. 北京：外文出版社，2014：155.

政策理念，不断扩大"红色地带"的主导力。加强网络舆论建设与引导，不仅是做大做强正面宣传，"对网上那些出于善意的批评，对互联网监督，不论是对党和政府工作提的还是对领导干部个人提的，不论是和风细雨的还是忠言逆耳的，我们不仅要欢迎，而且要认真研究和吸取"。[①] 此外，习近平总书记同样强调了斗争思维的重要性，"要深入开展网上舆论斗争，严密防范和抑制网上攻击渗透行为，组织力量对错误思想观点进行批驳，牢牢掌握舆论战场上的主动权"。[②] 因此，在网络空间，面对大是大非和政治原则问题，要秉持底线思维，敢于亮剑，勇于开展舆论斗争，在批判中争取团结"灰色地带"中的非主流思潮，不断打击压缩"黑色地带"错误违法言论的生存、传播空间。同时，批判与斗争要注意方式方法，讲究战略战术，在依托行政、法律手段的基础上，也要运用深入细致的情感说理和教育感化等方式。

其三，坚持继承与创新的辩证统一。面对网络信息技术对我国意识形态工作带来的环境改变，对于那些不合时宜的观念做法要予以规避和扬弃，但也要善于总结、学习和坚守党在意识形态建设中的宝贵历史经验。对此，习近平总书记指出："经验来之不易、弥足珍贵，是做好今后工作的重要遵循，一定要认真总结、长期坚持，并在实践中不断丰富和发展。"[③] 然而，"随着国内外形势的深刻变化和现代信息技术迅猛发展，有些做法过去有效，现在未必有效；有些过去不合时宜，现在却势在必行；有些过去不可逾越，现在则需要突破"。[④] 事实证明，总结和继承历史经验，能够更好地推动创新与发展。如今，网络受众日渐层级化、多样化、

① 习近平. 在网络安全和信息化工作座谈会上的讲话［N］. 人民日报，2016-4-26（2）.
② 中共中央宣传部. 习近平总书记系列重要讲话读本（2016年版）［M］. 北京：学习出版社、人民出版社，2016：205.
③ 习近平谈治国理政［M］. 北京：外文出版社，2014：155.
④ 中共中央宣传部. 习近平总书记系列重要讲话读本（2016年版）［M］. 北京：学习出版社、人民出版社，2016：196-197.

分众化，导致不同群体之间信息需求、接受心理和阅读习惯的差异性愈发明显，做好新形势下的网络意识形态工作创新显得尤为迫切。对此，习近平总书记在视察解放军报社时指出："要顺应互联网发展大势，勇于创新、勇于变革，利用互联网特点和优势，推进理念、内容、手段、体制机制等全方位创新。"① 而且，相对于形式与手段创新，他特别强调了"内容创新是根本"的重要性。应当讲，无论是在传统媒体时代，还是当前的新媒体时代，强调"内容为王"这一基本定律，可以看作是经验继承与创新发展辩证统一的充分体现。

其四，坚持党性与人民性的辩证统一。在马克思那里，作为无产阶级的先锋队，"共产党人不是同其他工人政党相对立的特殊政党。他们没有任何同整个无产阶级的利益不同的利益。"② 针对"你是替党说话，还是替老百姓说话"等谬论引发的网络舆论风波，习近平总书记在不同场合多次强调"党性与人民性从来都是一致的、统一的"。首先，新闻宣传媒体作为党和政府的"喉舌"，这一原则在网络时代依然适用，必须要"坚持政治家办报、办刊、办台、办新闻网站，确保宣传思想工作领导权牢牢掌握在忠于党和人民的人手里"③。其次，习近平总书记也指出，做好网络舆论工作必须始终贯穿"以人民为中心"的发展思想，要"把党的理论和路线方针政策变成人民群众的自觉行动，及时把人民群众创造的经验和面临的实际情况反映出来，丰富人民精神世界，增强人民精神力量"④。坚持党性与人民性的统一不是空洞的，在网络意识形态宣传教育中，要努力避免和有效克服可能把二者割裂开来的话语陷阱，要把"体现党的意志、反映

① 习近平在视察解放军报社时强调 坚持军报姓党坚持强军为本坚持创新为要 为实现中国梦强军梦提供思想舆论支持 [N]. 人民日报，2015-12-27 (1).
② 马克思恩格斯文集（第2卷）[M]. 北京：人民出版社，2009：44.
③ 中共中央宣传部. 习近平总书记系列重要讲话读本 [M]. 北京：学习出版社、人民出版社，2014：106.
④ 习近平谈治国理政（第二卷）[M]. 北京：外文出版社，2017：332.

党的主张，维护党中央权威、维护党的团结"和"发展为了人民、发展依靠人民、发展成果由人民共享"有效结合起来，切实落实好以人民为中心的工作导向。

其五，坚持"时、度、效"的辩证统一。对此，习近平总书记提出："做好网上舆论工作是一项长期任务……要把握好网上舆论引导的时、度、效。"① 具体而言，"时"即时机，一是做到"及时"，先声夺人，在第一时间发布信息，掌握舆论引导先机权；二是要懂得"适时"，网络舆情传播具有一定周期性与规律性，掌握好精准的时间概念，根据问题的实际情况和发展阶段选择恰当的时候发声引导。"度"即尺度，表现为把握好宣传内容褒贬的价值分寸，一是既要讲成绩、弘扬正能量，也要讲问题、积极回应群众关心的社会现实热点，不能一味"报喜不报忧"；二是把握好整体与局部的关系，什么事情应该强化宣传或淡化处理，对一些社会现象报道到什么程度、评价到什么深度，不能把点上的、个别的局部问题夸大成面上的、整体的全局问题，高得离谱或低得极端都会引起舆论引导的"失度"。"效"即实效，一是努力扩大主流声音传播的范围与效果，尊重网络传播规律，了解网络文化发展动态，采用生动活泼、富有感染力的方式进行报道宣传，尽可能扩大信息接收的受众规模；二是注重宣传报道内容的质量，做到有的放矢、专业客观、有理有据，使思想宣传能够真正入脑入心。

---

① 习近平谈治国理政［M］. 北京：外文出版社，2014：198.

第二节　形成多元主体参与的构建合力

一、强化党政领导干部的主体责任与互联网思维

密切联系群众，是我们党的优良传统与作风，网络通信工具的出现为拉近党和群众的关系创造了更加有利的条件。然而，不少党政领导干部却或多或少地存在"恐网惧网"心理，害怕民意上网，习惯性采取"封、堵、压"思维，反而损害了党和政府的公信力。对此，习近平总书记提出了"通过网络走群众路线"的"上网令"。总的来说，"各级领导干部特别是高级干部要主动适应信息化要求、强化互联网思维，不断提高对互联网规律的把握能力、对网络舆论的引导能力、对信息化发展的驾驭能力、对网络安全的保障能力"。① 一方面，要转变守势应对心理，积极主动"触网"，"群众在哪儿，我们的领导干部就要到哪儿去……经常上网看看，潜潜水、聊聊天、发发声，了解群众所思所愿，收集好想法好建议，积极回应网民关切、解疑释惑"。② 另一方面，要培养和强化互联网思维，着力克服"本领恐慌"。很多领导干部的"网络恐慌"心理，主要来源于互联网问题应对本领的短缺。工作中涉及互联网事务时，"要增强同媒体打交道的能力，善于运用媒体宣讲政策主张、了解社情民意、发现矛盾问题、引导社会情绪、动员人民群众、推动实际工作。"③

---

① 习近平在全国网络安全和信息化工作会议上强调 敏锐抓住信息化发展历史机遇 自主创新推进网络强国建设 ［N］. 人民日报，2018-4-22（1）.

② 习近平. 在网络安全和信息化工作座谈会上的讲话 ［N］. 人民日报，2016-4-26（2）.

③ 习近平谈治国理政（第二卷）［M］. 北京：外文出版社，2017：334.

同时，对于党内和社会上出现的一些错综复杂的现象，每名党员干部都要能够保持清醒的政治头脑和敏锐的政治鉴别力，在一些大是大非问题上能有清晰的态度和评断，不被错误言论所左右。身为党员干部，应当在党言党、爱党护党，要时刻自觉做到维护党中央的权威。不能搞阳奉阴违、表里不一，工作中是一套、私下生活里又是一套。严禁口无遮拦地传播一些小道消息、对党中央的大政方针乱评乱议，不在网上传播不良负面信息。在此，值得强调的是，我们党的民主集中制，不是只讲集中、不讲民主。坚持批评与自我批评是我们党的三大优良作风之一，党员干部有不同意见，可以在党委会、民主生活会上或是通过其他一些正当合法的渠道，来表达自己的看法或建议，而不是无端地抹黑、造谣和缺乏事实根据的指责。而要想保持远大理想信念的坚定，就必须要坚持学习马克思主义理论。一个共产党员倘若不了解无产阶级政党的理论根基，空谈远大理想便是无本之源，就会缺乏鉴别政治立场的理论功底。这是因为，马克思主义科学地揭示了客观世界和人类社会发展的普遍规律，只有深刻掌握了历史唯物主义的观点，才能真正做到信仰社会主义与共产主义，继而才能坚定政治立场，这是因果相承的关系。

对于党务工作者而言，要掌握必要的网络信息技术，以便开展相关网络党务工作。学会以网络为载体，开拓智能党建宣传新形式，如设置网上阅览室、资料室、党课教程等内容，以提升领导干部的党性修养；同时，还要广泛开展政务新媒体、政府网站工作人员的专业技能知识培训。政务网络平台拓宽了网民的反映渠道和监督机制，营造了一种良好的舆论生态和网络文化氛围，目前很多党政部门均已开通相关服务。但是，偶尔面临一些"涉官""涉警""涉军""涉公"等网络舆情暴发时，一些政务媒体公众号的不恰当回应反而会激起更大的负面舆论浪潮。甚至，还有个别运营管理人员将政务新媒体账号"公器私用"，发表暗藏个人"政治私货"的错误声音来误导公众，影响恶劣。对此，需要加强对政务新媒体工作人员的日常管理，严惩"双面人"行为。不仅如此，一些基层单位的政务新媒体工作水平和业务能力也亟待提升，相关从业人员的专业技能和理论素养普遍都需要进一步加强。

二、抓好意识形态工作专职队伍这支主力军

一是夯实理论研究和党政宣传部门的工作职责。"理论只要彻底，就能说服人。所谓彻底，就是抓住事物的本质。"① 马克思主义内在地包含了文化发展的诸多理论和方法，这些"彻底"的理论是我国不同阶段文化发展的罗盘，同样也是网络文化建设的圭臬。因此，网络意识形态话语权构建，需要将马克思主义研究理论成果从抽象转化成具体，从解释走向实践，从现实融进虚拟，真正为广大网民所接受、掌握和运用。对此，一个行之有效的路径就是，发挥、提升哲学社会科学研究和网络宣传部门的作用与地位，并促进两部门之间的沟通联系与互动合作。一般来说，大众网民对上层建筑理论的认知水平、理解能力较为薄弱，艰深晦涩的理论体系和宏大叙事的宣传手法在效果体现上有时会显得不尽如人意。这样一来，研究和宣传部门就必须通过网络媒介，借助网民喜闻乐见的文化形式进行理论知识的灌输与普及。某种程度上而言，意识形态话语权构建融入网络文化建设的实质，就是实现马克思主义大众化与时代化的过程。不仅要有对互联网规律和意识形态理论有着较高专业知识背景的专家，一线管理人员也应当具备较强的理论认识能力、逻辑辨析能力、口头宣讲能力和评论写作能力。只有"真正成为在理论上、笔头上、口才上或其他专长上有'几把刷子'、让人信服的行家里手"②，才能用群众熟悉、认可的事实以及他们能够理解的语言做好网络宣传工作。针对网络传播的特征规律，研

---

① 马克思恩格斯文集（第1卷）[M]. 北京：人民出版社，2009：11.
② 中共中央宣传部. 习近平总书记系列重要讲话读本（2016年版）[M]. 北京：学习出版社、人民出版社，2016：196.

究和宣传部门的知识分子和广大意识形态工作者，要摒除教条化、经验化的理论生产，谨防生硬灌输、刻板僵化的宣传方式，探寻学术话语、宣传话语与网络话语的耦合点，端正学风、文风，努力成长为一支打造意识形态网络传播新格局的生力军。

二是发挥哲学社会科学工作者的理论自觉。在网络舆论斗争和社会思潮批判中，一方面要有丰厚的哲学社会科学研究成果来为思想宣传文化部门提供学理支撑，"要运用互联网和大数据技术，加强哲学社会科学图书文献、网络、数据库等基础设施和信息化建设，加快国家哲学社会科学文献中心建设，构建方便快捷、资源共享的哲学社会科学研究信息化平台"①。另一方面，创新宣传话语体系，也需要理论研究者在学术语言生产转化时，适当考虑融入网络语言与大众话语，将原有的理论框架、外延范畴、逻辑概念中的隐晦语言通俗化、表达形式生活化、说理阐释实例化，而又不失其本真。

三是新闻工作者应当熟练掌握看家本领，适时、适度、科学地引导疏解网络负面舆论，"要转作风改文风，俯下身、沉下心，察实情、说实话、动真情，努力推出有思想、有温度、有品质的作品"②。一方面，针对"一系列大大小小的社会事件在网络上都可能被上纲上线为社会制度问题"③的"塔西佗效应"，新闻工作者要在整体中把握中外舆论焦点，洞察网民的思想轨迹，不仅具有搜集、筛选、甄别、驾驭网络思想文化信息的能力，而且也要加强舆情研判能力的学习和锻炼；另一方面，要真正落实"新闻舆论工作各个方面、各个环节都要坚持正确舆论引导"④，把握网络舆情动向，捕捉重要舆情信息，通过灵活多样的网络新闻宣传渠道进行合理、有效疏导，立足"抓早抓小"思维，尽可能将网络舆情事件控制

① 习近平. 在哲学社会科学工作座谈会上的讲话［N］. 人民日报，2016-5-19（2）.

② 习近平谈治国理政（第二卷）［M］. 北京：外文出版社，2017：333.

③ 李艳艳. 如何看待当前网络意识形态安全的形势［J］. 红旗文稿，2015（14）.

④ 习近平总书记主持召开党的新闻舆论工作座谈会［N］. 人民日报，2016-2-20.

在生发期和发展早期。

　　四是落实高校思想政治教育工作者的育人使命。应当不断创新和丰富校园文化建设，引导广大青年学生更好地"懂中国理、知中国情"，办好中国特色社会主义大学，为党和国家建设事业培养可靠接班人。对此，习近平总书记要求："整体推进高校党政干部和共青团干部、思想政治理论课教师和哲学社会科学课教师、辅导员班主任和心理咨询教师等队伍建设。"① 高校加强网络思想政治教育工作者主体能力培养和队伍建设，首先要提升思想政治工作者个体的网络媒介素养。高校从事网络思想政治教育的工作者，不仅要做到"主动触网"，能够及时掌握网络流行话语趋势、及时了解网络舆情热点和焦点。而且，还要"善于用网"，熟练掌握"两微一端"等网络社交新媒体的运用技能和新媒体后台操作技术，及时克服"本领恐慌"。其次，网络思想政治教育工作者还必须不断提升理论素养。高校网络思想政治教育话语创新不是一种照抄照搬，也不是一种简单的复制组合，而是在综合把握现有材料基础上的理论创造，需要思想政治教育工作者具备扎实的理论功底。创新高校思想政治教育工作"必须在马克思主义指导思想、中国特色社会主义理论、社会主义核心价值观等主流话语的指导下做好思想阐释和语言应用"。② 因此，高校必须进一步建立健全思想政治教育工作队伍的相关工作制度，保证广大思想政治教育工作者有机会、有时间参与相关理论培训和研修活动，夯实教育者的马克思主义理论基础。最后，高校还应该积极组建"专兼结合"的工作团队。网络新媒体运营有其特定的传播规律，具有较强的专业性。创新高校网络思想政治教育工作，不仅需要专业的思想政治教育工作者，而且还需要熟悉网络媒体特点和规律、具备创作才能的兼职工作人员，并且充分调动具有相关专业

---

① 习近平谈治国理政（第二卷）［M］. 北京：外文出版社，2017：380.
② 胡永嘉，张真理. 高校思想政治教育话语体系改进研究［J］. 中国青年社会科学，2017（5）.

特长的学生参与新媒体建设的积极性，集合多方的才智和力量，创作出更多寓意深刻、生动活泼、丰富多彩的网络宣传作品。

五是打造一支深谙马克思主义文艺理论的文艺工作者队伍。首先要以思想道德建设为基础，培养一批德艺双馨的网络文艺名家。在各级党委和政府的支持和领导下，以文联、作协或文化事业单位为桥梁和纽带，或是成立专门的网络文艺家协会，将那些长期活跃且有一定知名度和影响力的网络文艺组织、团体与个人紧密地团结在党的周围，定期开展和组织社会主义核心价值观思想教育和马克思主义文艺理论学习活动，提高网络文艺人才队伍的思想境界和道德修养水平。其次，要注重马克思主义文艺理论评论队伍的建设，加大网络文艺评论投入精力。用社会主义意识形态引领网络文艺发展，非是为了禁锢和限制思想的传播，相反是要促进网络文艺的"百花齐放"与"百家争鸣"。那么，就必须要妥善处理好"一与多"的关系。凸显"一"的价值导向功能，不意味着抑制"多"的存在与发展。如何把握两者的统一，就在于文艺理论界要加大对网络文艺评论工作的力度，而关键在文艺评论人才的队伍建设和培养。只有运用马克思主义的立场与方法，提升网络文艺评论的解释力与说服力，才能切实发挥社会主义意识形态对网络文艺的价值引领功能。再者，要成立专门的网络文艺管理队伍。鉴于党中央对发展网络文艺的高度重视，也必然需要成立一支相应的专业管理队伍。作为网络文艺发展建设工作的管理者和掌舵人，应优先任用同时具备较高马克思主义理论素养和拥有丰富网络治理经验的党内同志。只有打造一支政治立场坚定、业务能力水平高的管理人才队伍，才能有效确保社会主义意识形态对网络文艺的引领地位。

三、推动网络空间多元主体协同治理新格局

一是"做好宣传思想工作必须全党动手"。树立"大宣传"工作理念，摒弃传统意识形态工作由党的宣传部门一家"单打独斗"的局面，动员各

条战线各个部门一起来做。各级党委（党组）要落实好意识形态工作责任制，建立健全网络相关实施细则和体制机制，并指定专人负责网络意识形态工作。二是进一步做好自媒体"网络统战"工作。在 2015 年中央统战工作会议上，习近平总书记强调："要加强和改善对新媒体中的代表性人士的工作，建立经常性联系渠道，加强线上互动、线下沟通，让他们在净化网络空间、弘扬主旋律等方面展现正能量。"① 要把统一战线拥有的网络人群资源有效转化到意识形态工作的实效中来，重点做好"网络意见领袖"的联络。三是引导互联网企业加强行业自律。习近平总书记指出："网上信息管理，网站应负主体责任，政府行政管理部门要加强监管。"②此外，还要重视互联网信息技术人才队伍的培养与引进工作。为国家意识形态安全提供技术支撑保障，最终需要依靠科技人才来落实完成。习近平总书记深刻地指出："网络空间的竞争，归根结底是人才竞争"，"要把人才资源汇聚起来，建设一支政治强、业务精、作风好的强大队伍"，"要培养造就世界水平的科学家、网络科技领军人才、卓越工程师、高水平创新团队"。③ 具体而言，做好互联网科技人才工作，关键是把握好"培养"与"引进"的关系。一是注重互联网科技专业型人才的培养，核心技术的创新只能依靠科技领军人才和广大一线科技工作者的独立自主研发；二是注重互联网发展战略型人才的培养，面对世界科技创新的前沿动态，离不开一批战略型人才对国内相关专业领域发展方向的科学判断和正确引导；三是拓展国际高层次人才引进渠道，"把需要的关键核心技术项目张出榜来，英雄不论出处，谁有本事谁就揭榜"④。总之，要加强科技人才投入，

---

① 习近平在中央统战工作会议上强调 巩固发展最广泛的爱国统一战线 为实现中国梦提供广泛力量支持 [N]. 人民日报，2015-5-21 (1).
② 习近平. 在网络安全和信息化工作座谈会上的讲话 [N]. 人民日报，2016-4-26 (2).
③ 习近平谈治国理政 [M]. 北京：外文出版社，2014：199.
④ 习近平. 在网络安全和信息化工作座谈会上的讲话 [N]. 人民日报，2016-4-26 (2).

优化人才政策，构建有效的引才用才机制，形成"聚天下互联网英才而用之"的局面。对此，可以加大海外招才引智工作的前移延伸力度，不断完善海外引才工作的组织机构体系，在国外高端科技创新人才聚集密集区，设立创新中心和招才引智工作站，形成海外人才工作相对固定的组织机构关系网。并且可以适当借助国际优质猎头公司集聚人才，通过专业机构的力量，借助他们庞大的人力资源网络和专业的手段，遴选合适的海外互联网尖端科技人才纳为己用。值得强调的是，在创新型互联网科技人才引进过程中，应当确立"宽严结合，宽进严出"的引才原则。"宽严结合"，宽在不以学历、职称为硬指标，严在要有真本事，在人才使用的问题上不能盲目追求"越高级越好"。倘若享受高收入待遇的人才不能创造出相应的产出，反而会压抑现有人才的积极性，造成现有人才的大量流失。然后，将引进人才的综合素质与聘用岗位的要求进行对照评估，确定人岗匹配程度，根据匹配程度确定引进人选。最后，要加强对引进高层人才的成果评审与考核，落实"宽进严出"的引才导向。

第三节　确立网络空间治理工作的重点

做好网络意识形态话语权构建，不仅要做大做强正面宣传，提升"正能量""好故事"的供给能力，而且也要做好网络"负能量"的规制与疏导，不断消减存量，严格控制增量，尤其是针对当前问题比较凸显的一些领域，要做好重点防控与治理工作。

一、对抗争型网络政治动员的规导

如前所述，网络抗争行为不仅会对国家政治秩序稳定运行造成一定压力，还会损害政府公信力。为了防范网络无序政治参与的膨胀与井喷，有效规避和制动网络抗争动员带来的负面效应，对其实施动员阻断或反动员，具体可从以下几方面策略来把握：

第一，确立"有限治理"原则。关于治理的限度，是首先要加以明确的，事关总原则和总目标的问题。对此，有观点认为，网络抗争和政治动员如同"洪水猛兽"，必须对其实施最大限度地全方位压制。事实上，面对海量的网络信息洪流，依靠人工审查和现有技术识别手段，想要做到网络空间的"全景监控"几乎没有可能。通常情况下，民间自发网络动员的行为责任主体是模糊和难以确定的，尤其是抗争动员和政治动员的发起者大多隐匿于幕后遥控操纵，甚至有时党政部门主动出击化解矛盾却发现难以找到可以直接对话和协商的具体对象。而且，这种无组织化网络集群行动的超时空性、跨地域性和超链接性，带来的是全天候离散式的风险点，但行政管理和公共资源的有限性难以完成全面地、实时地、有效地覆盖。此外，从更深层次来看，网络抗争动员归根结底只是作为一种政治对弈的工具，而人类政治斗争的历史在一定范围内仍将长期存在，抗争行为的失范和滥用如同现实社会中的其他罪恶一样，存在的空间可以被压缩但不可能在短期内被彻底根除。在此，应当明确，对网络抗争动员的治理，最终目标是在于引导其服务于国家民主机制建设，促成网络政治参与朝着规范的方向发展，尽可能降低其负面影响。因此，必须摒弃"非是即否"的单向思维，转而寻求规制治理的边界。网络公共领域的规则制定者，必须划清公民意见表达和党政权力运作之间合理的行为界限。在规定区域内，可以充分发挥网络大众的自我控制权，充分调动社会成员的力量与智慧。而行为一旦跨越规范区即可判定违规，并予以规制。总体而言，在对网络抗争动员的规制中确立"有限治理"原则，并非是"自缚手脚"，核心在于要学会正确处理好"有限治理"中所蕴含的"度"的问题，即科学把握"规"与"导"之间的合理张力。

第二，要"规之有道"。在网络动员初兴之时，面对高涨喧嚣的网络民意和情绪宣泄，一些党政人员尚未掌握科学的互联网治理思维，处置重大公共事件舆情时缺乏应对经验，习惯于延续传统行政理念手段而采取"捂、掖、藏、压"的做法，结果更加激化矛盾。尽管，针对网络空间的"黑色地带"，重拳出击十分必要。但是，必须要坚持有理、有据、有节、有力、有利，做到"规之有道"。所谓"道"，蕴含了两层含义：一是道理，二是途径。具体言之，一方面，严格依法执行，确保有法可依。"互联网不是法外之地。利用网络鼓吹推翻国家政权，煽动宗教极端主义，宣扬民族分裂思想，教唆暴力恐怖活动，等等，这样的行为要坚决制止和打击，决不能任其大行其道。"① 这类动员虽然不常发生，但其技术突防能力强，一旦爆发则危害性极大。无论是从法理上还是从正义上来讲，都是党和国家重点治理和打击的对象。如果其他类型的线上动员已经造成实际危害或已经转化为影响社会秩序的政治抗争行动，则应当依循传统法治手段一样坚决予以处理。然而，对公权力而言，"法无授权不可为"，务必慎用"删帖"权力，不能依据主观臆断作为价值评判标准。既能确保公共利益不受侵害，也要尊重网民的正当合法权益，而二者兼顾就必须要做到严格依法而行。同时，注意总结负面典型案例经验，建立互联网非法行为"负面清单"，以此促进互联网法律法规建设完善，不断为"有法可依"奠定制度前提。另一方面，畅通举报门路，阻断动员路径。在互联网治理实际中，尤其基层党政组织的人、财、物力资源相对紧缺，"大海捞针""围追堵截"式的规制战术费力不讨好，也不现实。因此，只有转换思路，从动员信息的接受者这里着手，善于发动广大网民举报网络非法聚集或政治异向信息，建立荣誉激励机制，例如，举报认定有效的网友可以自动获得或续期某些互联网会员特权优惠，这种"获得感"既节约物质奖励成本又能

---

① 习近平. 在网络安全和信息化工作座谈会上的讲话 ［N］. 人民日报，2016-4-26
（2）.

够最大限度发动网友监督力量。同时，用好网络舆情观察员这支队伍，而不是生硬机械地发动"五毛党"水军跟帖，充分发挥"人民战争思想"的优势。事实上，这也是一种以官方为主导的网络动员，不过是对网络抗争动员的反动员。在此基础上，建立网络抗争行为的预控动员机制，通过信息的接收、识别、研判、预警、跟踪、防控、阻断等程序，搭建一条完整的动员阻断链条。对此，集中优势管控资源，重点投入真正高风险的网络抗争或政治动员中，适时予以有效介入，阻断其向现实社会转化蔓延的路径。此外，不仅是做到线上预控，现实中也要依托各类群团组织和政治团体，扼守其各自成员在社会关系中的现实身份，掐断线上线下行动转化的关节。

第三，要"导之有术"。整体而言，化解网络抗争之策，主要在"疏"而非"堵"。然而，在现实运用中，这是个既讲专业也论方法、既有理论也看实践的"技术活"，即所谓导之有"术"。值得强调的是，"疏导"式治理思路的定位主要是针对属于"人民内部矛盾"范畴的网络抗争动员。这类动员的诱发原因在于利益受损、谣言蛊惑或涉外事件等因素，目的旨在维护合法权益、追求事实真相和要求公平正义，在当前网络群体性事件中占大多数比例。对此，宜当开展民主式对话平息纷争，建立科学的网络回应机制。首先，及时、主动、平等开展交流沟通。一旦发现网络抗争行动要快速启动应急预案，跳出信息封锁思维的窠臼，以免延误处置时机导致舆情酝酿扩大。同时，也要学会如何同网民打交道，一改过去"居高临下""颐指气使"式的被动对话思维，主动同网友"评论互动"，谨防"文过饰非""轻描淡写"式空话、套话、官话的网络"翻版"，从而伤害到群众感情。用真诚的态度，提升话语亲和力、感染力和幽默感，潜移默化地疏解引导网民的对立情绪和非理性行动；其次，学会用事实讲话。网络回应，不仅是注重言语修辞技巧，更需倚重客观事实正义取胜。网络谣言在抗争行动或政治动员中往往发挥着推波助澜的作用，在网络喧嚣或狂欢中，网民更加倾向于相信其主观意识里固化的偏见。对此，只有强化信息公开披露，降低事件炒作空间，占据事实正义制高点，才能巩固提升公信力权威。同时，"公布真相"也有利于教育广大网友学会理性表达意愿，强化其信息甄别能力，不信谣不传谣。最后，努力克服"网络本领恐慌"。走好"网络群众路线"，关键在于要深谙互联网传播规律，熟悉网络舆情的生发机理。只有真正掌握了网络回应机制的基本原理，具备了科学的"互联网+"政务思维，才能在应对纷乱复杂的网络动员时做到灵活运用，才不会在遭遇网络舆情事件时本能使然地压制和回避。目前，多数新媒体政务平台运营还未达到高度专业化层级，尤其是基层组织岗位兼职情况较为普遍。所以，务必要抓好政务新媒体运营和编辑队伍的理论水平和专业技能培训工作。除此之外，从建立网络抗争制动的长效机制来看，"治本"之策的关键仍在于解决社会现实问题。"互联网问题"不能单一地用"互联网办法"来解决，网络问题的根源与症结大多还是源发于社会现实世界。及时帮助民众解决现实利益问题，才能将政治和社会风险抑制在现实中。

二、对网络空间资本逻辑的规制

诚然，社会主义市场经济暂时还无法回避资本逻辑的问题，但是可以充分发挥社会主义制度优越性来引导、优化和规范资本活动的运行秩序，"在社会主义初级阶段，我们可以利用资本，但不能被资本所俘虏，可以运用资本，但要严格限制资本，不能让资本占主导"①。面对当前资本在网络空间的强势渗透，党和政府相关管理部门需要清醒地认识到互联网背后资本逻辑运作所造成的负面效应，对资本绑架舆论和侵蚀精神文化生产等现象必须提高警惕，应当秉持客观、辩证、谨慎的认知态度来制定相应地

① 韩庆祥. 从资本逻辑走向人的逻辑 [N]. 光明日报，2017-9-18 (15).

规制措施。

（一）调节网络资本的构成比例

为了控制和批判资本自私贪婪的逐利性一面，更好驾驭和引导资本服务于公共利益和人民利益，有必要动态掌握和适时调控网络空间资本分布的结构比例，确保社会公共力量和国有资本在网络空间中的优势存在。网络空间作为事关国家主权与政治安全的重要战略地带，"掌握在互联网领域的资本优势，争取对互联网企业的话语控制权，是争夺互联网意识形态话语权的一个要素"①。

一是对于外资的活动范围和总体情况，主管部门务必做到"心中有数"，通过网信、工商等有关部门联合行动，统计普查网络空间资本构成的基本比例，尤其是对国内具有一定影响力的门户网站、社交媒体、文娱传媒等大型互联网企业的外资控股占比情况予以重点关注；二是推动国有资本以投资、参股和控股等形式确保对新媒体文化产业发展的主导与控制，借助国有经营性文化事业单位在企业改制中的相关经验，在新媒体产业领域实行特殊管理股制度，运用非行政化手段来获得相应的监督管理权，并在此基础上结合实际情况适当地、有针对性地增加国有投资基金在某些互联网经济领域的投资比重；三是规范互联网民营资本的运作机制，对其投资方向和经营管理做好政策引导与资金扶持，培育民营企业家树立成熟远视的投资理念，引导私有资本多为关乎国计民生的"互联网+"事业做贡献，而不是涉入一味追求"短平快"的娱乐传媒和文化消费产业的资本炒作中。积极营造民营资本健康向上发展的市场氛围，并同时加大对私有资本相关失范行为的惩戒与治理力度；四是各级党政机构以及各行政企事业单位要确保所管理网宣平台的运营经费，对于一些具备良好发展前景与竞争实力的新媒体公司，可以采用购买社会服务或战略合作的方式力

---

① 李江静，徐洪业. 准确把握互联网意识形态话语权争夺的新形势［J］. 红旗文稿，2015（22）.

争为我所用，增强官方主流媒体同商业媒体的竞争力。

（二）促进网络资本的社会自觉

资本对网络公共领域的入侵，势必导致社会公共精神的缺失，因此必须在社会主义核心价值体系的统领下超越资本逻辑的局限，以社会公共利益为基准，促进网络资本的社会自觉，最终臻于"人的逻辑"——解除人受资本奴役的状态而走向自由全面的发展。

一是压实网络企业管理的责任自觉，确保行业自律的有效约束力。习近平总书记强调："网上信息管理，网站应负主体责任。"互联网企业的一线从业者控制着大部分网络信息的发布、审核、推送与过滤，而其人员考核管理往往以个人绩效能力为主要标准，而忽略政治、法律、道德素养等方面的考察，甚至鼓励员工为了创收去"铤而走险"。对此，应当倡导以社会责任为导向的企业文化，加强自我净化提升与平台监管，完善有偿宣传推介活动的相关规则与管理制度，将企业信誉作为安身立命和长远发展的根本；二是引导网络文化生产的价值自觉，确保产业发展的正确方向。在马克思那里，"到了共产主义社会……精神生产的资本属性将被社会性所取代"①。在现阶段条件下，与资本争夺精神生产话语权，必须要克服资本驱动下诞生的大量缺乏艺术含量、审美情趣和价值品位的"泡沫化"网络文化作品，无论是企业改制后的传媒集团、新媒体文化公司，还是自媒体从业者等网络精神内容的生产主体，要自觉摆脱"一切向钱看"的经营思维。在追求经济效益的同时更加兼顾社会效益，肩负起相应的文化责任，不钻法律空子，不打违法经营的擦边球，积极参与公共文化服务体系建设。以中华优秀传统文化为底蕴，弘扬主旋律、传播正能量，做好精品数字内容的生产，为提升国家文化软实力和打造网络强国积极贡献力量；三是培育网民行动的道德自觉，确保个体精神空间的独立性。"在资本永

---

① 杨慧民. 资本逻辑主导下的精神生产及其走向［J］. 马克思主义理论学科研究，2017（6）.

无止境的创造性自我面前，精神只有拒绝接受僵硬的资本逻辑所带来的命运安排，才能真正获得内在自由。"① 因此，不仅需要大力加强普通民众的网络媒介素养教育，而且也要引导网民注重修炼自己的"内功心学"，以扎实的专业知识和良好的科学素养来确立对社会政治的基本认知，提升其独立思考的严谨思维、理性思辨的批判意识以及选择判断的鉴别能力，从而使更多年轻人能够认清消费主义背后的资本逻辑本质，能够识别娱乐狂欢背后的资本炒作"套路"，而不至于让自我精神世界陷入资本所打造的迷幻空间的桎梏。

（三）加强网络资本的法制监管

马克思曾引述过英国经济评论家托·约·邓宁的一段精彩描述——"资本害怕没有利润或利润太少，就像自然界害怕真空一样……为了100%的利润，它就敢践踏一切人间法律"②，表明了资本的无限增殖本性从未放弃过同人类法治文明的博弈。然而，由于互联网的虚拟性、隐匿性、便捷性与超时空性等特征，其背后所潜藏的资本运作过程表现得更为隐蔽，而且在信息技术手段支撑下对法制监管的突防能力较强。"资本的内在扩张本性决定其不可能完全通过自律来体现社会效益，需要通过合适的制度规范对资本投资方向、运作过程、风险治理等进行控制，从而实现资本良性循环。"③ 针对当前网络资本运作中存在的种种乱象，在强化监管治理的同时需要解决诸多法制难题。对此，有必要做好制度"顶层设计"，在法律框架内规范资本的权利和义务，加快制定和出台相关规范网络空间资本运作的法规体系。

一是建立一套完善的风险规避机制，规约资本渠道，将网络资本运作限制在社会主义制度下合理的边界范围内，规定外资在中国互联网企业的

---

① 张雄. 反思资本的精神向度［N］. 中国社会科学报, 2015-6-24（B01）.
② 马克思恩格斯文集（第5卷）［M］. 北京：人民出版社, 2009：871.
③ 陈联俊. 警惕资本逻辑影响网络舆论导向［J］. 红旗文稿, 2018（9）.

控股比例限额，以防境外资本过量所产生的风险隐患；二是推动资本逐利引发的相关网络失范行为的法律认定工作。目前，恶意炒作、网络水军等行为游走于法律边缘的灰色地带，从其当前实际情况来看，定性难、取证难、执法难等问题始终困扰着法制监管的开展，即行为是否构成违法难以认定、行为主体众多难以追责、监管制度政出多门难以执行，对此需要明确的法律法规予以认定；三是探索建立资本准入和退出审核机制，依法依规对进入网络新媒体市场的不同类型资本来源背景进行审核排查，制定资本退出"负面清单"以规约不法生产和经营者，并确保审查过程规范化、制度化与法治化；四是通过建章立制形成科学化、系统化的网络管理体制，理顺各监管部门之间的主体职责，打破部门利益与地方利益之间的隔阂，完善多种监管手段并行，合理配置监管资源，防止监管越位或缺位，提高监管效率。此外，还有必要进一步加强司法力量对网络资本相关黑色利益产业链的介入调查与打击治理，通过相关侦查手段识别查证那些提供交易对接的服务平台，及时截留保存证据，锁定其背后的"购买方"和"供给方"，对那些受利益驱动、妄图利用网络从事不法行为的当事人予以严厉惩处，从而发挥法律的警示和教育意义，防止更多人们在强大市场需求的催生下前赴后继的加入资本炒作的利益链条中。

第五章

网络意识形态话语权构建的关键载体

思想的生产与分配，离不开话语载体。在宣传思想文化工作中，无论是坚持"内容为王"，还是注重"手段创新"，两方面都与作为意识形态传播中介的话语载体息息相关。因此，创新意识形态话语的内容载体与传播载体，是提高网络意识形态话语权构建实效性的关键。

第一节　内容载体：创新意识形态话语体系

一、话语权生成的关键——话语体系建设

"话语和话语体系为话语权服务，是话语权的基础元素。话语权的巩固与提升，直接体现为话语的成熟和话语体系的完善。"① 一直以来，话语权构建与话语体系建设作为两个高度紧密关联的论题，是众所周知且不言而明的。但从现有研究成果来看，两者概念有时被混为一谈，而且更多时

---

① 吴荣生. 大众话语：提升马克思主义话语权的新维度 [J]. 理论学刊，2016 (3).

候是从话语体系建设的必要性和方法论角度来进行较为宏观笼统的阐述，却较少围绕"话语体系"的本质属性以及两者之间的关系进行深入讨论。即，什么是话语体系？话语体系建设与意识形态话语权构建之间是何联系？对于这些问题，似乎答案和结论从一开始就是不言自明和毋庸置疑的。诚然，尽管的确如此，但仍然有必要对其概念进一步厘定廓清，更有必要对两者之间的关系进行梳理探讨，以促进该论题研究的纵深发展。

（一）什么是话语体系？

在前文章节，已经就"话语"概念进行了初步探讨，即"话语"至少需要满足两个条件：一是语义完整性，必须保证话语内容自身的条理严谨与逻辑自洽；二是价值明确性，必须要有目标指向清晰的观点陈述与意义构建。由此可以得出结论，话语一定是经过人脑有意识地反应，并经过精心组织加工的，最终呈现为具有一定逻辑性、知识性的思想观点或价值观念表达的语言符号。话语最初是在人们日常生活中作为交往沟通的语言工具而存在的。随着社会历史的渐进发展，人类文明和经验中积累的知识与文化，也主要是依托话语为载体实现传承与传播的，无论是口头还是书面形式。黑格尔曾言："只有当一个民族用自己的语言掌握了一门科学的时候，我们才能说这门科学属于这个民族；这一点，对于哲学来说最有必要。"① 从宏观上而言，任何一个国家在自身发展的过程中，都会根据相应的历史实践构建起一整套属于自己的具有特定精神文化内涵的民族话语体系。而从具体来看，一门科学、一种思想、一个理论得以完全呈现，也必然是以话语体系形式为载体依托的。除去表示惊讶、感叹等语气词之类的极简短话语外，单个的、片段的、零散的话语尽管也能反映和承载一定的信息量，但却难以支撑起一个系统的逻辑架构，尤其是那些内涵深厚的知识理论。至于"话语体系"的概念释义，张国祚教授对其进行了抽象性凝

---

① ［德］黑格尔. 哲学史讲演录（第4卷）［M］. 贺麟，王太庆，译. 北京：商务印书馆，1996：187.

练概括：“思想等是内容、是本质，话语则是形式、是表现。因此，话语体系是思想理论体系和知识体系的外在表达形式。”① 郭湛教授则在此观点基础上进一步指明了其特征要素：“话语体系是主体通过系统的语言符号并按照一定的内在逻辑来表达和构建的结构完整、内容完备的言语体系。话语体系具有客观性、完整性、普遍性、程序性等特征，在发展中呈现出历史性和世界性的趋势。”②。如上，既有一般性的本质概括，也有外延领域的展开，本书试图进一步来对话语体系的概念进行归纳与讨论。

首先，话语体系在构成元素上，是由一系列相互关联的名词概念、短语范畴、推理判断、命题结论等陈述性话语群组成的语言符号系统。恩格斯曾在评价《资本论》时指出：“一门科学提出的每一种新见解都包含这门科学的术语的革命。”③ 作为话语文本样态中成千上万的语言文字符号，并非都能称之为话语体系的构成要素。大多情况下，只有那些高频词汇、基础概念，创新术语才是支撑一个话语体系构建的核心要素。因为这些概念术语是理论范式及其逻辑构建的起点，内在规定着知识生产的演绎论证与脉络走向，是区别于其他思想体系的显著标志。由于大多概念本身在语义上就带有一定的价值倾向性，或是新概念在诞生之时即被其创立者赋予了特定的含义。因此，一套独立的话语体系，必须要有相关核心概念的明确界定，以及由此建立起的特定词组或语义范畴，是其思想理论体系诞生的“元素材”与基本前提。

其次，话语体系有鲜明的中心思想与价值旨归，作为最高层次的“纯粹理性”，相对系统内部的话语群居于统摄与拢聚地位。相对成熟完整的思想体系，必然会涉及众多议题和诸多领域，然后据此相应形成多个理论形态的话语群。但这些话语群并不是分散各自为伍的，而是围绕共同的价

---

① 张国祚. 中国话语体系应如何打造 [N]. 人民日报，2012-7-11 (7).
② 郭湛，桑明旭. 话语体系的本质属性、发展趋势与内在张力——兼论哲学社会科学话语体系建设的立场和原则 [J]. 中国高校社会科学，2016 (3).
③ 马克思恩格斯文集（第5卷）[M]. 北京：人民出版社，2009：32.

值主旨而相互并联依存的，具有高度的内在一致性。例如经典马克思主义理论尽管涉及"哲学、政治经济学和科学社会主义"这三大领域，但却是始终紧紧围绕"批判资本主义和实现全人类解放"这个核心主旨的。"马克思主义之所以能够成为挑战资本主义意识形态的精神力量，就在于它在立足揭示资本主义内在矛盾的同时，形成了可以指导改变世界的实践活动的思想体系和话语体系。"① 此外，由于某些概念在一定情况下会跟随时代发展的变化衍生出新的意涵，并且在不同的理论范式中也可以作出多种不同意义的解读。因此，脱离了理论体系的核心主题与价值立场，即使运用同样的概念语句，也不一定是从属该话语体系的。

再者，话语体系一般具备逻辑自洽性、结构层次性、系统完整性等特征。具有目的陈述性和价值指向性的话语，定然不会是纷然杂陈、毫无逻辑的零言碎语，而是一以贯之的遵循着特定逻辑主线或文化程序而分布排列的。只有将概念范畴按照一定的理性逻辑搭建成整体，才能形成对某一事物或议题的固定说法，从而能够作为一种知识经验扩散开来。而缺乏逻辑自洽的话语体系，理论的说服力和阐释力将会大打折扣。此外，话语体系所承载的信息量是非常庞大的，在结构上可以按照相应的标准将其归类为不同的层次，既可涵盖"个人、社会、国家"的层面，也可按照"外围、中间、核心"角度来划分，由此形成一个由下至上、由外到内的完整系统结构。

最后，话语体系是一个相对开放的系统。其构成与内容并非一成不变，而是处于动态更新之中的。"语言是一种实践的、既为别人存在因而也为我自身而存在的、现实的意识。语言也和意识一样，只是由于需要，由于和他人交往的迫切需要才产生的。"② 语言是从人类生产实践中衍生而来，由此决定了话语体系的构成也必然脱离不开现实的社会生活，因而还

---

① 侯惠勤. 我们为什么必须批判抵制"普世价值"［J］. 马克思主义研究，2009（3）.

② 马克思恩格斯文集（第1卷）［M］. 北京：人民出版社，2009：533.

具备显著的实践性与时代性特征。伴随历史发展的进程，人类的认知水平持续提升，以及不同文化之间的交流融合，不断会有新的知识理论填补更新。因此，话语体系的内容也会相应地随之调整与改变，如此才能更好地解释世界和指导实践。但需要强调的是，每种话语体系都有其自身独有的特定内核，其核心思想以及所蕴含的分析与认识事物的方法论是不可随意更改变化的，否则这一话语体系将会面临解构的境地。

综上所述，笔者认为，话语体系是由一系列相互关联的名词概念、短语范畴、推理判断、命题结论等陈述性话语群，围绕特定的中心思想与价值立场，按照一定逻辑规则和结构层次组成，并处于动态相对开放发展的一系列语言符号系统。那么，在此基础上，究竟何为"意识形态话语体系"？陈锡喜教授按照话语体系所表达功能的不同，认为其"是社会利益分化中形成的特有的话语体系……某一利益集团为了维护自己特殊利益的需要，必然将其价值立场和价值观点贯穿于本利益集团的话语体系之中"①。王岩教授进一步指出："话语体系既蕴含着特定阶级组织、利益集团的思想立场和理论主张，又彰显着一个国家、一个民族、一个政党的价值取向、发展方向和未来走向，是滋生话语权的内生变量，也是维持话语权的重要保障。"② 总之，意识形态中理论内涵和价值观念的传导过程，关键是依靠话语体系的表达来完成的。因此，意识形态话语体系的内容生成需要兼顾阶级性与科学性之间的平衡，而这也正是体现和检验某一话语体系构建艺术和水平（即"说"得好不好）的重要标准。

（二）话语体系与意识形态话语权

"意识形态通常有着强大的思想理论体系作为支撑，话语作为其表达

① 陈锡喜. 马克思主义：意识形态和话语体系 [M]. 上海：华东师范大学出版社，2011：45.
② 王岩. 新时代我国主流意识形态话语权的构建路径 [J]. 马克思主义研究，2018（7）.

形式，一旦构建为话语体系，便更能有效地传达意识形态的影响力，即加强意识形态话语权。"① 话语体系建设对意识形态话语权构建的必要性与重要性，已成为当前学界共识。那么，话语体系为何具有生成话语权之功效？对此，有必要探明二者之间的作用机理，有助于加深对"话语体系建设"这一议题的认识与理解。应当讲，并不是所有的话语体系都能够有效生成话语权，需要满足一定的条件才能产生足够的话语效力。总的来说，在意识形态领域中，话语体系对话语权的构建作用主要体现在两点，一是思想体系的知识框架搭建，二是思想内容的话语样态呈现，具体如下：

一方面，话语体系中蕴含的知识理性会构建相应的思维逻辑和解释规则，如果能够实现对社会实践的合理解释与科学预判，就能做到以理服人。"话语背后是理论，话语体系构建不单是表达方式的问题，根本上还是理论逻辑问题。"② 意识形态价值旨趣的兑现及其话语权的生成，话语体系是其必由之路，主要体现在概念创新、事物分析、议题设置和规则制定等相关能力的构建上。自古以来，人们总是试图从多重视角提出各种学说去认识和解释我们的世界，以图获得指导实践和改造世界的影响力。也正是这一动机，促进了人类文明从愚昧走向科学的线性发展道路。在特定的历史阶段，无论是统治阶级的意识形态，还是非统治阶级的思想意识形式，总要对当下实践以及社会走向的本质规律等相关问题进行探究评判。然而，受到特定地域、民族、文化、语言、阶层和利益等要素的影响，不同的话语体系之间势必存在一定的冲突与矛盾，即表现为意识形态话语权的竞争关系。为此，各种思想理论都会通过一系列知识系统的有机构建，试图建立起关于社会发展的解释规则与评断标准。一旦为实践所验证，即掌握了社会发展的解释权与论断权，也就意味着获得了为社会立言的权

① 梁培林，靳晓斌. 国家治理视阈下的意识形态话语权建设 [J]. 广西社会科学，2016（9）.

② 唐爱军. 在双重转换中的构建——论马克思主义话语体系的当代构建 [J]. 中共中央党校学报，2018（4）.

力，即控制社会的主导权。而要想科学合理地揭示事物发展的内在规律，就必然要有一个严谨而系统化的推理论证与结论推导的过程，这一切都是建立在一套内涵深刻、内容完备、逻辑严密、结构合理的话语体系之上的。只有在一个完整的话语体系框架内，通过核心概念范畴的相互支撑，以及理论模型的搭建，抽象的理论、复杂的逻辑才能变得具体，知识体系的基本形态才能得以完整表述，并最终形成对现存事物或某一议题的评价与见解。倘若这种结论显示出知识真理的科学力量，那么就能够令人信服，就会在实践中产生巨大的社会推动力与影响力。应当讲，每一种理论背后的话语体系，都蕴含着其特定的价值逻辑和阶级立场，即所谓思想学说的"自成一派"。在日常生活中，倘若人们习惯于使用某一话语体系的概念内涵、表达范畴与命题结论，便会无形之中接受和默认这一体系架构所蕴含的逻辑思维与价值指向。而且，这种逻辑思维的建立是通过完整的知识体系严密推导而出的，一旦为人们所熟练运用，便很难跳出这一逻辑思维的框架结构。换言之，如果依赖于某一话语体系作为事物分析和价值判断的方法论依据，往往就会按照其预先设定的逻辑思维去思考判断，从而得出与原命题相同价值倾向的结论，即思维的"逻辑惯性"。长此以往，对某一事物或议题的思维模式就会在社会中被固定和扩散开来，由此所确立的解释规则与评断标准便广泛形成了。正是凭借话语体系对规则标准的制定权，外界与之观点相左的话语很难渗透其内，甚至会被其强大的理论逻辑框架同化吸收，这种"话语壁垒"的形成能够有效促进"思想权威"的确立。

另一方面，话语体系呈现出的叙事风格、情感立场和文化元素，如果能够符合和引发社会成员的价值期许与心理共鸣，就能实现以情动人。话语体系的功能和意义不仅在于思维逻辑与知识系统的框架构建，还关系到思想理论究竟以何种文本样态呈现表达的问题，是内容与形式的有机统一。人们在赋予话语以意思陈述这一基本功能的同时，还赋予了其情感表达的意义。在长期的话语交往中，受社会分工和实践领域的影响，形成了不同类型的话语表达风格，诸如政治话语、学术话语、生活话语等等。在不同场合，每种话语体系都有自己特有的言说方式，在遣词造句和文本样态上表现出异于其他话语类型的风格特征。换言之，对同样一个议题进行表达陈述，采用不同风格的话语体系去描写叙事，呈现出的话语效果与情感氛围是不尽相同的。一种思想要想获得意识形态领域的主导地位，除了依靠自身的理论彻底性以外，还在于是否能够实现广泛的传播范围以及较高的群众接受度。只有其思想内涵为广大社会成员所理解、掌握和认可，才可以说"理论掌握了群众"，即意识形态话语权的生成。而在这一思想动员的过程中，话语体系则扮演着至关重要的角色，主要是在于其事关人们"听不听得懂、喜不喜欢听"的问题。具体而言，一是话语体系的叙事风格与话风文风关系到思想传播的效率问题。思想诞生的原始状态，总是以学理化的话语体系形式为承载的，尔后逐渐在政治领域和生活领域中扩散开来。意识形态话语权的生成与稳固，与其理论的大众化传播是分不开的。而精英化、学理化的话语体系往往比较艰深晦涩，难以实现在全社会中的通畅传播。往往只有贴近社会大众现实生活，借助通俗易懂的概念语句，才能在更广泛程度上实现思想的传播，古今中外概莫如是。例如，在经典马克思主义话语体系里，将"革命"一词表述为"武器的批判"和"砸碎旧的国家机器"，而在中国化的马克思主义话语体系里，则使用了"打土豪分田地"和"推翻三座大山"这样的通俗化表述，起到了很好的革命动员效果。二是话语体系能够反映出执政集团的情感立场。搞清楚"为了谁"的问题，事关意识形态的合法性基础，反映至话语体系层面，即看其是否秉持亲民、为民着想的情感立场和价值原则，尤其是在公共宣传话语方面。例如，在人口普查宣传标语中，"搞好人口普查，从户口整顿开始"与"如果不知道我们的社区有多少人口，怎么能知道该建多大的医院呢"相比较，语气口吻的差别带给受众的情感体验是不同的。三是话语体系能够承载一定的文化元素与民族特色，只有根植于深厚的民族文化土壤，才能保持思想盛开的长久生命力。尤其是涉及对外传播时，能够构建具有民族气派、民族风格的话语体系，事关国际话语权的构建。

二、网络空间意识形态话语的转译与调适

如上所述，话语体系的内容构成，是动态发展且相对开放的。随着时代主题、政治实践和现实任务的发展变化，以及我国对外开放程度的不断加深和现代信息技术变革所带来传播环境的改变，意识形态话语体系必然要随之作出相应地调适与转换，才能更好地发挥"解释世界"的功能，从而增强马克思主义理论的吸引力和阐释力。"任何思想创新都意味着话语更新，意识形态的变革当然也包含一定的话语转换。"① 意识形态话语体系的创新，并非是无本之源的凭空造词，而是源自多方话语资源的供给与生产，提供了大量可资借鉴和转化利用的话语"原材料"。当然，也只有在坚持吐故纳新和兼收并蓄的原则下，取其精华、去其糟粕，才能最终"为我所用"。在网络媒介出现以前，意识形态话语体系的内容更新速率相对稳定，话语生成的来源也较为单一固定。但在网络新媒体时代，信息传播的高速性、互联性与便捷性不仅填补了国家民族之间的话语沟壑，而且还极大促进了不同领域话语之间的频繁流动与交融互构。如此，也为意识形态话语体系的创新提供了话语资源的转化与融合平台。

（一）促进学术理论话语的通俗化

在意识形态话语体系中，学术理论话语是起重要支撑作用的话语资源，也是意识形态科学属性得以确立和发挥的关键保障，更是创新意识形态话语体系的根本动力所在。跟随历史时间轴的推移，社会生产实践和经

---

① 侯惠勤. 意识形态的变革与话语权——再论马克思主义在当代的话语权 ［J］. 马克思主义研究，2006（1）.

济基础总是处于向前发展的演进趋势之中的，且呈现着日新月异的变化，作为社会上层建筑的思想理论体系也必然要保持对社会现实发展的动态追踪，以便形成上层建筑与经济基础之间互动关系的良性契合。其中，这一任务主要是依靠人文与哲学社会科学领域的学术生产工作来推进的。因为，现实社会发展中出现的各种矛盾问题总是具体而复杂的，作为思想上层建筑的意识形态，只有借助"知识精英"的学术理论生产这一中间环节，才能有效实现"观照与回应社会现实"的价值功能。人文与哲学社会科学研究，更多时候是扮演着"资政育人"与"国家智库"的角色，因此也是意识形态话语体系构成的重要话语资源。无论是思想文化领域的理论难点，还是社会生活中的现实热点，这些事关意识形态建设的重大问题，都需要通过相关学术成果的阐释来提供学理支撑。近年来，我国人文与哲学社会科学研究取得了长足的进步，在促进思想文化繁荣活跃发展的同时，也催生了社会思潮的多样化发展趋势。相比较而言，当前马克思主义在人文与哲学社会科学领域的指导地位却存在一定程度被边缘化和标签化的问题。究其原因，一方面是由于传统经典马克思主义语境中的概念，作为批判资本主义的某些革命话语已经难以适应当今时代发展的社会需要，存在一定的滞后性；而另一方面，马克思主义理论学科自身建设也还存在着"作为学术的马克思主义，其学术地位与作为意识形态的马克思主义的政治地位不相匹配，话语表达上出现政治强学术弱的态势"① 这样的问题。因此，构建和创新意识形态话语体系，必须要打造当代中国马克思主义的学术语言和概念表述，即学术话语创新。

在实际情况中，我们当前的学术话语生产和理论创新必须要注意回避以下三类误区。一是避免"盲目跟着西方说"。曾几何时，在我国人文与哲学社会科学研究中，在一定程度上存在西方学术理论被奉为"金科玉

---

① 陈锡喜. 马克思主义：意识形态和话语体系［M］. 上海：华东师范大学出版社，2011.

律"的倾向，似乎只有摆弄西方学术语句或引介某个西方流派代表人物思想的理论研究才是"更新潮"和"最前沿"的，似乎只有运用西方学术理论范式来分析解读中国才是"更科学"和"国际范"的，也似乎只有引用或发表在国外学术期刊上的论文成果才是"更权威"和"高大上"的，由此导致我国学界过去很长一段时间存在一味推崇和依附西方学术话语体系的现象。究其原因，这是中国近代百年屈辱史带来的民族文化不自信，和改革开放以后西方资本主义生活方式给国内带来的巨大思想冲击双重因素叠加所导致的结果。诚然，西方发达国家的现代人文哲学社会科学研究比我们起步要早，其中也不乏一些科学合理的可资借鉴之处，但是仍然需要注意区分"借鉴交流"与"跟随依附"的关系。对此，在当前的学术评价体系中，应当进一步完善科研成果的评价机制，逐步扭转"唯西是从"的导向标准。二是避免"跟风蹭着热点说"。每当我们党和政府提出一项战略部署，或出台一项公共政策，或强调某项工作领域，学界就会出现一定程度的"学术跟风"现象。诚然，保持理论界对于现实热点问题的敏锐与关怀，是学术研究的工作本职，这是毋庸置疑的。但当前有一些研究成果，或追求宏大叙事而只进行观点的罗列，或停留于文件汇编和文件精神宣传，论述不深、浮于面上，缺乏问题意识和学术深度。而对于真正的理论研究文章而言，应当是运用科学严谨的学术理论话语做好对中央政策精神的深层次解读、精细化分析、逻辑化论证和建设性思考，而非是"上下口径一般粗"地简单搬用领导人讲话、官方政治话语和行政公文话语来作为论点论据进行"循环论证"，否则就会成为观点鲜明、表述正确但毫无学术创新和理论内涵的"表面文章"。三是避免"关起门自话自说"。此类情况一般分为两种，一种是脱离实践的纯粹"经院哲学"式研究，而不去关注现实的生活世界，只是热衷于专业术语的演绎推导，缺乏现实感和实践性，从而陷入纯理论和纯概念的思辨之中；另外一种是随着我国学科分设的细致化、专业化和独立化，不同门类的专业往往是依据自身发展的学科逻辑和理论范式来反映社会现实，而部分学者往往拘囿于本专业领域的狭窄视界，学科交叉意识薄弱，难以同其他学科之间形成对话互动，学术引领力相对有限。对此，应当在立足于马克思主义理论学科的基础上，强调运用和坚守马克思主义基本原理、观点和方法论的前提下，注重同政治学、法学、新闻传播学等专业的跨学科交叉，学习借鉴社会学、经济学、公共管理、计算机等专业在定量分析与实证调研等科研方法上的优势经验，将思辨研究与实证研究科学地统一起来。

不仅如此，我国人文与哲学社会科学研究还要力争跨越学术话语与意识形态话语之间的鸿沟。学术创作和理论研究作为精神生产的一种高级形式，学术话语有着概念晦涩、逻辑复杂、专业性强等极其明显的特征属性，其高度抽象的、深奥的、概括的理论体系在理解、掌握和运用上有着较高的门槛，往往只被占社会人口比例极少数的高级知识分子和专家学者所驾驭。而意识形态话语更多时候是面向全体社会成员的，艰深晦涩的学术话语不经过转换直接面向群众，是不容易获得持久生命力的。正如美国政治学家迈克尔·罗斯金所指出的："当理念变得更加实用，更为现实，意识形态就成为一个重要的凝结剂，能够把各种运动、党派、革命团体都聚合起来。"① 因此，必须要尽力消除学术话语与生活世界之间的"隔膜"，促进学术理论话语的通俗化转换，即"最高限度的马克思主义 =（Umschlag）最高限度的通俗化"②。当前，在理论文章的原创生产环节，十分有必要创新网络学术传播的经营策略。在传统时代，学术传播主要是依托纸质期刊发表，而且传播的受众与圈子往往限定在党政机构、宣传部门和理论研究人员之中。而在网络新媒体时代，尽管大多学术阵地都已经开始转型入驻新媒体平台，但在内容上仍然还仅仅是从纸媒到网媒的复制

---

① ［美］迈克尔·G·罗斯金，等.政治科学［M］.林震，等译，北京：华夏出版社，2001：105.

② 列宁全集（第36卷）［M］.北京：人民出版社，1959：468.

粘贴。由于学术期刊采编有一个相对较长的周期，不仅在时效性上有所延迟，而且学术文章也必须遵从特定的专业属性，传播圈子和受众依然有限，还是难以走入大众视野。因此，可以开设一些新的网络原创文章专栏，按照特定的编审机制运作，专门接收一些针对时事分析的"短小精悍"式评论文章，采用大众通俗易懂的话语方式解说时政热点、直击回应现实。尽管这是一种"降维式"传播策略，但学术机构本身享有一定的权威性，在兼顾通俗性、大众性的同时并不会失去学理性。并且，对于此类原创网络成果，在高校和科研机构的学术评价体系中是否可以纳入考评的标准条件之一，是一个值得探讨的话题。

（二）增强公共政策话语的可读性

在意识形态话语资源中，公共政策话语也是一种主要的构成来源，在比例占有率上保持着绝对性优势。也就是说，在某种程度和意义上，意识形态的功能实现与价值彰显，必然依赖于一系列制度设计和政策安排的外化形式。所谓公共政策，即"国家、政府、执政党及其他政治团体在特定时期为实现一定的社会政治、经济和文化目标所采取的政治行动或所规定的行为准则，是一系列谋略、法令、措施、办法、方法、条例的总称"。[①]换言之，公共政策就是执政党政治实践活动的语言化表达，通过官方媒介传递给全体社会成员，既反映着特定的利益关系状况，也对整个社会具有普遍性的意义。"从符号信息角度看，公共性、计划性、可理解性、认同性和强制性构成了公众政策话语的基本内涵"[②]，这些特征属性在某种程度上本身就蕴含着一定的意识形态因素在内。一个公共政策的出台是否体现人民立场，在对未来事务的规划上是否科学，在话语表述上是否让人易于理解，是否能够得到群众的广泛支持，在落实推进的过程中是否具有权威性等等，这些因素不仅关乎政策本身的好与坏，同时也会直接或间接地影

---

① 朱崇实，陈振明，等. 公共政策［M］. 北京：中国人民大学出版社，1999：2.
② 杨正联. 析公共政策话语的基本内涵［J］. 理论探讨，2006（4）.

响着意识形态建设的效能。而且，一个公共政策的出台，在宣传和推广过程中，能否向社会成员做好政策的解读阐释和思想引导工作，意识形态的价值功能发挥也是必不可少的。因此，公共政策话语与意识形态话语二者之间是高度相关、相辅相成的。

历来，公共政策话语在叙述策略上都十分注重理性与正统、效率与秩序，表现为一系列严肃庄重的语言规则与文风体例，并依赖于自上而下的单通道封闭式传播系统，群众往往是被动的话语接受者。在此过程中，公共政策话语所体现的更多是基于实证主义范式的理由陈述与价值说明，或是针对政策自身的"合理性"依据进行解释和论证，往往强调高远目标和终极关怀，凸显的是浓重的意识形态渲染与政治说教色彩，而语言、沟通、对话、修辞、象征等符号性、论辩性因素则难以体现出来。由此，有些专业性公共政策话语不仅难以引起普通民众的兴趣和共鸣，就是在群众理解和可接受度上也存在一定局限性。尤其是在进入新媒体时代以后，不仅网络赋权打破了公共政策传播的独白式话语模式，而且网络异质文化与亚文化的兴起为人们供给更加丰富多元的话语信息资源，吸引和转移了公众的注意力资源，在双重因素的作用下进一步挤压了公共政策话语的传播空间。对此，主要可以从以下两点着手，进一步改善当前我国公共政策传播的现状。

一方面，利用新媒体做好中央精神和高层决策的具体化、简约化、精准化解读。由于广大群众在知识背景、文化水平、认知能力、民主意识等方面的差异，加之高层决策在话语使用上的正统性、宏观性、专业性与概括性，导致人们对于公共政策话语的理解和认同并不在同一水平线上。同时，由于广泛林立的网络自媒体的存在，每当有重大公共政策出台公布，便纷纷做出各式各样的政策解读，难免出现观点差异，甚至在内容上失真走样。对此，作为官方主流媒体的党媒党刊，在传统媒介平台上全文转载播报中央高层政策内容的同时，也应当在网络媒介平台上做好对政策的进一步细化解读，以促进群众及时、更好地理解党的政策。一是具体化解读。尽可能坚持客观、务实的态度立场，避免居高临下僵硬教条式的说教，将政策内容与具体的社会问题联系起来，具体问题具体分析，着眼于现实问题的分析与解决，拉近群众面对政治宣传时可能会出现的"心理距离感"。二是简约化解读。对于字数篇幅较长的政策文件或讲话稿件，可将其核心要点逐条梳理出来，或采取"思维导图"的方式，简约化重点突出宣传。在信息爆炸和碎片化传播的网络空间，最有效地抓住人们的注意力，使人们简洁明了地理解领会中央精神和高层决策，能够大幅提升公共政策的话语效力。三是精准化解读。在转载引述时，要确保避免表述歧义或概念适用错误等语用失误。由于公共政策背后实际上体现的对利益和资源的分配与调节，而在社会发展愈加多元化的当前，务必要避免使用容易引起"对立性"的语言表述和叙事立场，以免不能正确反映不同社会阶层和利益团体的价值取向与偏好，否则"好经念歪"将会引起部分群众的"误读"。一旦误会产生，爆发负面舆情，势必会对国家意识形态和政府公信力造成消耗与损害，甚至很长时间都难以消除影响。

另一方面，在政策宣传中要力戒新式"党八股"之"官样文章"，利用新媒体强化"民主对话"意识。对于脱离实际、华而不实、形式主义的"党八股"，毛泽东曾力主反对批判此类文风，他指出："一个人写党八股，如果只给自己看，那倒还不要紧。如果送给第二个人看，人数多了一倍，已属害人不浅。如果还要贴在墙上，或付油印，或登上报纸，或印成一本书，那问题可就大了，它就可以影响许多的人。"① 然而，这一问题时至今日依然未能彻底消除，尤其在一些基层的党政组织和宣传部门中，"党八股"现象较为突出。一些满口官腔与充满学究气的"官样文章"时常出现在领导讲话、会议材料、宣传报道和政策文件之中，甚至还出现"天下文

---

① 毛泽东选集（第3卷）［M］. 北京：人民出版社，1991：830.

章一大抄"的"雷同卷"现象。有些领导干部离开稿子不会讲话，念稿子通常也是喊口号、表决心，长话连篇、空谈阔论、脱离实际；有些官方文件材料在遣词造句上喜欢搞机械式的排比对仗、习惯于使用"命令型"口吻对群众讲话；有些政策报告不搞实地调查研究，敷衍应付了事，文字浮于表面，只是将大政策套小政策，用文件落实文件。文风即作风，作风即党风，党风关系社会风气。倘若机械教条的"党八股"文风不加以制止转变，长此以往势必会侵蚀渗入社会风气之中，曾经在一些高校学生组织和群众性组织中就暴露出过这样的问题。对此，公共政策话语在表述上有必要走出传统固定的文本模式，避免生硬刻板的话语风格，可以适当地将一些"高大上"的官方精致话语转换成为符合群众口味的民间话语，要擅长于用一些群众听得懂的"大白话"来讲述"大道理"，使其以一种更加亲民的面貌呈现在群众眼前。而"党八股"之所以存在，归根结底还是脱离群众和脱离实际。因此，还要强化"民主对话"意识，运用新媒体将"部分人的对话"这一公共政策话语模式构建起来，在"多数人的对话"的无政府主义和"少数人的对话"的独白式操控之间建立起合适的尺度，从而避免陷入以上两种极端的话语模式。

（三）加大日常生活话语的嵌入化

意识形态话语，通常被看作甚至是等同于宏大理论的政治话语或是晦涩抽象的哲学术语。然而事实上，"意识形态并非仅仅甚至也并非主要是在理论家们的话语中才能找到；它的主要处所是日常生活的语言，是我们在其中并通过它来进行我们的日常生活的那种交往"①。意识形态作为一种社会现象，正是起源于人类文明早期的日常实践活动之中，是社会物质生活状况的直接反映，尔后经过总体性提炼概括才升至为社会上层建筑。意识形态之所以存在，其目的正是为了取得社会广大成员对合法性统治地位

---

① ［英］约翰·B·汤普森. 意识形态理论研究［M］. 郭世平，译. 北京：社会科学文献出版社，2013：27.

的支持与认同，而日常生活则是个人最熟悉、最直接、最普遍的生存环境和活动场域，因而也是意识形态发挥作用不可或缺的重要居所。

　　追溯中国近现代以来的社会发展，国家与民族一直是大众精神关怀的主要对象。尤其是在改革开放以前，国家政治成为社会生活的主题，"国家与普遍历史规律的宏大叙事结合在一起……出现了个人不断被政治化，成为政治总体化结构的构件的历史结果"①。尽管高度政治化的社会确保了人们能够按照国家意志的规定性来安排自己的生活世界，但个体的独特性与私人空间却遭到一定程度的挤压，使人往往倾向于关注由政治权力所构造的制度化的宏观世界。在经历改革开放之后，伴随中国特色社会主义现代化的发展进程，社会日常观念同时也经历了世俗化的嬗变。人们的精神需求整体上转而投向了对当下实践所谓现实"生活世界"的关注，表现出对个人自我生活的关心和对物质感官享受的追求。但问题在于，在当前互联网因素的作用下，这种个人意识的持续与过度膨胀，又催生了"娱乐至死""金钱至上""个人主义"等各种"躲避崇高"或"政治冷漠"的现象，在某种程度上淡化了人们对理想和信仰的追求，整体化、公式化、同质化的意识形态话语在网络空间遭遇传播屏障，难以再延续和塑造出传统模式下的政治权威与理论权威。而与此同时，每当社会民生领域的负面舆情事件爆发，又会引发网民高涨的政治表达情绪。在双重因素的叠加之下，意识形态的吸引力和整合力面临被弱化的境遇。在中国社会大众心理发生深刻变化的背景下，我们既要尊重广大群众差异性发展自我个性的自由权利，同时也要充分考虑到人民群众在社会诸多领域的现实需求，在意识形态话语编码中注意面向大众日常生活，赋予其更大程度的生活意义，努力扩大其话语传播的受众范围和社会穿透力。

　　人民作为历史的主体，在其生动火热的实践活动中，蕴藏着意识形态

---

① 童世骏，等．当代中国人精神生活研究［M］．北京：经济科学出版社，2009：328-329.

话语体系构建的重要资源，但需要经过一个总结凝练的"提纯"过程。俞吾金先生曾强调："意识形态的全部内涵和秘密都深藏于它的意向性对象——社会存在，即人们的实际生活过程中。也就是说，只有深入地考察并了解人们的实际生活过程，才可能理解与此相应的意识形态及其变化。"① 在社会利益多元分化的当代中国，意识形态话语表达既不能放弃对远大理想前景和超验价值理念的擘画，但更需要注重对现实社会生活的关照以及对利益关系的调和。具体而言，要注意收集那些反映和体现群众日常生活利益关系的相关话语诉求，及时掌握了解人民群众思维方式与心理特点的变化，善于从丰富多彩的鲜活案例中观察和学习他们的语言，将社会民间零散自发的群众智慧见解以及具有普遍价值的经验"常识"，经过系统科学的理论加工，上升至国家层面的世界观，提升马克思主义理论与现实生活的契合度。同时，意识形态话语不仅要体现理论的高度，还应当蕴含思想的温度。对此，要秉持亲民的大众情感立场，谨防"居高临下"说教式的口吻。不仅要将那些散发生活气息的词汇融入意识形态理论阐述中，而且在面对群众时还应当尽量采用启发式和协商式对话模式，避免冰冷生硬的语气口吻。但值得强调的是，大众话语有其鲜活生动的一面，也有其鱼龙混杂、参差不齐的另一面，尤其是网络话语更是如此，对此必须坚持批判性的规范改造原则。意识形态话语日常生活化转向不是为了追求新鲜感与流行色，而是为了更好地解决人民群众的精神需求和思想困惑，赋予其马克思主义的思想内涵才是应有之义。

三、以"中国主体"为内核的意识形态话语生产

互联网和新媒体技术的出现，改变的是信息的传播方式，但受众以"内容"为核心需求的这一根本原则没有改变。坚持"内容为王"，是当前

---

① 俞吾金. 意识形态论（修订版）［M］. 北京：人民出版社，2009：73.

新媒体环境下主流价值思想获得传播优势的关键保障。对此，意识形态话语内容的创新与生产，主要集中在以下三个主要方面：在话语主题设置上面向"中国问题"、在话语内涵生产上立足"中国实践"、在话语表达风格上讲好"中国故事"。

（一）面向"中国问题"设置话语主题

在网络阅读时代，话语主题在一定程度上决定了阅读者想什么和怎么想，从而影响话题受众的思想、行为和价值取向。要想实现网络"圈粉"，网络意识形态话语创新首先要具有足够的话题吸引力。为摆脱"高大恢宏"式的主题演绎，就必须在议题设置上坚持以"问题意识"为导向，在阐释和解惑"中国问题"中凝聚社会共识。问题是时代的格言，不论是国家发展中面临的道路选择问题，还是现实生活中遇到的社会矛盾问题，或是理论学习中产生的思想困惑问题，都是网络舆论中不断出现的热点问题，常常会成为网民们关注的焦点。因此，在设置网络议题时，必须要正视和回应上述问题与现实，而不能因其复杂性和敏感性而沉默和回避。否则，民间网络舆论战场"水深火热"，而官方网络平台一片"形势大好"，只会逐渐导致意识形态话语"先失其众，后失其声"。在此基础上，网络意识形态话语主题的设置还应该贴近广大网民的现实需要，要善于将国家政治、经济、文化、社会、生态发展中的一些重大问题与群众自身发展的现实需要结合起来。话语主题的设置既要紧贴国内外社会时政热点和舆论热点，又要找准话题切入点和着力点，从人们的社会实践和日常生活中凝练话语主题，做到从高处立意、大处放眼、小处着手。只有将"中国问题"与"个人需求"的结合，才能增强议题的吸引力、聚拢网民的关注度，从而使得马克思主义意识形态在问题回应中不断疏导和化解人们的心理与思想困惑，有效引导网络舆论。

（二）立足"中国实践"丰富话语内涵

话语内容创新，还要强调其自身内涵所反映的"真理性"。马克思指出："不是从观念出发来解释实践，而是从物质实践出发来解释各种观念形态。"① 意识形态话语权生成的关键在于能够真正实现以理服人，为此就必须要摆脱理论王国中形而上的"经院模式"，坚持以客观实践为根据，来保证话语生产的正当性、科学性与逻辑性。对此，毛泽东强调："真正的理论在世界上只有一种，就是从客观实际抽出来又在客观实际中得到了证明的理论。"② 随着当前网民受教育程度的不断提升，且以青年人群居多，往往具有一定的思辨能力，空泛的理论教条难以有效说服他们。因此，意识形态话语内容的生产，必须在中国实践基础上构建起"真正的理论"，在实践中"说理"，在理论中"证实"。不仅要传递正确的价值判断，而且还要有坚实的事实基础，依靠事实判断来阐明真理，用"事实正义"来赢取人心。改革开放以来，中国实践创造了举世瞩目的成就，构成中国理论和中国话语创新的巨大资源宝库。面对网络上泛滥的西式"民主"话语和暗流涌动的各类社会思潮，我们不仅要向广大网民揭露其本质观念的虚假性，而且还要实现对我国意识形态的合理性辩护。这就要求网络意识形态话语创新，一方面是对国家发展所取得的重大实践成就的整体概括和高度凝练，是当前中国最新实践中提炼出的既有宣传价值又有典型意义的话语文本，是对网络舆论中焦点问题的理论阐释和现实问题的具体解析；另一方面又充分借鉴哲学社会科学基础理论研究所使用的专业术语，其是专业学术话语体系中概念、内涵、范畴等不断创新的结果。只有既切中现实又结合理论，以理论知识的生产带动话语内容的生产，丰富其文本内涵，网络意识形态话语创新才能具备强大的学理基础，才能在不失亲和力的基础上同样具备深厚的理论性、严密的逻辑性。

（三）讲好"中国故事"凸显话语风格

当一种先进的思想通过一种优美的语言表达出来，将会产生惊人的话

---

① 马克思恩格斯文集（第 1 卷）［M］. 北京：人民出版社，2009：544.
② 毛泽东选集（第 3 卷）［M］. 北京：人民出版社，1991：817.

语魅力。而在当前的一些网络宣传平台中，依然还存在着理论话语、学术话语、政治话语不经过转化而被直接投放的情况，受到的网民关注度十分有限，难以成为引领舆论的主导话语。对此，列宁曾指出："应当善于用简单、明了、群众易懂的语言讲话，应当坚决抛弃晦涩难懂的术语和外来的字眼，抛弃记得烂熟的、现成的但是群众还不懂的、还不熟悉的口号、决议和结论。"① 因此，网络意识形态话语的创新不仅要围绕"中国故事"展开，以此来设置议题、生产内容，更要注重"中国故事"的表达，使得"中国故事"以富有感染力和艺术性的话语呈现出来，使之与广大网民所喜闻乐见的话语形式相符合，以通俗易懂、生动活泼、接地气儿的言说方式，把生硬的"大道理"讲成人们喜欢听、听得懂的"好故事"。改变当前意识形态话语和网络宣传工作中业已存在的"文风"和"话风"问题，首先要求我们必须紧跟时代话语变迁，实现通俗化表达。随着传播方式的多样化、快捷化，当前社会的大众话语、网络流行语推陈出新的速度超过了先前任何世代，"网络话语场域生产了成千上万的新词语、新句式、新语体，传播快、消亡快是这些词汇的特点，年度新词、热词往往在第二年就成了'隐退词'② "。因此，我们要学会从生活话语、网络话语、校园话语等不同的话语资源中搜集流行与热频词汇，创新话语文本的设计形式和编码方式，恰当地运用人们喜闻乐见的表情包、动漫、音乐、图像等话语元素来呈现主流声音。其次，还要注重吸收传统话语元素，强化民族心理认同。"建立一套适应社会生活变化的、满足人民群众日益增长的精神文化需求的文化话语体系不仅成为实践所需，而且为话语转换与创新提供了思路与方向。"③ 应充分借鉴中国传统话语的优势资源，善于将中华优秀传统文化中的民族精神、民族基因与民族符号与当代社会主义核心价值观

① 列宁全集（第14卷）[M]. 北京：人民出版社，1988：89.
② 刘余勤，刘淑慧. 网络思想政治教育话语表达的"说理"逻辑和转换机制 [J]. 思想理论教育，2017（10）.
③ 李江静. 论意识形态话语转换的文化向度 [J]. 思想理论教育，2018（2）.

培育结合起来，将主流理想信念的"盐"融进民族传统文化的"汤"，使其变得"有味道"。此外，还要善于采用一些传统的笔法、体裁与叙事方法来讲好当代的"中国故事"，使得话语表达在"通俗"的基础还兼具"雅韵"，以传统文化吸引人、滋养人，继而提升广大群众的文化自信、民族认同。

第二节　传播载体：发展多样化传播渠道与载体形式

一、搭建融合性、立体式网络媒介平台体系

一方面，加快媒体深度融合，占领信息传播制高点。网络社交新媒体的诞生，在"注意力"资源吸引方面表现出巨大优势，客观上打破了传统四大媒体对信息资源占有和信息传播权的绝对掌控，逐渐成为新闻宣传、资讯传播的主渠道之一。而网络新媒体话语生产主体的大众化、多元化与个性化，给网络话语传播通道带来很大秩序压力，不可避免地导致思想价值观念的冲突。面对这一挑战，"要积极探索有利于破解工作难题的新举措新办法，特别是要适应社会信息化持续推进的新情况，加快传统媒体和新兴媒体融合发展，充分运用新技术新应用创新媒体传播方式，占领信息传播制高点。"[①] 推动媒体深度融合加速发展，一方面是传播媒介资源的融合，即不同信息传播载体之间的融合，实现主流媒体与商业传媒、政府网站与外宣网站、社交自媒体与新闻客户端之间的相互联动与配合，形成领域全覆盖的主流意识形态话语传输平台，扩大主流声音的信息投送能力。

---

① 中共中央文献研究室. 习近平关于全面深化改革论述摘编［M］. 北京：中央文献出版社，2014：84.

另一方面是生产要素和内容体系的融合，即支撑媒介传播的后端内容架构、生产流程和编读互动等系统的联动配合。

另一方面，建立"大宣传"话语传播路径，搭建"中心辐射式"新媒体话语平台体系。真正达到网络意识形态话语创新的最终目的，不仅要强调"内容为王"和"言说有情"，而且还要注重"传播有力"。社会的主流思想和话语只有被更多人听到，才能在最大程度上发挥意识形态的思想引领功能。对此，我们不仅在内容上要强调协同效应，在传播路径上也同样如此，要将已有传播路径与新兴网络传播路径相结合，建立"大宣传"话语传播路径。当前，新媒体平台作为网络意识形态话语传送的主要载体，是连接话语主客体的中介和桥梁。因此，打破信息圈层隔阂和解决信息渠道"失灵"问题的重点在于整合多媒体资源，搭建"中心辐射式"新媒体话语平台体系。具体而言，就是要聚合各种网络新媒体形成一个层次鲜明的网络平台体系，其中官方权威主流平台为核心点，各级党政组织平台为中心层，商业网络平台为中间层，个人"意见领袖"为主的多方大众平台为外围层。这样一个"中心辐射式"话语平台体系的运作应该始终秉持在"多元功能"中坚持"一条主线"的原则，即各网络平台既要推动自身"专业化"功能发展，又务必要将"主流思想宣传"这条主线融入各自"专业所长"中。对于这样一种"官方"媒体与"民间"媒体有机结合的话语平台体系，背后要建立相应的联动配合机制，确保信息资源沟通的连贯性与通畅性。同时，也要充分给予各个媒体相应的独立自主性，各层级网络平台之间相互联系、联动配合，实现中心话语与辅助话语的全覆盖、正面宣传与隐形渗透的有机融合，确保意识形态话语内容能够及时有效地传达给大众网民。

二、搭建海外传播载体平台

面向世界，我们必须加大对外宣传力度，提升我国在网络空间中的国际话语权与规则制定权，积极营造有利于我国发展的国际舆论环境。冷战结束后，国际竞争的焦点由军事国防硬实力的直接对抗转变为以经济、科技与文化为主导的综合国力较量。面对网络信息传播"西强东弱"的话语交锋态势，中国需要转变应对思维，摒弃守势心理，变被动为主动，积极参与全球互联网治理。对此，习近平总书记指出："在全面对外开放的条件下做宣传思想工作，一项重要任务是引导人们更加全面客观地认识当代中国、看待外部世界。"① 而落实好这一任务，关键在于"如何说"和"怎么做"。一方面，要"讲好中国故事"，让世界更多人了解中国，让各国人民了解中华优秀文化，在国际上争取更大话语主动权。一是"优化战略布局，着力打造具有较强国际影响的外宣旗舰媒体"②。在全球媒介话语传播中，尽管以汉语为母语的人口数倍于英语母语使用者，但汉语的信息量占比和流通率与英语相比都存在较大差距，而只有打造更多代表"中国立场"的外宣媒体，才能让我们的声音被更多人听到；二是"精心构建对外话语体系，创新对外话语表达，打造融通中外的新概念新范畴新表述"③。另一方面，要在全球网络治理中有所作为，争取更多与我国国际地位相匹配的规则制定权。习近平总书记打破"零和博弈"传统思维，围绕"共商、共建、共享"等原则，发起了"构建网络空间命运共同体"的倡议。对此，要深入研究西方发达国家互联网治理相关法律条款，积极组织国内专家学者和技术人员参与互联网相关国际组织、会议，加强共同利益国家之间的互联网战略合作，以提升中国在国际事务中的议题设置能力，扩大中国在全球网络治理中的影响力与号召力，从而提升社会主义意识形态的吸引力。

---

① 习近平谈治国理政（第二卷）［M］. 北京：外文出版社，2017：155.
② 习近平谈治国理政（第二卷）［M］. 北京：外文出版社，2017：333.
③ 中共中央宣传部. 习近平总书记系列重要讲话读本（2016 年版）［M］. 北京：学习出版社、人民出版社，2016：210.

三、强化完备互联网信息技术载体

作为网络话语传播最重要的物质载体形式，我们还必须加快互联网产业核心技术的自主创新，掌握互联网信息技术的"命门"。西方发达国家在互联网尖端技术储备、操作系统研发和芯片制造工艺等方面具有先发优势，而我国在这些关键领域的核心技术差距仍然较为显著。习近平总书记早就深刻地认识到："在国际上，没有核心技术的优势就没有政治上的强势。"① 事实上，某些西方国家正是因为占据着网络信息技术上的绝对优势，才会利用互联网渠道不断加大对我国政治领域和文化领域的价值观渗透。对此，习近平总书记多次强调："互联网核心技术是我们最大的'命门'，核心技术受制于人是我们最大的隐患。"② 2018 年 4 月中美发生贸易摩擦，中兴通讯受封杀制裁事件，如一记重锤，再次给我们敲响了警钟。因此，有必要加紧构建安全可控的网络信息技术体系，争取尽快掌握技术主控权。一方面，在关键信息基础设施安全保障和国际前沿核心科技竞争等领域，加快推进国产自主可控替代计划。"实践反复告诉我们，关键核心技术是要不来、买不来、讨不来的"③，只有不断提升"独立自主、自力更生"的自主创新能力，才能防止在关键时刻被别人"卡脖子"。另一方面，也要加强信息技术在网络治理运用中的手段与能力，提升技术监管对有害信息传播控制的高效化和智能化水平，推进大数据技术在舆情监控预警应用中的基础设施建设，推动网络技术治理迈向纵深发展。

---

① 中共中央文献研究室. 习近平关于科技创新论述摘编［M］. 北京：中央文献出版社，2016.
② 习近平. 在网络安全和信息化工作座谈会上的讲话［N］. 人民日报，2016-4-26（2）.
③ 习近平. 在中国科学院第十九次院士大会、中国工程院第十四次院士大会上的讲话［N］. 人民日报，2018-5-29（2）.

四、发挥好优质网络文化产品的传播载体功能

在市场化和信息化背景下，文化产业是以市场盈利性为价值取向，而文化事业则是以社会公益性为目标指向的。网络空间中，文化产业和文化事业都遵循一定的市场规律和价值规律，透视文化产品供求的上下波动，要以满足网民的物质与精神需求为旨归。事实上，文化产品具有商品与公共品的双重属性，同时也影射了网民对蕴含社会主义文化精品的需求。因此，有必要审视网络文化产品的经济价值和社会价值，洞悉和分辨其中内含的阶级属性与商品属性，才能真正臻于社会与经济效益的统一。一方面，文化产业要以知识、技术、管理革新作为自身发展路径，达至优化产品质量、服务水平的目标，从而增加产品的附加值，获得最大的经济效益。同时，也要评估广大网民对马克思主义为内核的文化产品的市场预期和供求容量。为此，一些理论性和大众化的电子读物入网畅销，获得了网民热议；一些历史题材的影视作品搬上网络荧屏，取得了收视和口碑双赢；一些红色文化产品在网上热销，达到了寓学于境和寓教于情的效果。另一方面，针对文化事业的公益性和非营利性特征，要力争在为民众提供多样式、多层次的优质文化产品。那么，这样的"精神文化产品中就必然蕴涵着一定阶级的价值观念和道德准则"①，进而能够发挥隐性教育、立德树人、审美娱乐的价值导向作用。实践证明，社会主义主流思想价值体系已经逐渐浸润到了网络报刊、网络影视、网上文娱活动等内容之中，日益影响着人的生产劳动形式、生活娱乐方式以及思想价值态势。推进文化事业不仅能够不断地填补民众对基本精神需求的空缺，加速优秀网络文化的兴盛，还构筑了社会主义核心价值观融入网民大众的实践载体和物质根基。

---

① 王德义，陈向阳. 论文化建设——重要论述摘编学习读本 [M]. 北京：人民日报出版社，2012：132.

值得强调的是，在互联网时代，文艺的表现形式变得更加丰富多样，其中网络文艺的发展尤为引人注目。作为一种新兴的文艺形式，网络文艺诞生了海量丰富的作品，极大地丰富了大众的文化生活，大力促进了当代文艺的发展。但其中也存在着作品质量参差不齐和艺术价值性普遍较低等一些问题，甚至还出现了一些与社会主义意识形态建设相冲突的杂音。为了促进网络文艺的健康和繁荣发展，从根本上说，就是要发挥社会主义意识形态来对网络文艺的引领作用。

其一，坚持以中国精神为引领，强化社会主义核心价值观思想对网络文艺的价值引导作用。党中央不仅提出要"让中国精神成为社会主义文艺的灵魂"，而且也强调了"社会主义核心价值观是中国精神的集中体现和时代表达"。① 因此，推动网络文艺健康繁荣发展，必须要确保社会主义核心价值观的引领地位。而社会主义核心价值观之所以能够引领网络文艺的发展，主要基于其两方面的本质内涵：一方面，它是对中国特色社会主义理论、制度和道路的高度凝练和概括，涵盖了整个国家、社会，公民三个层面的全方位价值准则体系。网络文艺自然内含于该价值体系之中，因而对其具有全面的理论和现实指导意义；另一方面，它承载了当前全国各族人民实现伟大复兴中国梦这一共同目标的理想信念和价值追求，是维系整个国家与民族的精神纽带。网络文艺作为人民精神文化需求的载体天然地担负着精神纽带的价值功能，只有坚持社会主义核心价值观的引领才能充分反映时代发展的前进方向，只有以中国梦和中国精神为核心才能凝聚中国力量、践行中国价值、传播中国好声音。而如何具体凸显中国精神对网络文艺的引领地位，主要在于强化社会主义核心价值观的意识形态导向作用。首先，对传递向上向善价值观念、提倡中华民族优秀传统文化和宣扬中国革命优良传统的文艺作品进行大力推广和提供资金保障，坚持不断地

---

① 中共中央关于繁荣发展社会主义文艺的意见 [N]. 人民日报，2015-10-20 (2).

推出那些能够正确反映社会主义核心价值观的优秀网络文艺作品，充分发挥正面引导机制的作用。其次，对含有错误思潮尤其是反马克思主义、反社会主义、抹黑党和政府形象以及低俗、恶俗的网络文艺作品，要坚决对其"亮剑"，组织力量对这些作品进行清理。同时，也要充分调动和利用好"正能量"网民参与网络文艺建设的积极性，畅通网络举报机制，对那些明显与社会主义核心价值观相违背的网络文艺作品进行检举揭发。最后，对其余的网络文艺作品，要以开放包容的态度来理解"引领"一词的内涵。所谓"引领"，就是坚持社会主义主流意识形态相对网络文艺的"居高"姿态，强调对后者的一种价值导向作用，而并非对其他所有非马克思主义的作品都要进行抑制。这种"引领"作用主要体现在促进"灰色地带"向"红色地带"转变，防止其向"黑色地带"的蜕变。

其二，坚持以内容建设为中心，在尊重其自身发展规律的基础上支持和鼓励网络文艺的繁荣发展。做好网络文艺工作，不仅要把握正确的发展方向，还要在充分认识、尊重和顺应其自身发展规律的基础上全面贯彻落实"重在建设方针"，大力支持与鼓励网络文艺的繁荣发展。首先，要以创新精神为引导鼓励原创作品的生产。一方面，大力支持网络原创精品。提倡原创作品在观念内容、风格流派和题材形式等方面积极创新，对优秀网络原创精品进行大力推广与传播，重点推动新兴网络文艺类型的蓬勃有序发展；另一方面，积极倡导传统文艺与网络文艺的创新性融合。以数字化网络信息技术为传导来广泛促进传统文艺与新技术、新平台、新媒体的有机结合，从而推动优秀传统文艺作品的网络传播。网络文艺建设只有坚持以创新精神为导向，才能真正增强我国文化软实力，进而提升和扩大中国精神的感召力、亲和力和凝聚力。其次，要善于运用网络文艺的传播途径。促进网络文艺繁荣发展和建设水平的提升，重点还在于要懂得把握其传播规律，增强作品的传播流转能力。这不仅需要在传统的网络平台中打造和扶植一批重点与优秀的文艺网站，继续扩大其宣传力和影响力，守好传统的网络文艺传播主阵地。还需要善于运用和充分发挥新媒体的优势与特点，加强原创精品和优秀作品在微博、微信、移动客户端等载体的传播，开辟和占领网络文艺传播新阵地。同时，还要利用好这些网络平台与新媒体，实施网络文艺"走出去"战略，使其在多元文化的交流融合中不断体现我国社会主义文艺的强大活力。如此一来，只有把握好网络文艺传播规律，才能增强中国好声音的传递力度和范围，更加有利于扩大社会主义意识形态的话语权。最后，要建立规范的网络文艺发展机制，加快文艺体制改革。"对传统文艺创作生产和传播，我们有一套相对成熟的体制机制和管理措施，而对新的文艺形态，我们还缺乏有效的管理方式方法。这方面，我们必须跟上节拍，下功夫研究解决。"① 因此，面对迅猛的网络文艺发展态势，要抓紧时间构建规范的引导机制和保障机制以建立健全网络文艺管理体系。同时，也要加快我国文艺体制深化改革的步伐，以适应网络文艺发展需求的新形势。

---

① 习近平. 在文艺工作座谈会上的讲话 [N]. 人民日报, 2015-10-15 (2).

第六章

网络意识形态话语权构建的目标受众

意识形态话语传播的效果最终取决于受众的接受度与认同率，是评价话语权是否得以确立生成的决定性因素。随着我国改革开放以后社会结构模式的变迁，人们完成了从"单位人"到"社会人"的身份转变，主体意识、个性意识和权利意识均大幅提升。相较于传统条件下意识形态话语的传播规则而言，网络环境下的广大受众不再是被动的话语倾听者，而是拥有了更加灵活自主的信息选择权。面对网络新媒体的异军突起，传统媒体行业面临着受众急剧流失的尴尬境地，形势倒逼和谋定思变之后的传统媒体纷纷开启了"互联网+"转型与媒体融合的道路，并取得了初步成效。但从现有情况来看，无论是实现新媒体转型的一些官方传媒平台，还是受市场利润驱使的部分商业新闻媒体和自媒体，尽管"受众本位"意识已经觉醒，但在实际过程中的运用效果却有待进一步提升。对于一些官方媒体而言，传统的"独白式"话语思维惯性很难在短期内得以转变，在应对和解决大众网民的多元化需求方面仍存在思维缺位或能力短板。而在商业逻辑主导下的大多网络文化产品的流通，更多是为了满足大众网友在感官刺激、文化猎奇、和娱乐消费等方面的浅层次精神需要，相对有品质、高质量的新闻资讯仍显得供应不足。正如习近平总书记所指出的："面对受众阅读习惯和信息需求的深刻变化，一些媒体还是按老办法、老调调、老习惯写报道、讲故事，表达方式单一、传播对象过窄、回应能力不足，存在受众不爱看、不爱听的问题，时效性、针对性、可读性有待增强。"① 应当讲，在新媒体环境下，信息传播的主动权正逐渐向受众转移，仅仅通过新兴主流媒体打造和政务平台建设为推进方式的媒介融合发展，在及时跟进网络传播规律的发展新动向方面，还需要加紧步伐。为此，真正了解和满足不同受众的各方需求，建立起以"人民为中心"的信息传播思维，使更多的普通民众获得媒介融合的"高端红利"，是当前提升网络意识形态话语传播效果必须要解决的问题。

第一节　当前网络群体结构与样态考察

基于性别年龄、地域文化、教育背景、职业身份、社会地位、兴趣爱好以及经济条件等诸多因素的差异，以及互联网信息发布源头"去中心化"和传播方式的"碎片化"，我国互联网用户群体日益呈现出分众化和层次化的离散趋势，成为引发当前社会价值观多元化发展的重要因素之一。鉴于此，为了最大限度凝聚社会大众共识，最终必将诉诸话语信息的精细化传播和品质化生产。因此，构建网络意识形态话语权，做好网络用户的受众分析是极其必要的。

一、总体数据分析

据第 42 次《中国互联网络发展状况统计报告》② 显示，截至 2018 年

---

① 中共中央文献研究室. 习近平关于社会主义文化建设论述摘编 [M]. 北京：中央文献出版社，2017：39.

② 中国互联网络信息中心. 第 42 次中国互联网络发展状况统计报告 [R/OL]. 中国互联网络信息中心网站，2018-8-20.

6月，我国网民规模为8.02亿，其中手机上网人群的占比98.3%。（1）从城乡二元分布来看，农村网民占比为26.3%，城镇网民占比73.7%。（2）从年龄结构来看，10-39岁群体占总体网民的70.8%，30-49岁中年网民群体占比39.9%，反映出我国网民以青少年、青年和中年群体为主，而且中年人群数量占比较大。（3）从学历结构来看，初中、高中/中专/技校学历的网民占比分别为37.7%和25.1%，受过大专、大学本科及以上教育的网民占比分别为10.0%和10.6%，反映出网民学历背景以"中学教育"水平为主。（4）从职业结构来看，占比前三名分别是中学生群体为24.8%、个体户/自由职业者为20.3%、企业/公司的管理人员和一般职员为12.2%，其中党政机关事业单位领导干部和一般职员为4.1%，企业/公司中高层管理人员2.8%，与前期相比我国网民职业结构保持稳定。（5）从收入结构来看，月收入在2000-5000元的网民群体占比较高，达到36.8%，而5000元以上收入群体为24.8%，无收入群体为7.9%。从以上数据中，我们大致可以得出这样一个总体变化：由于智能手机移动终端用户的大面积普及，我国当前网民群体分布结构由过去的年轻化、低学历人群逐渐向各群体覆盖，与现阶段社会阶层分布结构情况整体较为吻合。

二、具体类型分析

网络空间作为一种"虚拟现实"，应当是部分真实地反映着社会存在，而非是整个社会结构的绝对完全映射。因此，人在网络空间中的行为特征和群体表现与现实中的情况是有所区别的，但仍然有规律可循。

一方面，从发声意愿和参与热情来看，大致上可以将网民划分为"自在"和"自为"两种类型。在互联网发展刚进入Web2.0时代之后的一段时期，初获"发言权"的大众网民，面对生活中无处宣泄的情绪欲望以及现实中难以满足的诉求意愿，纷纷诉诸网络空间的话语表达，互联网一时之间呈"话语井喷"态势。而这一情况在近些年来发生了一些新变化，一部分网民开始转入"话语沉默",即网络流行语中通常所指的"打酱油""围观看客""吃瓜群众"。随着社交新媒体的发展,在一些新闻舆论事件中,那些真假难辨的噱头谣言在掀起舆论风暴之后,往往又很快被"反转的真相"所证伪,可以说"让子弹飞一会儿"的"后真相时代"已经到来。而且,大多情况下,由于普通网友的发言评论与"加 V"的博主相比,能够引起的注意力和影响力都十分有限。因此,很多网民对发表意见持更加持谨慎的态度。由此,他们开始变得没有明确的价值诉求或特定的观点立场,其互联网使用更多是为了新闻资讯浏览、日常生活服务和娱乐文化体验,网络表达一般也是对个人自我生活状态的心情记录与社交需求,对于热点舆情事件或敏感议题讨论的参与积极性较低,更多时候是处于一种"自在"的"游离"状态。与之相比,"自为"型的网民往往具有明确特定的价值立场或利益诉求,更倾向于主观性意见表达。他们往往热衷于焦点议题的讨论,甚至是主动参与相关议题的加工、制造与推送,积极争取他人的支持认同,然后汇聚形成对某一议题的意见倾向,并不遗余力地推动该议题不断聚合放大,以试图获取左右网络舆论走向的社会影响力。

另一方面,从社会影响力来看,一类是拥有众多"粉丝"关注量的网络大 V,他们无疑具有更大的话语影响力。除去官方主流媒体和政务新媒体以外,主要可归结为以明星演员为代表的社会公众人物、以专家学者为代表的高知群体、商业自媒体和兴趣爱好博主等几大类别。尽管他们在网络表达中往往是话题议题的生产者,或是信息传播的交汇节点,但由于互联网"去中心化"交互式传播特征,每个网民不论是何身份地位,其同时也是信息传播的受众。另一类则是普通网民,由于其数量的庞杂巨大,对此当然很难用某一个具体的划分标准来对其进行相应的分类,但根据其关注内容主题的不同,大体上有以下几种类型:一是根据青年人的兴趣内容来看,有热衷于动漫、游戏、美妆、影视等各领域的亚文化迷群,还有游走于"爱豆饭圈"的娱乐追星族,以及常年活跃在各类主题论坛的"吧友"等等。据此，原子化的单独个体在社交网络媒介的纽带作用下打破了地域空间的界限而被"串联"起来，形成各种各样的网络虚拟社群，信息的圈层化和小众化传播、价值观的高度黏合、群体内部成员的彼此相互信任、明显的成员身份标识是此类群体的主要特征。二是从政治认同角度来看，有对国家民族怀有热烈情感且思想自觉、立场坚定的社会主义拥护者，也有那些被称之为"美粉""国粉""精日分子""双标公知"等为反对而反对的崇洋媚外者和离经叛道者，当然也有躲避"崇高"的政治冷漠者或与公共政策利益关联性不大的立场中立者。三是从当前主流的网络平台类型来看，除去工具性和功能应用型等软件以外，不同社交平台上集聚的用户也有着各自较为明显的群体特征。例如，80后、90后出于个人形象构建的需要，在微信朋友圈中发言持更加"谨慎"的态度，在新浪微博则处于较为"放飞自我"的状态，而95后、00后却更加倾向于在QQ空间进行自我表达。在大众网络社区平台中，豆瓣、知乎、果壳网上的用户往往喜欢以"文艺青年"和"高知分子"的身份标签自居，其群体特征总体而言与百度贴吧、快手、直播等平台中的用户相比存在较大差异性。

在此，值得强调的是，网络标签化群体的类型特征并非是稳定不变的，部分程度也存在一定的分化现象。例如在近些年的网络民族主义事件中，以爱国主义为主要标签的90后、00后网络群体，敢于同各种负面不良思潮亮剑发声，尤为引人关注。然而，事物的发展时势是不断演变的，受到各种利益的诱惑与误导，一些青年人在参与意识形态斗争中走入了情绪化与极端化，对国家民族文化朴素的情感认同往往由于缺乏理性与成熟的性格思维，而常常陷入撕裂性的极端观点争论中。"要把他们正确引导到理性的爱国主义道路上来，防止其走向群体政治狂热，从而避免他们蜕变为极端的、非理性的民族主义者。"[①]

————————

① 胡近. 是什么激化了民族主义情绪［J］. 人民论坛，2018（6）.

三、受众特征分析

自 2003 年"网络舆论元年"开启以来，我国网民所表现出的总体特征一直处于阶段性动态发展变化之中。如果说在互联网发展早期阶段，网络对人们而言还只是一种休闲娱乐消遣活动的话，那么现如今已几乎成为人们不可或缺的一种基本生活方式了，并深深地嵌入融进现实的社会关系结构之中。因为在早期阶段，以电视和报纸杂志为代表的传统大众传媒仍然是人们获取外界新闻资讯的主要渠道，其中权威信息的获取主要来源于国家级主流媒体报道和地方性官方传媒。这些传统媒体的信息播报有其固定的运作模式，比如电视新闻主要集中一些特定时段，人们需要准时守在电视机前才能获得当天最新讯息，而报纸刊物上的新闻信息往往也要等到次日才能公之于世。在这种传统的"单线道"信息传播模式中，即使是准备了"观众热线"和"读者留言"栏目，受众更多情况下仍然是处在一种相对被动的信息接收状态，留给其主动选择的空间相对有限。然而，随着移动智能终端和互联网 Web2.0 发展的迅速崛起，我们进入了以社交新媒体为主要信息传播载体的后互联网时代，整个传播格局发生了颠覆性变化，受众个性意识的发挥空间进一步增大，并呈现为以下几方面特征。

一方面，从整体而言，近年来在我国网民群体结构中，"社会中间"力量正在逐步显现，温和理性的中间阶层人群数量呈增加趋势。究其原因，一方面是得益于我国改革开放深入发展所带来个人经济收入的普遍增长，"中产阶层"人群比例呈现大幅提升；另一方面则是随着时间的推移，以 70 后、80 后为代表的一批早期网民的成长与成熟，他们逐渐成长为社会各行业的中坚力量，思维特征和表达方式都逐渐趋于理性。而成长在物质条件相对优越丰富环境下的 90 后和 00 后青年，对于国家和民族的自信心普遍较强。因此，为反对而反对的"草根愤青"现象较之前有所减少，温和理性的"中间阶层"力量逐渐凸显。

　　另一方面，从网民的行为特征变化来看。一是多渠道"私人定制"化的信息来源。在网络空间，由于信息生产和传播门槛的降低，复杂多元的话语主体呈野蛮生长态势，不仅打破了官方传媒原有的话语垄断地位，而且使得人们在纷繁缭绕的网络信息海洋中，可以根据个人的兴趣爱好和实际需求自主地选择想要"关注"的对象。尤其在社交新媒体中，几乎每个人的"收听"列表都是不一样的，具有非常明显的个性化"私人定制"色彩。而往往，一些青年人却更加热衷于收听那些轻松娱乐的话题博主，而缺乏与官方主流媒体平台保持"同频共振"的自觉性。此外，由于知识储备和阅历经验的不足，一些年轻网友对于那些散播不良信息或传播错误思潮观点的博主大 V 缺乏相应的价值判断力和政治鉴别力，热衷于关注某些以"青年人生导师"形象标榜的网络"公知"所炮制的"心灵鸡汤"或"成功学"，在久而久之的潜移默化"熏陶"下，使自己的思想观念和价值立场出现偏差。二是浏览时间和阅读习惯的"零散化"。由于现代生活节奏的加快，人们几乎很难抽出整段时间保持静心阅读的状态，而是通过智能手机、iPad、笔记本电脑等移动电子产品在"碎片化""零散化"的时间段内浏览和接触网络信息。但这种浅层次的阅读方式，使人们的大脑每天被各种大量的信息所充斥填满，多数内容在脑海中一闪而过。如此一来，不仅难以促成人们构建起完整系统的知识体系，而且也不利于人们整体性逻辑思维的构建培养，从而在一定程度上导致网络空间非理性情绪的宣泄和价值观的离散多元。三是对话意识和质疑思维的增强。在传统媒介的信息传播链中，传播主体与受众的角色定位与界限划分是相对清晰，是一种"流"式定向传播，而网络媒介的出现则使得二者之间的界限正在变得淡化模糊，呈现为"云"式交互传播。尤其是由社会热点问题和负面新闻引发的网络舆情中，面对官方媒体的发声回应与舆论引导，人们也会发出自己的声音来表达支持认同或质疑不解。例如，在新浪微博的评论区，会按照"点赞"热度来排列网友评论的前后顺序，而登上前排热门的网友评论往往能够起到很大的舆论风向标作用。这种互动对话关系，在官方报道内容受到广大网民认同时，可以使传播效果得以很好地丰富放大。反之，在遭受公众质疑时，也可以形成某种舆论监督力量，或许可以推动或暂缓某项公共事务的推进议程，使政府能够更好地倾听到民间公众的声音。四是话语交流方式的图片化和音频化。在如今的青年人网络社交中，大篇幅的文字段落往往难以符合快节奏、碎片化阅读时代的需求，转而是以"表情包"和"短视频"为代表的交流对话方式日渐流行。

第二节 实现意识形态话语的网络"精准滴灌"

一、及时掌握受众"接受"心理的变化

心理决定行为，研究话语传播必须要高度重视受众的心理特征分析，及时掌握大众对于信息接受的心理需求与态度变化。否则，脱离群众实际需要的话语传播将会是无效传播，抑或是虚假接受，难以真正促进意识形态心理认同的生成。对此，以汉斯·罗伯特·姚斯（Hans Robert Jauss）为主要代表所创立的接受美学理论，为我们提供了一个可资借鉴的分析框架。在早期西方文学批评领域，主要侧重于对作家和作品文本的研究关注，读者往往被认为是文学作品的消极被动接受者，处于一种被忽视的状态。直至 20 世纪中期，受 19 世纪实践哲学的影响，读者在文学活动中作为受众的积极性一面和主体性地位日渐凸显，主张"以读者为中心"的接受美学理论由此逐渐形成。总体而言，西方文学审美大致经历了"作者—作品—读者"这样一个重心转移的过程。具体而言，文学创作的意义和目的关键在于读者最终的接受与认可，而非是作品问世之后被束之高阁，缺

少读者参与环节的文学活动是不完整且低价值的。由于人的主体观念形成受历史与社会的影响，心理上往往会形成既成的思维指向与观念结构。那么，读者在品味一部新的文学作品时，将会不可避免地根据个人以往文学鉴赏中积淀下来的艺术认知、审美趣味和阅读经验，形成某种预先估计或先入之见，并由此决定着其对该作品的喜好与评价，这一过程被姚斯称之为接受者的"期待视野"。并且，这种心理基础并非是固定凝滞的，而是处于动态变化之中的。一部优秀新作品的诞生，既要面临读者以往"期待视野"的制约与考验，同时也能凭借自身独特的个性与新意进一步拓宽提升读者的"期待视野"，因此作品内涵的新颖性也被接受美学理论看作是文学评价的重要标准。如此一来，文学作品被读者所阅读接受的过程，就可以被视为二者超越时空进行自由对话与相互理解的过程。也就是说，作品本身所蕴含的艺术价值，既源自作者的构思设计，也有读者对艺术留白空间的创造性填补。因此，文学作品不仅应当是作者与读者共同创造的产物，而且作为创造性的接受者，还应该是发挥"第一性的作用"①。概而言之，接受美学理论对受众能动性的凸显与肯定，彻底颠覆了其在传统信息接受理论中的消极从属地位与被忽视状态。由此可知，传递不等于完全被接受，解释不代表一定被理解，只有充分尊重和及时了解受众心理的"期待视野"，并根据这种心理特征的变化调整相应的信息传播策略，才能有效提升受众的接受度。

在意识形态话语的传播过程中，作为其信息接收者的社会大众同样存在着"期待视野"，并在整体上呈现为一种社会心理状态，它反映着某一社会群体的实际诉求、情感状态与精神需要。在数十年来的改革开放推力作用下，我国的社会结构和精神文化环境正发生着前所未有的巨变，加之现代信息传播技术和网络新媒体发展的突破性变革，无一不给我国社会成

① ［德］汉斯·罗伯特·姚斯. 接受美学与接受理论［M］. 周宁，译. 沈阳：辽宁人民出版社，1981：6.

员的心理带来强烈地冲击与震撼。多元化的信息接收渠道与新样态的阅读方式，极大地推动了人们思维眼界的拓宽与思想观念的解放，正全方位地影响着人们的心理特征与行为模式，整个社会大众的信息接受心理也由此发生着急速而深刻的结构性变化。因此，新时代网络媒介环境下的意识形态话语传播，比以往任何时候都要更加强调和重视"受众中心"意识。因此，建立"靶向传播"的信息推送思维十分必要，对此首先要准确把握和分析当前我国网民社会心态的总体特征。

（一）自我表演心理

马克思对"人的本质是一切社会关系的总和"的揭示，说明了人是社会关系的产物。在现实中，人们普遍通过自我呈现（Self-presentation）的方式来进行个体人物形象的塑造与设定，用以维持某种社会交往关系的需要。在心理学领域，自我呈现又可称之为自我表演或自我展示，即"为了使他人按照我们的愿望看待自己而在他人面前展示自我的努力"①。事实上，希望得到他人对自己的认可和欢迎，是人类埋藏于心的本性。在个人通讯还不发达的传统年代，人们更多只有通过写日记这种比较私密的方式来实现与自我内心的真实对话，普通大众进行自我呈现的载体、渠道和方式还较为原始单一。在相机走进大众生活之后，人们便可以通过相片影集的方式记录和展示自我。可以说，人的自我表现欲是与生俱来的本能，更是出于社会交往的现实需要，而网络社交媒体平台则使这一心理需求得到了极大的释放与满足。在网络空间，剥去现实生活中压抑自我的原生态面具，人们可以相对自由尽情地释放内心与表达自我，并在这种"虚拟角色"的塑造中寻求自我与他人的认定。由此，各式各样的网络"秀（Show）文化"应运而生。出于排遣寂寞与孤独、寻求关注与认同、寻求浪漫关系（性与情感）、获取安全感（营造线上风光来掩饰现实的落差与

---

① ［美］欧文·戈夫曼. 日常生活中的自我呈现［M］. 冯钢，译，北京：北京大学出版社，2008：3.

不安）、逃避面对面交往①等等各种原因，年轻的人们在微博、朋友圈以及各类短视频性质的社交软件上热衷于晒自拍、发说说，分享记录自己的生活与心情，用心打理经营着"自我人设"，并期待人们的点赞、关注与评论。应当讲，这种"自我表演欲所形成的网络镜像，在本质上是关于世界的想象性构建，它遵循感性逻辑而非理性逻辑，故而充溢着情感与欲望的狂热。"② 然而，在商业资本和"草根造星"运动的推波助澜下，这种充满情感与欲望狂热的自我表演心理，很容易被异化而导致虚荣心的过度膨胀。为此，有些网友为包装成"网红"，急于求成、不择手段地采用低俗恶俗的自我营销方式，并催生了病态的网络审美文化，尤其是对新一代青少年形成了一种不健康的价值观导向。而有些人为博取眼球则甚至突破法律底线，不惜炮制散布网络谣言来引起网络围观。当然，抛开这些极端现象，我们不得不承认当代大众网民在网络"秀场"中表现出的强大创造力，在这场视觉盛宴中蕴藏着丰富多彩的民间智慧与生活艺术。那些个性张扬的年轻人们，正热情地发挥着他们对美好生活的热爱与想象力，创造着属于他们自己的"网络T台秀"。不置可否，我们已经进入了尼葛洛庞帝口中所说的"互联网时代人人都是艺术家"的大众全民表演时代。

（二）盲目从众心理

无论是网络流行快餐文化的风靡一时，还是热点舆情事件的发酵引爆，往往这种井喷式的信息连锁效应都离不开广大网民的参与传播。在此过程中，网民的从众心理是一个不可忽视的作用因素。一方面，某些网友的参与动机或多或少地存在着某种跟风扎堆的心理，例如在网络流行语的使用上，为了体现紧跟时尚潮流的个性而进行的有意模仿。另一方面，在

---

① 陈静茜. 表演的狂欢：网络社会的个体自我呈现与交往行为 [D]. 上海：复旦大学，2013.

② 赵崇璧. 网络镜像时代：从自我表演到众语狂欢 [J]. 南京邮电大学学报（社会科学版），2016（1）.

一些舆情危机中，"沉默的螺旋（The Spiral Of Silence）"现象也在某种程度上推动了群体极化的产生。也就是说，人们有时会存在这样一种心理现象，即在发表意见的时候，如果发现与自己持有相同观点立场的言论受到普遍欢迎，其发言就会表现得更加积极、主动、大胆，而当这种观点很少引起人们理会（甚至是批评）的时候便会保持沉默，如此便会造成两种声音在循环往复中发生此消彼长的螺旋发展过程，最后导致一方声音势力越来越强大。正如美国哈佛大学教授桑斯坦（Cass R. Sunstein）所言的那样："如果互联网上的人们主要是同自己志趣相投的人进行讨论，他们的观点就会仅仅得到加强，因而朝着更为极端的方向转移。"① 由此，"沉默的螺旋"理论说明了，大多数人会为了避免陷入孤立而保持对某种持有观点的谨慎发言态度。不仅如此，情绪感染有时候也会激发助长人们的盲目从众心理，从而使单独的个人丧失有意识的自我，最终聚合演变为一种无意识的群体幻象。通常情况下，单独个体在行为处事时要考虑到责任感的自我约束，而当其身处某一群体之内时，便会报以"法不责众"的心态，对内心本能欲望的宣泄往往不再加以克制。在此心理影响下，倘若再受到其他集体成员的情绪感染与相互暗示，最终就会变成"不受自己意志支配的玩偶"。就像剧场前排有人站起来就会依次带动后排观众乃至全场所有人最后都站起来，这种现象在社会心理学上被称之为"剧场效应"。正是基于集体心理这样的特征，古斯塔夫·勒庞在其代表作《乌合之众》中进一步指出："群体是用形象来思维的，而形象本身又会立刻引起与它毫无逻辑关系的一系列形象……我们的理性告诉我们，它们之间没有任何关系。但是群体对这个事实却视若无睹，把歪曲性的想象力所引起的幻觉和真实事件混为一谈。"② 因此，他也把那些丧失个性与才智、受集体意识所

---

① ［美］凯斯·R. 桑斯坦. 极端的人群：群体行为的心理学［M］. 尹弘毅，郭彬彬，译. 北京：新华出版社，2010：103.
② ［法］古斯塔夫·勒庞. 乌合之众：大众心理研究［M］. 克利，译. 北京：中央编译出版社，2004：25.

统治的人们称之为"无知"的"乌合之众"。事实上，声音最大的观点并不一定代表的就是正确、客观、理性。特别是网络空间的发言匿名性，在很多舆情事件中，非理性的极端声音往往会在发酵期与高潮期占据上风。而同样，在某些引发众人争相模仿的网络文化快餐现象中，高流量与高人气也并不一定就代表着高营养与高价值。尽管如此，但不可置否的是，由于群体同时可以发挥对个人的道德净化作用，因而从众心理也并非完全是消极或毫无意义的，例如在一些民族主义事件中，网民对国家的集体声援就体现着显著的"正能量"。

（三）质疑逆反心理

在网络空间，面对主流媒体的新闻报道或官方政务媒体的发布信息，人们往往会对其内容的权威性与真实性形成自主判断，决定是否接受认同，存在一个话语意义的解码过程。互联网的技术赋权，给予了公众表达质疑的权利与自由，在公权力监督方面有着积极的意义。但是，却也常常会引发一些网络公共事件导致政府陷入公信力危机，反过来又进一步加深了部分网民对官方主流媒体信息的不信任与抵触情绪，甚至是有可能形成"为反对而反对"的固化定向思维。正如有学者指出的那样："质疑，是一些中国网民思维方式的基调，即对于各种正面的信息，多数网民首先的反应是不相信、不认同，有些人在此基础上会用相应的方式来证实自己的判断，而更多的人，仅仅是维持着怀疑这一直觉。"① 关于网络受众针对主流媒体新闻报道的逆反心理表现，有学界研究将其总结为五个方面：不选择主流媒体为信息获取主渠道、倾向于关注问题类报道、质疑其报道事实、不认同其报道立场或作以重新解读②。造成这种现象的原因是多方面的，一是社会转型带来的一系列现实矛盾问题，容易使人产生一种相对剥夺

① 彭兰. 网络传播学［M］. 北京：中国人民大学出版社，2009：328.
② 王少南. 网络受众对主流媒体新闻报道的逆反心理分析——基于人民网"网友热评新闻"的数据分析［J］. 新闻与传播评论（辑刊），2014（00）.

感。在面对一些贫富差距、弱势群体、官员腐败等涉及社会不公的网络舆情时，或者是个人正当权利无法得到保障时，多数人都会不由自主地担心自己会不会成为下一个利益受损者，由此便自然而然地表现出愤怒、怨恨或不满的消极情绪。二是多渠道的网络信息来源很难同官方主流媒体报道保持相一致的价值立场。因为从新闻专业和信息传播效果的角度来看，面对同一起社会公共事件，如果从"负面问题"的批评质疑立场进行新闻报道，则更加容易引发社会关注，因而商业媒体和自媒体往往更加偏爱"坏消息"。三是在一些重大公共事件舆情发生时，牵涉其中的有关政府部门在舆情危机应对措施方面出现纰漏失误。或是回应言辞过于牵强、离奇、敷衍了事，或是不能及时出面回应，或是故意隐瞒事实真相。诸如此类信息失真行为无一不是对大众敏感神经的刺激，只会加大公众的猜测与质疑，结果激起更大的舆情危机。以至于每当在重大舆情事件发生时，网络受众在思维上就会习惯性从负面角度进行联想。

（四）焦虑宣泄心理

随着现代社会生活节奏的加快，以及消费结构的不断升级，一方面反映的是现代人物质经济水平的提高及其对美好生活的追求，另一方面也不可避免地导致了生活成本的增长和生活压力的增大。"一是对身边生活现状的无能为力……二是对现实生活中道德缺失和道德滑坡的感慨与忧虑"①，成为当前社会公众焦虑情绪的主要体现。而作为大众网民构成数量的主力军，这一问题在中青年群体中表现更为突出。在社会心理学中，适当的情绪宣泄是人在面临压力时的正常需要。但现实条件和身份的限制，使得虚拟的网络空间，成为人们情感宣泄与心理表达的首选载体，以期在暂时的逃避中获得一丝心灵慰藉。面对现实生活中的不如意，网络调侃语往往成为年轻网友们"吐槽"现实压力最好的减压器与发泄口。诸如"隐

---

① 王仕勇. 我国网络流行语折射的社会心理分析 [J]. 探索，2016 (6).

形贫困人口""穷得吃土""何以解忧、唯有暴富"等网络造词或旧词"新"解，这种看似自我戏谑调侃的表达方式，实际上在某种程度上反映的是当前很多年轻网民面对生活压力普遍焦虑的真实心态。尤其是网络评选的 2018 年度汉字"窭（qiǒu）"（由"穷、丑、土"三个汉字构成的组合体），既可以看作是网友的自嘲解压，也表达了对当前网络上流行的拜金炫富、"颜值即正义"等不良风气的反讽，同时也更突显了年轻人对未来更好自我的梦想追求。此外，值得注意的是，由于网络调侃语一般有着很强的隐喻、讽刺、嘲弄和戏谑意味，在网民狂欢恶搞和娱乐消遣的同时，其中不乏夹杂着对社会现实的针砭时弊与不满情绪，在侧面构成了对权威和主流的消解。

二、大数据在话语传播中的运用

自 2011 年美国麦肯锡公司提出"大数据（Big Date）"概念以来，作为一项国家战略，我国国务院也于 2015 年公布了《促进大数据发展行动纲要》。大数据，作为一种新兴数据处理技术，能够更为有效地集成各类的政治、经济、文化、社会、生态等领域的信息资源和数据库，为决策者决策提供重要数据基础和决策支撑。不可置否，我们当前互联网发展已经开始迈向了大数据时代。至于什么是大数据？目前学界普遍以"4V"特征来加以描述，即数据信息的大储存容量（Volume）、多类型来源（Variety）、高处理速度（Velocity）、低密度价值（Value）。至于"5V"归纳法，目前学界对大数据的真实性（Veracity）这一特征还存有争议。但无论如何，凭借超强的数据处理、运算与分析能力，大数据技术在受众"精准识别"方面具有独特的优势。正如秦宣教授所言："大工业只注重群体，大数据使个体得到尊重。"[1] 因此，重视和加强大数据技术在网络意识形态话语权构建中

---

[1] 秦宣. 大数据与社会主义 [J]. 教学与研究，2016（5）.

的运用，具有积极意义。

大数据技术的应用，不仅超越了抽样分析等传统的信息统计方法，而且还能在因果关系推算的基础上进行数据的相关性分析。尽管其信息运算方式发生了巨大变革，但通过数据记录分析来实现对未来相关行为或结论的预测这一本质功能没有改变。基于大数据技术的信息整合功能，可以有效识别、把控网络空间复杂信息，进行数据分析和数据监测，实现网络受众思想行为的量化表征。大数据能够通过探究影响网民思想行为变化的相关性变量，建立线性关系与非线性关系的数据分析模型，依据模型总结和归纳大数据背景下我国总体或局部领域意识形态问题的动态变化与发展规律，实现大众思想与行为的网上、网下双重空间的联动量化，进而对网络意识形态工作中存在的问题及时作出科学论证和可视化呈现。大数据时代，数据具有极强的流动性，数据的产生、传播与更新的速度较以往大幅提升，唯有实时地进行数据的存储与分析，才能有效把握不断流变的数据的真实价值。目前，大数据技术早已在互联网商业领域实现运用，商家会根据用户的购买和检索记录进行相关产品广告的特定推送，以此增加客户的消费兴趣与购买率。"用户思维"作为当前互联网思维的核心概念，是指在价值链各个环节都要做到"以用户为中心"，尤其是青年人普遍比较重视网络浏览的用户体验效果。同样，对于网络思想宣传工作而言，群众最终喜不喜欢、接不接受、满不满意，是评价意识形态话语创新与传播是否有效的重要标尺。因此，以"用户思维"为逻辑起点创新网络意识形态话语，还可以充分调动大众网友参与对话互动的积极性。

在传统的民主协商机制中，政府与群众的对话沟通往往由于多种现实因素而存有一定局限，但网络交流则可以在两者之间实现一种平等对话和快速沟通机制。大数据的出现，为公众直接政治参与（实际参与和虚拟参与）提供了平台，由此民主政治协商机制程序能够得以充分发挥。因此，数据公开亦即数据民主，既保障了公众的知情权，又为现实生活中的民主政治对话开展搭建了沟通渠道。对此，首先必须要尊重网络受众的话语地位，分析他们内心的情感特征与需求，在没有权威的号令和压力下进行平等、诚实的交往与对话，做到及时回应广大网友在现实生活中各方面的话语诉求。然后，在此基础上做好以下几方面工作：一是意识形态主管部门要成立专门的大数据管理机构，统一数据标准，实现各单位层面的大数据信息共享。其次，要转变政府职能，制定与数据民主相关的法律法规，尽快推进政府信息公开，确保民众能获取真实、有效的数据。最后，要克服的就是信息不对等障碍，最终形成一种"用数据来说话、用数据来管理、用数据来决策、用数据来创新"的工作氛围。除此之外，还要注重话语效果分析，建立网络意识形态传播实效性评价机制。互联网用户思维特别强调用户意见的反馈评价。对此，可以利用大数据技术，捕获分析流量，及时掌握各种影响制约传播成效的动态。通过网络传播平台相关互动、转发等数据信息的采集，对其进行分析研判，可以了解网络受众普遍的兴趣热点和话语习惯。如此，才能有效保证话语创新的针对性与时效性。

三、话语传播效果的判断标准

意识形态话语权是否得以有效生成，取决于话语传播影响力的实现程度与效果。一般而言，"效果可指正效果，也可指负效果、零效果；既可指积极效果，也可指负面效果。"① 不言而喻，所谓正效果，即意识形态话语中蕴含的思想理念、价值立场与观点主张对个体和社会产生了正面、积极、肯定的作用，基本达到或远远超出话语主体的传播目的。至于零效果和负效果，通俗地讲，即"说了等于白说"和"说了不如不说"。然而从主观动机上来看，造成负效果的情况可以分为两种，一是刻意为之的"有心之过"，故意传播背离主流价值的话语内容；二是主观向好的"无心之

---

① 沈壮海. 思想政治教育有效性研究［M］. 武汉：武汉大学出版社，2008：126.

失"，但由于诸多原因导致在话语表达、载体运用、语境判断等方面把握不足从而在客观上造成消极影响。那么，究竟应该如何评价和判断意识形态话语传播是否达到了正效果呢？从话语受众的价值认同来看，正效果的实现程度可以分为三层递进关系，即认知认同、情感认同和行为认同。

首先，认知认同在知识层面上表现为意识形态话语是否备用说服力。一方面，通过对意识形态思想理论体系的学习和了解，人们能够被其严密的逻辑论证所折服，从而做到理解、熟知和掌握其主要内涵，在思维理性上认可与接受其观点主张，即理论所表现出的彻底性，"所谓彻底，就是抓住事物的根本"①。另一方面，针对社会现实生活中的不断出现发展困惑与实践难题，以及多元社会思潮与主流价值观的争论与冲突，意识形态话语能够在理论上展现出较强的释疑性，能够第一时间及时站出来回应新矛盾、新问题和新热点，既能够准确找出问题原因之所在，又能够科学指出问题解决之方法，从而使受众认为其"说得有道理"。

其次，情感认同在心理层面上表现为意识形态话语是否形成吸引力。"情感是人对客观事物是否满足自己需要而产生的态度体验。"② 那么，情感认同则是人们在主观情绪体验上对某种事物产生的满意、喜爱和肯定态度，是连接认知和行为的重要中间环节，具有行为驱动的精神动力价值。面对话语受众，能否以情动人进而直抵人们灵魂深处，能否使其产生情感共鸣与情绪共振进而做到自觉、自愿接受和遵循主流价值所倡导的社会道德规范，是判断话语传播效果的更高层次标准。具体而言，一方面是情感态度上，看意识形态传播是否能够贴近实际、接近生活，并以人们喜闻乐见的方式传递到群众中去，而不至于使其产生抵触、反感甚至厌恶的情绪；另一方面是情感立场上，是否秉持人民立场，能否真心实意、以人为本地为受众的利益着想，而不是巧言善辩或另有所图。否则，不论态度显

---

① 马克思恩格斯文集（第1卷）［M］. 北京：人民出版社，2009：11.
② 冯鸿滔. 普通心理学［M］. 北京：中国人民公安大学出版社，2006：233.

得多么诚恳，言辞如何动听，都难以受到人们的信任。总之，即"说得有魅力"。

最后，行为认同是实践层面上表现为意识形态话语是否体现引导力。"劳动过程结束时得到的结果，在这个过程开始时就已经在劳动者的表象中存在着，即已经观念地存在着。"① 换言之，行为动机的结果取决于思想意识的认知水平和情感态度。行为认同是人在社会实践中行动与意识的自我节奏调频，以保证做到知行合一、言行一致，继而转化为一种行为习惯，这也是意识形态话语传播效果的最高境界。因此，检验意识形态话语引导力的重要标准就是要"说得有动力"，即是否具有强大的社会动员力，也就是马克思所说的"理论一经掌握群众，也会变成物质力量"。

---

① 马克思恩格斯全集（第44卷）[M]. 北京：人民出版社，2001：208.

参考文献

中文类

一、著作类

[1] 马克思恩格斯文集（第1-10卷）[M]. 北京：人民出版社，2009.

[2] 马克思恩格斯全集（第3卷）[M]. 北京：人民出版社，1960.

[3] 马克思恩格斯全集（第29卷）[M]. 北京：人民出版社，1972.

[4] 马克思恩格斯全集（第33卷）[M]. 北京：人民出版社，2004.

[5] 马克思恩格斯全集（第36卷）[M]. 北京：人民出版社，1975.

[6] 马克思恩格斯全集（第44卷）[M]. 北京：人民出版社，2001.

[7] 马克思恩格斯全集（第47卷）[M]. 北京：人民出版社，2004.

[8] 列宁选集（第1卷）[M]. 北京：人民出版社，2012.

[9] 列宁全集（第14卷）[M]. 北京：人民出版社，1988.

[10] 列宁全集（第36卷）[M]. 北京：人民出版社，1959.

[11] 列宁全集（第55卷）[M]. 北京：人民出版社，1990.

[12] 毛泽东选集（第3卷）[M]. 北京：人民出版社，1991.

[13] 毛泽东文集（第7卷）[M]. 北京：人民出版社，1999.

[14] 邓小平文选（第2卷）[M]. 北京：人民出版社，1994.

[15] 习近平谈治国理政 [M]. 北京：外文出版社，2014.

［16］习近平谈治国理政（第二卷）［M］. 北京：外文出版社，2017.

［17］中共中央文献研究室. 十四大以来重要文献选编（上）［M］. 北京：人民出版社出版，1996.

［18］中共中央文献研究室. 十八大以来重要文献选编（上）［M］. 北京：中央文献出版社，2014.

［19］中共中央文献研究室. 习近平关于全面深化改革论述摘编［M］. 北京：中央文献出版社，2014.

［20］中共中央文献研究室. 习近平关于科技创新论述摘编［M］. 北京：中央文献出版社，2016.

［21］中共中央文献研究室. 习近平关于社会主义文化建设论述摘编［M］. 北京：中央文献出版社，2017.

［22］中共中央纪律检查委员会、中共中央文献研究室. 习近平关于严明党的纪律和规矩论述摘编［M］. 北京：中央文献出版社、中国方正出版社出版，2016.

［23］中共中央文献研究室. 习近平总书记重要讲话文章选编［M］. 北京：中央文献出版社、党建读物出版社，2016.

［24］中共中央宣传部. 习近平总书记系列重要讲话读本［M］. 北京：学习出版社、人民出版社，2014.

［25］中共中央宣传部. 习近平总书记系列重要讲话读本（2016年版）［M］. 北京：学习出版社、人民出版社，2016.

［26］中国共产党第十八届中央委员会第三次全体会议文件汇编［M］. 北京：人民出版社，2013.

［27］关于新形势下党内政治生活的若干准则（单行本）［M］. 北京：人民出版社，2016.

［28］侯惠勤. 马克思的意识形态批判与当代中国［M］. 北京：中国社会科学出版社，2010.

［29］俞吾金. 意识形态论（修订版）［M］. 北京：人民出版社，2009.

［30］陈锡喜. 马克思主义：意识形态和话语体系［M］. 上海：华东师范大学出版社，2011.

［31］宫承波. 新媒体概论［M］. 北京：中国广播电视出版社，2011.

［32］沈开木. 现代汉语话语语言学［M］. 北京：商务印书馆，1996.

［33］王治河. 福柯［M］. 长沙：湖南教育出版社，1999.

［34］朱兆中. 当代中国价值追求：坚持马克思主义在意识形态领域指导地位的思考［M］. 上海：上海人民出版社，2012.

［35］张立. 新媒体视域中主导意识形态话语权构建问题研究［M］. 西安：陕西人民出版社，2015.

［36］骆郁廷. 精神动力论［M］. 武汉：武汉大学出版社，2003.

［37］严强. 公共政策学［M］. 北京：社会科学文献出版社，2008.

［38］朱崇实，陈振明，等. 公共政策［M］. 北京：中国人民大学出版社，1999.

［39］童世骏，等. 当代中国人精神生活研究［M］. 北京：经济科学出版社，2009.

［40］王德义，陈向阳. 论文化建设——重要论述摘编学习读本［M］. 北京：人民日报出版社，2012.

［41］彭兰. 网络传播学［M］. 北京：中国人民大学出版社，2009.

［42］沈壮海. 思想政治教育有效性研究［M］. 武汉：武汉大学出版社，2008.

［43］冯鸿滔. 普通心理学［M］. 北京：中国人民公安大学出版社，2006.

二、译著类

［1］［加］马歇尔·麦克卢汉. 人的延伸——媒介通论［M］. 何道宽，

译. 成都：四川人民出版社，1992.

[2]［英］大卫·麦克里兰. 意识形态［M］. 孔兆政，蒋龙翔，译. 长春：吉林人民出版社，2005.

[3]［英］特里·伊格尔顿. 历史中的政治、哲学、爱欲［M］. 马海良，译. 北京：中国社会科学出版社，1999.

[4]［英］B·汤普森. 意识形态与现代文化［M］. 高铦，等译. 南京：译林出版社，2005.

[5]［英］乔治·拉雷恩. 马克思主义与意识形态：马克思主义意识形态论研究［M］. 张秀琴，译. 北京：北京师范大学出版社，2013.

[6]［澳］安德鲁·文森特. 现代政治意识形态［M］. 袁久红，等译. 南京：江苏人民出版社，2005.

[7]［德］卡尔·曼海姆. 意识形态与乌托邦［M］. 姚仁权，译. 北京：中国社会科学出版社，2009.

[8]［美］迈克尔·海姆. 从界面到网络空间—虚拟实在的形而上学［M］. 金吾伦，刘钢，译，上海：上海科技教育出版社，2000.

[9]［美］尼古拉·尼葛洛庞帝. 数字化生存［M］. 胡泳，范海燕，译，海口：海南出版社，1996.

[10]［美］曼纽尔·卡斯特. 网络社会的崛起［M］. 夏铸九，王志弘，等译. 北京：社会科学文献出版社，2001.

[11]［瑞士］费尔迪南·德·索绪尔. 普通语言学教程［M］. 高名凯，译. 北京：商务印书馆，1980.

[12]［法］米歇尔·福柯. 知识考古学［M］. 谢强，马月译. 北京：三联书店，1998.

[13]［法］米歇尔·福柯. 权力的眼睛：福柯访谈录［M］. 严锋，译. 上海：上海人民出版社，1997.

[14]［意］安东尼奥·葛兰西. 狱中札记［M］. 曹雷雨，姜丽，张

跌，译. 北京：中国社会科学出版社，2000.

　　[15]［德］哈贝马斯. 交往行为理论（第1卷）[M]. 曹卫东，译，上海：上海人民出版社，2004.

　　[16]［美］格雷姆·布朗宁. 电子民主：运用因特网改革美国政治[M]. 上海：三联书店，1996.

　　[17]［德］马尔库塞. 理性与革命[M]. 程志民，等译. 重庆：重庆出版社，1993.

　　[18]［德］哈贝马斯. 作为"意识形态"的技术与科学[M]. 李黎，郭官义，译. 上海：学林出版社，1999.

　　[19]［德］黑格尔. 哲学史讲演录（第4卷）[M]. 贺麟，王太庆，译. 北京：商务印书馆，1996.

　　[20]［美］迈克尔·G·罗斯金，等. 政治科学[M]. 林震，等译，北京：华夏出版社，2001.

　　[21]［英］约翰·B·汤普森. 意识形态理论研究[M]. 郭世平，译. 北京：社会科学文献出版社，2013.

　　[22]［德］汉斯·罗伯特·姚斯. 接受美学与接受理论[M]. 周宁，译. 沈阳：辽宁人民出版社，1981.

　　[23]［美］欧文·戈夫曼. 日常生活中的自我呈现[M]. 冯钢，译，北京：北京大学出版社，2008.

　　[24]［美］凯斯·R. 桑斯坦. 极端的人群：群体行为的心理学[M]. 尹弘毅，郭彬彬，译. 北京：新华出版社，2010.

　　[25]［法］古斯塔夫·勒庞. 乌合之众：大众心理研究[M]. 克利，译. 北京：中央编译出版社，2004.

三、期刊类

　　[1]骆郁廷. 文化软实力：基于中国实践的话语创新[J]. 中国社会

科学，2013（1）.

[2] 李江静. 新形势下构建马克思主义意识形态话语权的着力点 [J].
马克思主义研究，2017（1）.

[3] 郭继文. 从话语权视角谈和谐世界 [J]. 前沿，2009（10）.

[4] 江畅. 中国话语与中国话语权之辨析 [J]. 文化软实力研究，
2016（4）.

[5] 张骥，申文杰. 马克思主义意识形态话语权在我国思想宣传领域
面临的挑战与实现方式探究 [J]. 当代世界与社会主义，2011（1）.

[6] 吴荣生. 大众话语：提升马克思主义话语权的新维度 [J]. 理论
学刊，2016（3）.

[7] 梅景辉. 文化自信与马克思主义意识形态话语权的当代发展 [J].
马克思主义研究，2017（5）.

[8] 刘勇. 当代中国主流价值观话语权提升机制探索 [J]. 思想政治
教育研究，2017（3）.

[9] 王秀敏、张国启. 中国特色社会主义意识形态话语权提升的多维
审视 [J]. 湖北社会科学，2014（11）.

[10] 郑元景. 论网络意识形态话语权及其提升策略 [J]. 福建农林大
学学报（哲学社会科学版），2015（5）.

[11] 葛彦东. 掌握意识形态话语权初探 [J]. 思想理论教育导刊，
2015（1）.

[12] 曾长秋，曹挹芬. 网络环境下维护社会主义意识形态话语权的
新特点 [J]. 学习论坛，2015（6）.

[13] 史艳柳. 虚拟社会中党的意识形态话语权的构建 [J]. 中共天津
市委党校学报，2016（3）.

[14] 聂智，邓验. 自媒体领域主流意识形态话语权的构成要素及衡
量维度 [J]. 湖南师范大学社会科学学报，2016（5）.

[15] 文大山. 挑战与回应：新媒体时代的意识形态话语权 [J]. 中国社会科学院研究生院学报, 2016 (3).

[16] 黄蜆. 新媒体环境下马克思主义意识形态话语权发展特点 [J]. 社会科学家, 2015 (12).

[17] 张培, 胡涵锦. 新媒介语境下社会价值培育的话语转换与路径构建 [J]. 云南社会科学, 2016 (2).

[18] 杨昕. 论信息网络化对中国共产党意识形态话语权的影响 [J]. 前沿, 2014 (Z8).

[19] 陈文胜. 论微政时代党的意识形态建设 [J]. 求实, 2013 (11).

[20] 卢黎歌, 岳潇, 李英豪. 当前我国网络意识形态的博弈与引导 [J]. 思想教育研究, 2017 (6).

[21] 黄岩, 王海稳. 移动网络时代的媒介话语与意识形态安全 [J]. 中共浙江省委党校学报, 2016 (2).

[22] 赵丽涛. 我国主流意识形态网络话语权研究 [J]. 马克思主义研究, 2017 (10).

[23] 冯茜, 黄明理. 中国网络主流意识形态面临的挑战与应对 [J]. 华南师范大学学报 (社会科学版), 2017 (4).

[24] 李兴选. 全媒体时代的网络意识形态话语权构建 [J]. 理论导刊, 2015 (2).

[25] 刘少阳. 自媒体时代加强主流意识形态话语权研究 [J]. 中共南昌市委党校学报, 2016 (4).

[26] 刘伟. 论互联网时代意识形态传播能力建设的挑战及应对 [J]. 社会主义研究, 2016 (2).

[27] 曾令辉, 陈敏, 石丽琴. 论加强我国社会主义意识形态领导权建设 [J]. 马克思主义研究, 2014 (1).

[28] 孙禄. 自媒体视阈下意识形态话语权构建困境的多维解析 [J].

新疆社会科学，2017（3）.

[29] 于江. 论当下主流意识形态网络场域主导权的构建 [J]. 江南论坛，2015（10）.

[30] 王永贵，岳爱武. 着力打造清朗的网络空间——学习习近平总书记网络意识形态治理思想的重要论述 [J]. 中南民族大学学报（人文社会科学版），2017（4）.

[31] 张振，郝凤. 新媒体时代中国共产党强化意识形态话语权的多维路径 [J]. 江苏社会科学，2016（5）.

[32] 殷殷，姜建成. 社会主义核心价值观视域中的网络话语权建设 [J]. 思想教育研究，2015（1）.

[33] 徐锐，黄进. 自媒体的意识形态危机及秩序管控 [J]. 理论月刊，2017（4）.

[34] 朱效梅，谢萌. 网络意识形态话语权构建研究 [J]. 社会主义核心价值观研究，2016（3）.

[35] 栾大鹏，董惠敏. 对当前网络意识形态状况的调查 [J]. 国家治理，2015（24）.

[36] 李艳艳. 2015 年度网络思想状况分析 [J]. 红旗文稿，2016（1）.

[37] 李艳艳. 2016 年度网络思想状况分析 [J]. 红旗文稿，2017（2）.

[38] 李艳艳. 2017 年度网络思想状况分析 [J]. 红旗文稿，2018（1）.

[39] 汪馨兰. 论网络信息化条件下我国主流意识形态话语权实现方式的转型 [J]. 长白学刊，2016（3）.

[40] 樊军平. "微时代"提升马克思主义在意识形态领域话语权的路径思考 [J]. 西安政治学院学报，2015（6）.

[41] 于华. 全媒体时代的意识形态话语构建 [J]. 学校党建与思想教育，2015（2）.

[42] 吴春雷. 新时期我国马克思主义意识形态话语权构建 [J]. 重庆

社会科学, 2017（10）.

[43] 陈娜. 论提升网络意识形态话语权的四重维度 [J]. 思想理论教育, 2017（6）.

[44] 付安玲, 张耀灿. 大数据助力网络意识形态治理及提升路径 [J]. 马克思主义研究, 2016（5）.

[45] 杨晓光. 自媒体时代主流意识形态话语权威面临的挑战与对策 [J]. 南京政治学院学报, 2016（3）.

[46] 包天强. 新媒体时代马克思主义意识形态话语权实现方式 [J]. 思想政治教育研究, 2017（4）.

[47] 骆郁廷, 史姗姗. 论意识形态安全视域下的文化话语权 [J]. 思想理论教育导刊, 2014（4）.

[48] 许一飞, 崔剑峰. 网络和平演变: 意识形态安全的严峻考验及应对策略 [J]. 理论探讨, 2015（3）.

[49] 凡欣, 聂智. 自媒体舆论场下我国主流意识形态的话语权控制研究 [J]. 学术论坛, 2015（7）.

[50] 王岩, 王翼. 论我国意识形态安全对话平台的建设及其重要意义 [J]. 马克思主义研究, 2016（5）.

[51] 白毅. 网络环境下意识形态话语权的争夺与掌控 [J]. 安徽师范大学学报（人文社会科学版）, 2016（5）.

[52] 林伯海, 张改凤. 网络话语权争夺: 意识形态的网络攻防战 [J]. 思想理论教育, 2015（7）.

[53] 邓纯东. 努力构建以马克思主义为指导的哲学社会科学话语体系 [J]. 马克思主义研究, 2014（6）.

[54] 刘娜. 自媒体意识形态安全问题及对策 [J]. 马克思主义研究, 2016（7）.

[55] 陈联俊. 网络空间中马克思主义认同的挑战与应对 [J]. 马克思

主义研究，2017（6）.

[56] 张改凤，林伯海. 主流意识形态对网络空间的整合功能及路径探微 [J]. 广西社会科学，2015（10）.

[57] 聂立清，朱源源. 我国主流意识形态建设的微媒体影响与应对 [J]. 思想教育研究，2016（10）.

[58] 王欢. 加强党在网络意识形态领域的主导权研究 [J]. 理论探讨，2017（4）.

[59] 吕薇洲. 网络信息时代维护意识形态和文化安全的思路与对策 [J]. 中共贵州省委党校学报，2013（4）.

[60] 杨洋，胡近. 近年来国内网络意识形态话语权研究述评 [J]. 马克思主义研究，2019（2）.

[61] 乔治·马尔库什，孙建茵. 马克思的意识形态概念 [J]. 马克思主义与现实，2012（1）.

[62] 赵敦华."意识形态"概念的多重描述定义——再论马克思恩格斯意识形态批判理论 [J]. 社会科学战线，2014（7）.

[63] 张秀琴. 马克思与恩格斯意识形态观比较研究 [J]. 马克思主义研究，2011（2）.

[64] G. 马尔库斯，闵家胤. 马克思意识形态概念的三种含义 [J]. 国外社会科学，1984（1）.

[65] 倪瑞华. 马克思的意识形态概念内涵的语境分析 [J]. 马克思主义研究，2017（9）.

[66] 李彬彬. 马克思恩格斯"意识形态"概念再析 [J]. 哲学动态，2015（6）.

[67] 李萍，王兵. 论马克思意识形态理论的多维辩证关系 [J]. 河北学刊，2013（5）.

[68] 张秀琴. 政治意识形态的理论、制度与实践 [J]. 北京大学学报

（哲学社会科学版），2007（4）．

[69] 叶鑫. 意识形态概念的历史演进——从马克思到列宁 [J]. 理论月刊，2018（3）.

[70] 肖士英. 马恩"意识形态"概念的多义性及其实践意蕴 [J]. 探索与争鸣，2018（1）.

[71] 陆扬. 解析卡斯特尔的网络空间 [J]. 文史哲，2009（4）.

[72] 王冠."网络社会"概念的社会学构建 [J]. 学习与实践，2013（11）.

[73] 彭兰."新媒体"概念界定的三条线索 [J]. 新闻与传播研究，2016（3）.

[74] 於红梅. 从"We Media"到"自媒体"——对一个概念的知识考古 [J]. 新闻记者，2017（12）.

[75] 徐如刚. 论"微"空间中高校主流意识形态的边缘化 [J]. 华中师范大学研究生学报，2016（1）.

[76] 鲍宗豪，刘海辉."微空间"价值失序与意识形态领导权的构建 [J]. 思想理论教育，2018（4）.

[77] 王习胜. 意识形态及其话语权审思 [J]. 马克思主义研究，2007（4）.

[78] 庄文城. 论意识形态话语权的本质与建设之要 [J]. 中国社会科学院研究生院学报，2016（5）.

[79] 胡潇. 马克思恩格斯关于意识形态的多视角解释 [J]. 中国社会科学，2010（4）.

[80] 张传泉，路克利. 马克思主义"话语权理论"的内涵与引申 [J]. 重庆社会科学，2015（5）.

[81] 范桌辉，高晚欣. 论意识形态结构 [J]. 学术交流，2015（3）.

[82] 白立新. 略论党的意识形态工作话语权的内涵与本质 [J]. 思想

政治教育研究，2015（5）.

［83］王秀敏，张国启.中国特色社会主义意识形态话语权提升的多维审视［J］.湖北社会科学，2014（11）.

［84］赵瑞琦，刘慧瑾.中国意识形态网络话语权构建："三个舆论场"的夹角与控制［J］.南京邮电大学学报（社会科学版），2018（1）.

［85］张寿强，李兰芬.马克思主义道德话语的境况及其构建［J］.学海，2010（6）.

［86］李宇明.信息时代的语言文字标准化工作［J］.语言文字应用，2009（2）.

［87］杨洋.学习习近平关于构建网络意识形态话语权的重要论述［J］.党的文献，2018（5）.

［88］方付建.网络社会思潮的表现形态与主要特征分析［J］.思想教育研究，2018（1）.

［89］李亚员.当代中国社会思潮：谱系、特点与趋势［J］.江汉论坛，2018（2）.

［90］陈锡喜.论意识形态的本质、功能、总体性及领域［J］.上海交通大学学报（哲学社会科学版），2014（1）.

［91］甘泉，骆郁廷.社会动员的本质探析［J］.学术探索，2011（12）.

［92］何哲.网络政治动员对国家安全的冲击及应对策略［J］.南京社会科学，2016（1）.

［93］涂光晋，陈敏.基于新浪微博平台的网络动员机制研究［J］.新闻界，2013（2）.

［94］徐明，李震国.网络社会动员作用机制与路径选择［J］.中国行政管理，2016（10）.

［95］娄成武，刘力锐.论网络政治动员：一种非对称态势［J］.政治

学研究, 2010 (2).

[96] 宋辰婷, 刘少杰. 网络动员: 传统政府管理模式面临的挑战 [J]. 社会科学研究, 2014 (5).

[97] 倪明胜. 公民网络抗争动员: 从概念构建到关联性议题反思 [J]. 天津社会科学, 2017 (4).

[98] 陶鹏. 网络围观现象的行为逻辑与现实隐喻 [J]. 理论与改革, 2013 (6).

[99] 谢金林. 网络空间草根政治运动及其公共治理 [J]. 公共管理学报, 2011 (1).

[100] 喻国明. 媒体变革: 从"全景监狱"到"共景监狱" [J]. 人民论坛, 2009 (15).

[101] 杨洋, 周泽红. 新媒体环境下网络动员双重机制探究 [J]. 出版科学, 2018 (4).

[102] 桑明旭. 加强社会主义核心价值观的网络话语权建设 [J]. 思想理论教育导刊, 2017 (4).

[103] 尚东涛. 资本视域中的现代技术 [J]. 自然辩证法研究, 2012 (11).

[104] 鲍金. 特殊与普遍: 个人私利与社会公善的结合如何可能——对曼德维尔到黑格尔的历史性勘察及其启示 [J]. 天津社会科学, 2018 (3).

[105] 郭湛. 从主体性到公共性——当代中国马克思主义哲学的走向 [J]. 中国社会科学, 2008 (4).

[106] 中国网络公司资本 [J]. 中国科技信息, 2016 (23).

[107] 张文富, 徐刚. 软实力、硬实力与马克思主义话语权建设 [J]. 学术论坛, 2016 (11).

[108] 胡潇. 资本介入文化生产的耦合效应 [J]. 中国社会科学,

2015（6）.

[109] 熊小果，李健强. 空间生产的资本化与"加速"资本化——基于资本逻辑的历史演绎 [J]. 当代经济研究，2015（6）.

[110] 袁三标. 资本逻辑背后的意识形态迷雾 [J]. 社会主义研究，2017（1）.

[111] 王韶兴，张垚. 论政党法治建设的价值意义 [J]. 理论学刊，2005（1）.

[112] 杨洋. 全面从严治党的意识形态意蕴、功能与指向 [J]. 湖湘论坛，2018（5）.

[113] 甘泉，骆郁廷. 社会动员的本质探析 [J]. 学术探索，2011（12）.

[114] 李江静. 论意识形态话语转换的文化向度 [J]. 思想理论教育，2018（2）.

[115] 陈先达. 当代中国文化研究中的一个重大问题 [J]. 求是，2010（7）.

[116] 高山，国园，赵栋. 主力军要上主战场——牢牢把握网上舆论斗争主导权 [J]. 红旗文稿，2017（6）.

[117] 李江静，徐洪业. 准确把握互联网意识形态话语权争夺的新形势 [J]. 红旗文稿，2015（22）.

[118] 杨慧民. 资本逻辑主导下的精神生产及其走向 [J]. 马克思主义理论学科研究，2017（6）.

[119] 陈联俊. 警惕资本逻辑影响网络舆论导向 [J]. 红旗文稿，2018（9）.

[120] 李艳艳. 如何看待当前网络意识形态安全的形势 [J]. 红旗文稿，2015（14）.

[121] 胡永嘉，张真理. 高校思想政治教育话语体系改进研究 [J].

中国青年社会科学，2017（5）.

[122] 郭湛，桑明旭. 话语体系的本质属性、发展趋势与内在张力——兼论哲学社会科学话语体系建设的立场和原则 [J]. 中国高校社会科学，2016（3）.

[123] 杨洋，胡近. 高校网络思想政治教育话语创新探析 [J]. 中国电化教育，2018（9）.

[124] 侯惠勤. 我们为什么必须批判抵制"普世价值" [J]. 马克思主义研究，2009（3）.

[125] 王岩. 新时代我国主流意识形态话语权的构建路径 [J]. 马克思主义研究，2018（7）.

[126] 梁培林，靳晓斌. 国家治理视阈下的意识形态话语权建设 [J]. 广西社会科学，2016（9）.

[127] 唐爱军. 在双重转换中的构建——论马克思主义话语体系的当代构建 [J]. 中共中央党校学报，2018（4）.

[128] 刘余勤，刘淑慧. 网络思想政治教育话语表达的"说理"逻辑和转换机制 [J]. 思想理论教育，2017（10）.

[129] 侯惠勤. 意识形态的变革与话语权——再论马克思主义在当代的话语权 [J]. 马克思主义研究，2006（1）.

[130] 杨正联. 析公共政策话语的基本内涵 [J]. 理论探讨，2006（4）.

[131] 赵崇璧. 网络镜像时代：从自我表演到众语狂欢 [J]. 南京邮电大学学报（社会科学版），2016（1）.

[132] 胡近. 是什么激化了民族主义情绪 [J]. 人民论坛，2018（6）.

[133] 王少南. 网络受众对主流媒体新闻报道的逆反心理分析——基于人民网"网友热评新闻"的数据分析 [J]. 新闻与传播评论（辑刊），2014（00）.

[134] 王仕勇. 我国网络流行语折射的社会心理分析 [J]. 探索, 2016 (6).

[135] 秦宣. 大数据与社会主义 [J]. 教学与研究, 2016 (5).

四、报纸、网站、学位论文类

[1] 习近平. 弘扬传统友好 共谱合作新篇——在巴西国会的演讲 [N]. 人民日报, 2014-7-18 (3).

[2] 习近平在中央统战工作会议上强调 巩固发展最广泛的爱国统一战线 为实现中国梦提供广泛力量支持 [N]. 人民日报, 2015-5-21 (1).

[3] 习近平. 在文艺工作座谈会上的讲话 [N]. 人民日报, 2015-10-15 (2).

[4] 中共中央关于繁荣发展社会主义文艺的意见 [N]. 人民日报, 2015-10-20 (2).

[5] 习近平在视察解放军报社时强调 坚持军报姓党坚持强军为本坚持创新为要 为实现中国梦强军梦提供思想舆论支持 [N]. 人民日报, 2015-12-27 (1).

[6] 习近平总书记主持召开党的新闻舆论工作座谈会 [N]. 人民日报, 2016-2-20.

[7] 习近平. 在网络安全和信息化工作座谈会上的讲话 [N]. 人民日报, 2016-4-26 (2).

[8] 习近平. 在哲学社会科学工作座谈会上的讲话 [N]. 人民日报, 2016-5-19 (2).

[9] 习近平. 在中共中央政治局第三十六次集体学习时强调 加快推进网络信息技术自主创新 朝着建设网络强国目标不懈努力 [N]. 人民日报, 2016-10-10 (1).

[10] 习近平. 决胜全面建成小康社会 夺取新时代中国特色社会主

义伟大胜利——在中国共产党第十九次全国代表大会上的报告 [N]. 人民日报，2017-10-28（1）.

[11] 习近平在全国网络安全和信息化工作会议上强调 敏锐抓住信息化发展历史机遇 自主创新推进网络强国建设 [N]. 人民日报，2018-4-22（1）.

[12] 习近平. 在纪念马克思诞辰200周年大会上的讲话 [N]. 人民日报，2018-5-5（2）.

[13] 习近平. 在中国科学院第十九次院士大会、中国工程院第十四次院士大会上的讲话 [N]. 人民日报，2018-5-29（2）.

[14] 张国祚. 中国话语体系应如何打造 [N]. 人民日报，2012-7-11（7）.

[15] 王伟光. 牢牢掌握意识形态工作领导权管理权话语权 [N]. 人民日报，2013-10-8（7）.

[16] 张雄. 反思资本的精神向度 [N]. 中国社会科学报，2015-6-24（B01）.

[17] 韩庆祥. 从资本逻辑走向人的逻辑 [N]. 光明日报，2017-9-18（15）.

[18] 中国互联网络信息中心. 第42次中国互联网络发展状况统计报告 [R/OL]. 中国互联网络信息中心网站，2018-8-20.

[19] 陈华. 网络社会动员的初步研究 [D]. 北京：中共中央党校，2011.

[20] 陈静茜. 表演的狂欢：网络社会的个体自我呈现与交往行为 [D]. 上海：复旦大学，2013.

[21] 黄冬霞. 网络意识形态话语权研究 [D]. 成都：电子科技大学，2017.

[22] 张改凤. 当代中国主流意识形态网络话语权建设研究 [D]. 成

都：西南交通大学，2018.

英文类

一、著作类

[1] GEUSS R . The Idea of A Gritieal Theory, Cambridge：Cambridge University Press，1981.

[2] GIBSON W. Neuromancer. New York：Ace Books，1984.

[3] BENEDIKT M. Cyberspace：First Steps. Cambridge，MA：MIT Press，1991.

[4] STONE A R. Will the real body please stand up？：Boundary Stories about Virtual cultures. MIT Press Cambridge，MA，1991.

[5] FOUCAULT M. The History of Sexuality：An Introduction，Pantheon Books，1978.

[6] MARCUSE H. One-Dimensional Man：Studies in the Ideology of Advanced Industrial Society，Boston：Beacon Press，1964.

二、期刊类

[1] DEUTSCH K W. Social Mobilization and Political Development，American Political Science Review，1961，Vol. 55，No. 3.

[2] HOOGHE M，VISSERS S，STOLLE D，etc. The Potential of Internet Mobilization：An Experimental Study on the Effect of Internet and Face-to-Face Mobilization Efforts，Political Communication ，2010 ，27（4）.